渋谷学叢書 1

渋谷をくらす

—渋谷民俗誌のこころみ—

國學院大學渋谷学研究会

倉石忠彦　編著

雄山閣

はじめに

『渋谷をくらす―渋谷民俗誌のこころみ―』

倉石　忠彦

「明日の神話」（岡本太郎）に背を向けて、外国からの旅行者とおぼしきグループが、ガラス越しに渋谷駅前のビックスクランブルにカメラを向けている。交差点の信号が青に変わり、一斉に交差点内に入ってくる人々の群れに向かってシャッターを切る。その姿に目もくれず、二つの渋谷駅をつなぐ通路を人々は行きかう。渋谷には仕事をする人、遊びに来た人、買い物に来た人など様々な人の群で溢れている。渋谷の賑わいを作り出すのは、渋谷に住む人たちだけではなく、むしろ町を訪れる人々である。彼等は自らの日々の生活を引きずりながら、あるいはそれを脱ぎ捨てて、渋谷という場を共有しつつ、「若者の町・渋谷」を演出する。一人ひとりは異なる生活を営み、人生を生きている。しかし、ひとたび渋谷を訪れると、渋谷の賑わいを支える存在となる。また渋谷を身にまとうために訪れる若者も、多いはずである。いずれも「渋谷」という状況を生きているのである。渋谷の民俗文化を考えるとき、こうした渋谷を訪れてその賑わいを作り出す人々を、無視することはできない。

渋谷の民俗文化を把握したいと念ずる本書を、『渋谷をくらす―渋谷民俗誌のこころみ―』と題した理由である。しかし、一五年程前から準備を重ねながらも、いまだ十分に「渋谷」を体系的な把握しえたいうとわけではない。「渋谷民俗誌のこころみ」とせざるを得なかった理由である。全国的にいわゆる都市化は進展し、生活の画一化は確実に進んでいる。日本の民俗文化を理解しようとすれば、都市の文化は、無視できない。それにもかかわらず、最も都市的な大都市の盛り場の民俗文化を、体系的に把握し記録しようとした試みは少ない。少なくとも「渋谷」の民俗文化を対象としたものとしては、本書が最初であるといってもよいであろう。

渋谷をはじめとする、都市の民俗とはどのようなものか。それを理解するためには、ともかくその実態を把握するところから始めなければならない。しかし「都市」は、行政区画のように画然と区画された空間的存在とは限らない。「若者の町・渋谷」という時、それは渋谷区を意味しない。「渋谷」は、渋谷駅周辺というわけでも、近世の渋谷村というわけでもない。そして原宿・代々木・恵比寿・代官山などとは明確に区別してイメージされている。つまり調査研究対象地域が、あらかじめ明確に示されているわけではない。「渋谷」を理解するためには、「渋谷」を発見するところから、調査・研究は開始されなければならない。本書の第一章「渋谷はどこだ」は、そうした「渋谷」発見のために、若者のイメージや子どもの遊び場、そして渋谷空間の歴史的展開を取り上げてみた。

ともかく「渋谷」は、流行の発信地として、多くの若者の関心をひきつけている。「渋谷」は、若者のカリスマを生み、それを核としてシブヤブランドともいうべき文化を生み出した。それによってさらに多くの人々の目をひきつけた。それは確かに一瞬の光芒に似たはかないイメージの世界かもしれないが、確かに若者の心を掴んだ「渋谷」の世界である。そうした文化事象のうち、かつて人々の美意識に強烈な衝撃を与えたヤマンバ、若者の心を掴んだ尾崎豊の眺めた夕陽に託した思い、そしてキャラクター「キティ」を通しての渋谷のイメージ、あるいは「渋谷」という地名のブランド性などを取り上げたのが、第二章「カリスマの町―シブヤブランド―」である。

こうしたまばゆい光に満ちた「渋谷」は、影の世界を内蔵している。現実の生活世界とイメージ世界とは交錯し、光は光を呼び、それゆえ影はよりその闇を深くする。いずれの盛り場も光と影との交錯の中にあり、それが人々を引き寄せる原動力の一つになっている。「渋谷」も華やかな、そして危険な街としてイメージされ、季節を生きる人々の背後に存在し続けている。そんな重層的なイメージを衣服の色彩・イベント、あるいは小説の中の「渋谷」などを通して把握しようとしたのが、第三章「渋谷の光と影」である。

だが、「渋谷」はイメージだけの世界ではない。営々として日々の命を養うために働く人がいて、確かな日常を生きる人々がいる、現実の世界でもある。それは各人各様の体験の累積の上に成り立つ、多様な世界である。町の形成に立ち会った人々の思い出、今に生きる子どもの生活、そして人生を写す写真など、「渋谷」の日常生活のあり方を取り上げたのが、第四章「渋谷の日々」である。

賑わいの場「渋谷」は、外来者と在住者、イメージ世界と現実世界、華やかさときわどさなど、さまざまな状況が複合し、重層して存在している。民俗学では、こうした複雑な都市の状況をどう取り上げるべきかを、「渋谷」を対象として考えたのが、終章「渋谷の民俗概観」である。本書のまとめであると共に、都市民俗論でもある。やや硬い文になってしまったのは、そのためである。

都市の民俗が多元的、重層的であることは何十年も前に指摘されていた。だが、具体的にそれを実証したものはなかった。本書ではそうした「都市」の文化的実態を、「渋谷」を対象としつつ描き出してみようとした試みの一端である。

はじめに……倉石忠彦…1

第一章　渋谷はどこだ

第１節　若者の渋谷観……車塚　洋…9
第２節　子どもの遊び場……長野隆之…25
第３節　渋谷の空間構成……車塚　洋…41

第二章　カリスマの町―シブヤブランド―

第１節　渋谷のヤマンバ―その誕生と展開―……吉江真美…63
第２節　夕陽のスター……川向富貴子…100
第３節　渋谷のキティ……久保奈績…110
第４節　渋谷の地名認識……長野隆之…136

第三章　渋谷の光と影

第１節　渋谷の色―都市の色と四季の色―……倉石美都…153
第２節　渋谷・鹿児島おはら祭り
―マツリに行われる「芸能」の類型―……長野隆之…165

『渋谷をくらす』正誤表

第二章第三節「渋谷のキティ」の本文中に誤記がございましたので下記の通り訂正させていただき、関係各位にお詫び申し上げます。

① 115頁　写真1　渋谷キティ　ハチ公
② 123頁　写真2－1　渋谷キティ　モヤイ
③ 〃　写真2－1　渋谷キティ　モヤイ　パッケージ
④ 124頁　写真3　与謝野晶子キティ
⑤ 126頁　写真4　原宿表参道キティ
⑥ 〃　写真5　原宿竹下通りキティ
⑦ 131頁　写真6　秋葉原めがねっこキティ

以上7点の写真図版に共通して付記すべきキャプションに誤りがありました。

（誤）©1976, 2010 CO., LTD, APPROVAL NO. S.

→（正）©1976, 2010 CO., LTD, APPROVAL NO. S504036

⑧ 135頁3行目

（誤）「株式会社あるなろ舎」→（正）「株式会社あすなろ舎」

第3節　小説『凶器の桜』が描き出す「渋谷」……細沼辰郎……177

第四章　渋谷の日々

第1節　鉢山町聞き書き……沼﨑麻矢……193
第2節　花街の「お風呂屋」……厚　香苗（佐藤　豊）……213
第3節　松濤の奥様……伊藤康博……231
第4節　渋谷の子ども……高久　舞……239
第5節　人生儀礼を撮る……折橋豊子……249

終章　渋谷の民俗概観

日本民俗学における都市研究と東京「渋谷」……倉石忠彦……267

あとがき……倉石忠彦……280
初出一覧……283
執筆者紹介……286
國學院大學『渋谷学叢書』刊行のことば……287

第一章　渋谷はどこだ

第一節　若者の渋谷観

車塚　洋

一　調査方法

「渋谷」。おそらく誰もが聞いたことのある地名であろう。その多くが、東京都にある渋谷を頭に浮かべるであろう。しかし、この「渋谷」は様々な内容を含んでいる。それは時には行政区画であったり、ファッションに対してであったり、また行政区画ではないある特定の地域をさしてであったりする。私たちは、「渋谷って、どういう町？」と言われると、何かしら答えることができるのではないだろうか。それだけ、我々のまわりに「渋谷」の情報が存在している。そして、各自が各自の「渋谷」のイメージを持っているのではないだろうか。そこで本節では、高校生と大学生を対象に行ったアンケートの結果から「渋谷」のイメージ、特に「場所」について注目してみた。なお、本節で扱ったアンケートは倉石忠彦が実施し、筆者が集計を行った。

このアンケートは、①北海道内K短大、②福島県内I高校、③埼玉県内A女子大学、④長野県内K高校、⑤山口県内H大学、⑥沖縄県内R大学、⑦沖縄県内I高校の以上七つの高校・大学において実施したものである。その質問内容は、以下の通りである。

1　東京の「渋谷」をご存知ですか。／aはい　bいいえ
2　（aはい、と答えた人は）なんで知りましたか。該当する項目すべてに丸印をつけてください。
　1、行ったことがある
　　よく行く　　たまに行く　　一度だけ行ったことがある
　2、行ったことがない
　3、他人から聞いた
　4、テレビで見た
　5、新聞で読んだ
　6、週刊誌で読んだ
　7、その他（　　　　）
3　「渋谷」で、すぐ思い浮かぶところを3つお書き下さい。
4　「渋谷」という言葉からイメージされる事柄はどのようなものですか。3つお書き下さい。
5　「渋谷」はどのような所であると思いますか。ご自由にお書き下さい。

二　集計結果

(1) 回答者について

表1は右の質問内容で実施したアンケート調査を集計し、まとめたものである。今回のアンケートでは、回答者全体

の九割以上が渋谷を知っていると答えている。ただし、⑤山口県H大学のようにすべての回答者が渋谷を知っていたのに対して、その他の高校・大学では渋谷を知らないと答えた人が若干名いたことは驚きであった。

「渋谷へ行ったことがあるか」という質問に対してもその回答先の所在地により、二つに分かれた。北海道、山口県、沖縄県のそれぞれの高校、大学からの回答では、「一度行ったことがある」という回答が「よく行く」「たまに行く」を上回っていたのに対し、②福島県内I高校の回答では「たまに行く」が多く回答されていた。つまり、福島県内のこの高校のある所在地からは、渋谷という（地理的な）場所が他の回答先の道・県に比べてそれほど遠くないということなのだろう。また、これは、地理的に渋谷に近くなくとも交通手段が整っていれば、容易に渋谷に行き来できるということも考えられる。例えば、この②福島県内I高校の所在地の最寄りの駅前から東京駅までの間を高速バスが毎日運行されており、片道三、四時間で行き来することができる。時間や運賃もそれほど負担に思わなければ、②福島県内のこの高校のある地域から気軽に渋谷へ行くことは可能なのである。ただし、これはあくまでそのような状況にあるだけで、実際に回答者がどのような移動手段を用いて「渋谷へたまに行っている」と回答しているかということは、今回のアンケートからはうかがい知ることはできない。一方、北海道や山口県、沖縄県となるとやはり移動に時間とお金がかかってしまう。この差が、たまに行くか行かないかの差として出てきたのであろう。

しかし、「たまに行く」と答えた②福島県内I高校の回答だけが具体的なものになっているかというとそうではない。渋谷と距離が離れ、「一度は行ったことがある」「行ったことがない」という回答が多かった⑤山口県内H大学、⑥沖縄県内R大学、⑦沖縄県内I高校においても、具体的に「渋谷」をイメージし、また店舗名や場所の名など、かなり詳細に渋谷の情報を持っていることが分かる。これは、渋谷を知った要因として、「テレビで見た」「新聞で読んだ」「週刊誌で読んだ」を挙げていることからも、これら情報メディアの存在が大きく関与していることがわかる。特に⑤山口県内H大学、⑥沖縄県内R大学、⑦沖縄県内I高校では、回答者のうち八割前後の人が「テレビで見た」と答えてお

④長野県内K高校	⑤山口県内H大学	⑥沖縄県内R大学	⑦沖縄県内I高校
79	100	71	187
51	22	14	98
28	78	57	89
8	0	3	7
71	100	68	178
0	1	1	1
13	5	10	4
15	30	25	34
30	53	22	100
13	32	14	43
46	78	51	158
8	39	22	31
17	24	20	41
2	5	1	15
ハチ公（20）	109（50）	109（53）	109（92）
109（19）	ハチ公（36）	ハチ公（43）	ハチ公（55）
渋谷駅（7）	駅前交差点（6）	センター街（11）	駅前交差点（27）
センター街（4）	渋谷駅（6）	駅前交差点（9）	渋谷駅（16）
高速道路（1）	センター街（6）	渋谷駅（5）	タワーレコード（9）
スペイン坂（1）	渋谷公会堂（3）	スペイン坂（3）	センター街（5）
タワレコ（1）	NHK（3）	西武デパート（2）	マクドナルド（4）
ハーレム（1）	スペイン坂（3）	パルコ（1）	大画面 TV（4）
丸井（1）	パルコ（3）	渋谷公会堂（1）	モヤイ像（1）
渋谷公会堂（1）	丸井（2）	東京 FM スタジオ（1）	コジマ（1）
原宿（1）	スペイン坂スタジオ（1）	NHK スタジオ（1）	ドンキホーテ（1）
	道玄坂（1）	モヤイ像（1）	BEAMS（1）
	BEAMS（1）	ブックファースト（1）	デパ地下（1）
	タワーレコード（1）	タワーレコード（1）	ドトール（1）
	ロフト（1）	東急ハンズ（1）	ダイエー（1）
	国立代々木競技場（1）	丸井（1）	HMV（1）
	ａｘ（1）	スターバックス（1）	エゴイスト（1）
	ラフォーレ（1）	HMV（1）	ユニクロ（1）
	デパ地下（1）	センター街交番（1）	吉野家（1）
	原宿（1）		ロッテリア（1）
			ケンタッキー（1）

表　「渋谷」のイメージ・アンケート調査集計表

	①北海道内Ｋ短大	②福島県内Ｉ高校	③埼玉県内Ａ女子大学
回答者数	30	196	88
男	10		
女	20	196	88
渋谷を知らない	2	4	
渋谷を知っている	28	191	
よく行く	2	8	
たまに行く	8	76	
一度行った	13	58	
行った事がない	2	35	
人から聞いた	5	42	
ＴＶで見た	13	107	
新聞で読んだ	5	21	
週刊誌で読んだ	3	50	
その他	1	5	
場　所	109（19）	109（121）	109（49）
	ハチ公（14）	ハチ公（113）	ハチ公（35）
	國學院大學（12）	センター街（31）	センター街（12）
	センター街（3）	渋谷駅（8）	駅前交差点（12）
	渋谷駅（2）	渋センマック（5）	道玄坂（5）
	丸井（1）	モヤイ像（3）	モヤイ像（5）
	TSUTAYA（1）	丸井（3）	NHK（4）
	ABC マート（1）	駅前交差点（3）	渋谷駅（4）
	オンエアー WEST&EAST（1）	渋谷公会堂（2）	
	パルコ（1）	BEAMS BOY（2）	
	駅前交差点（1）	Q フロー（1）	
	スペイン坂（1）	渋地下（1）	
	HMV（1）	ドンキホーテ（1）	
	東急地下食品売場　（1）	山の手線（1）	
	原宿（1）	東急ハンズ（1）	
	表参道（1）	大画面 TV（1）	
		ディズニーストアー本店（1）	
		スタバ（1）	
		LOFT（1）	
		明治神宮（1）	

④長野県内K高校	⑤山口県内H大学	⑥沖縄県内R大学	⑦沖縄県内I高校
	アルタ（4）	代官山（1）	アルタ前（6）
	東京（3）		東京（2）
			六本木（2）
			国会議事堂（1）
			東京タワー（1）
			裏原宿（1）
		溜め池（1）	
店（3）	都会（5）	クレープ屋（1）	都会（5）
クラブ（1）	高層ビル（4）	ゲームセンター（1）	店（4）
宇田川町（1）	服屋（2）	映画館（1）	デパート（2）
	オープンカフェ（2）	デパート（1）	道（1）
	古着屋（1）		ビル（1）
	ネオン街（1）		クレープ屋（1）
	美容院（1）		風俗（1）
	日本（1）		ゲーセン（1）
	クラブ（1）		飲み屋街（1）
			服屋（1）
			カフェ（1）
			楽器屋（1）
群集（19）	若者（39）	若者（29）	群集（75）
若者（15）	群集（35）	群集（23）	若者（37）
店が多い（10）	都会（16）	ギャル（18）	ギャル（29）
都会（8）	流行の先端（15）	流行（10）	都会（25）
賑やか（7）	ギャル（15）	コギャル（7）	ファッション（19）
ギャル（5）	うるさい（10）	都会（6）	うるさい（17）
犯罪（4）	買い物（7）	汚ギャル（5）	怖い（16）
ファッション（4）	賑やか（6）	危険（4）	汚い（16）
汚い（3）	汚い（6）	ファッション（4）	おしゃれ（15）
アツイ（2）	危険（6）	スカウト（3）	流行（1）
最先端（2）	ビル（6）	店が多い（3）	
悪人が多い（2）			
ビルが多い（2）			
うるさい（2）			
危険（2）			
キャッチセールス　（2）			
夜もうるさい（2）			
派手（2）			

	①北海道内Ｋ短大	②福島県内Ｉ高校	③埼玉県内Ａ女子大学
場　所			
渋谷駅周辺外	アルタ（3）	東京（1）	
	代官山（1）		
不明	裏参道（1）	リバレボー（1）	
	フロンティア（1）	Ｘｇｉｒｌ（1）	
		Milk Feel（1）	
不特定	高架下（1）	デパート（2）	デパート（4）
	飲み屋（1）	オカマバー（2）	博物館（3）
	大学（1）	映画館（1）	
		すし店（1）	
		店（1）	
		公園（1）	
		街（1）	
事　象	若者（16）	群集（94）	群集（41）
	群集（14）	ギャル（65）	ギャル（32）
	都会（6）	若者（46）	若者（27）
	危険（5）	汚い（25）	女子高生（17）
	汚い（3）	賑やか（22）	流行（11）
	賑やか（3）	店が多い（17）	キャッチ（10）
	ナンパ（2）	恐怖（16）	汚い（7）
	ファッション（2）	都会（15）	情報発信地（5）
	流行（2）	流行（10）	危険（5）
	高層ビル（2）	女子高生（8）	ナンパ（4）
	ゴチャゴチャ（2）		

④長野県内Ｋ高校	⑤山口県内Ｈ大学	⑥沖縄県内Ｒ大学	⑦沖縄県内Ｉ高校
若者の町（9）	若者（29）	群集（24）	群集（51）
群集（6）	群集（27）	若者（19）	若者（20）
店が多い（5）	都会（9）	楽しい（6）	楽しそう（19）
犯罪（4）	ギャル（9）	うるさい（5）	賑やか（18）
流行の先端（3）	怖い（6）	ギャル（5）	汚い（16）
賑やか（3）	流行の発信地（6）	流行（4）	遊ぶところ（15）
楽しそう（3）	買い物（6）	危険（3）	店が多い（14）
品物が多い（2）	東京（4）	賑やか（3）	危険（11）
自由な遊び（2）	うるさい（4）	汚い（3）	怖い（10）
汚い（2）	建物（4）	落ち着かない（3）	空気が悪い（10）
よく分からない所　（2）	犯罪（4）	買い物（3）	
馴染めない所（2）	商店が多い（4）	ナンパ（3）	
怖い（2）			

り、テレビの影響力が大きいことを示していよう。

（2）場所について

アンケート先のどの高校・大学の回答にも共通して言えることは、「１０９」、「ハチ公」、「センター街」が挙げられているということである。その回答数は他のものに比べ突出している。この結果は、テレビや雑誌など情報メディアの影響が大きく関係しているものと考えられる。それは、先述したようにアンケート回答者が「渋谷を何で知ったか」という問いに対し、その多くがテレビや新聞、週刊誌といった情報メディアを挙げていることからも容易に想像ができ、これらの影響を受けて、少なくともこの三カ所、「１０９」と「ハチ公」「センター街」が「渋谷」をイメージさせる代表的な場所としてイメージされているようだ。今回実施されたアンケートは、十代後半から二十代前半というごく限られた世代を対象に行われたものではあるが、全国の広い範囲におけるこれらの年代が共通してこの三カ所を「渋谷」をイメージする場所として認識しているということは指摘できよう。また同じように渋谷駅や駅前交差点についても同様のことが言え、すべてのアンケート先から回答されている。

その一方で、イメージの曖昧さも覗かせる。原宿や表参道、六本木

	①北海道内Ｋ短大	②福島県内Ｉ高校	③埼玉県内Ａ女子大学
イメージ	雑踏（9）	雑踏（41）	若者（88）
	汚い（6）	若者（33）	雑踏（41）
	住みたくない（5）	汚い（18）	危険（23）
	華やか（4）	怖い（18）	流行（20）
	犯罪（4）	店が多い（12）	猥雑（18）
	よく知らない（3）	流行（9）	華やか（15）
	都会（2）	犯罪（9）	周縁（7）
	ビル街の盆地（2）	ギャル（9）	
	怖い（2）	賑やか（9）	
	活気（2）	楽しい（8）	
		行きたくない（8）	

本表は、倉石忠彦「民俗都市としての渋谷―渋谷をどう捉えるか―」（総合講座「渋谷学」後期第２回配布資料　平成14年10月12日）を参考に作成。

など、渋谷駅周辺とは言えない地理的にも離れた場所を「渋谷」のイメージとして持っている場合もある。また、これは質問方法の問題や次項の「事象・イメージ」にも含み得る回答だが、上記の回答のように、具体的な店舗名や場所ではなく、デパートやネオン街、飲み屋、オカマバー、クラブ、オープンカフェ、映画館といった盛り場的なイメージも散見できる。

（3）事象・イメージについて

アンケート結果で群を抜いているのは、若者や人の多さを指摘しているものである。言い換えれば、人に関する回答である。例えば、若者や群集のほか、女子高生やギャル、コギャル、汚ギャルなどを挙げることができる。

そして、もう一つ特徴として挙げることができるのは、プラスとマイナス、明と暗、両極の回答が挙げられているという点である。(1) この明と暗のイメージは、十代、二十代の世代に限ったことではなく、それ以外の世代においても抱かれているイメージである。ただし、そこには渋谷における過去の歴史（個人史をも含んだ）が色濃く反映されている場合もある。しかし、今回のアンケートでは、マイナス面、暗の部分が「危険」「汚い」「恐怖」「悪人が多い」「犯罪」「怖い」「住みたくない」「行きたくない」「馴染めないところ」「落ち着かない」「空気が悪い」などといった言葉で示されているのみで、何故そう思うのかという理由については知るすべはないが、ここには、今回回答してくれた十代、二十代の世代の人たちが現在の渋谷をみてそのようにイメージしているということと、これとは異なる世代の人たちの「渋谷」のイメージとではどうもずれがあるように感じられる。単に明と暗、プラスとマイナスという二極でのイメージ把握は無意味なのかも知れない。やはり、各世代で有する「渋谷」のイメージというものを見ていく必要があるのではないだろうか。この点に関しては、今後の課題としたい。

三　「渋谷」をイメージさせる場所の範囲

ここでは、アンケート回答者が具体的にどの場所を「渋谷」としてイメージしているのかを見ていきたいと思う。筆者は以前情報誌等を資料として、渋谷のイメージのモデル図を作成した(2)。これは、JR山手線を縦軸に、首都高速三号線・国道二四六号線を横軸に取り、渋谷駅を中心に半径七〇〇mの円を描いたものである。今回もそのモデル図（図参照）を利用して説明することとする。なお、この渋谷駅を中心としての半径七〇〇mの円については、論考発表時と現在とでは、範囲の異同が見られると想像されるため、今回はあくまで指標として提示するものであり、今後、場所に関する渋谷のイメージの拡大・縮小等の再検討が必要かと思われる。

では、アンケートで得られた「場所」に関する回答をとおして、どのような場所を「渋谷」としてイメージしているかを、各高校・大学ごとにみていくことにする。

①　**北海道内K短大**　回答は、国道二四六号より北側と山手線の西側のエリアに集中しており、図のBの部分に当た

る。特に店舗名や地名（スペイン坂、センター街など）を回答として挙げている。また、その一方で原宿や表参道、さらにはアルタ、代官山をも「渋谷」のイメージとして持っている者もいることがわかる。

②　**福島県内I高校**　ここでも回答は、①北海道K短大と同様、国道二四六号より北側と山手線の西側のエリアに集中しており、こちらも図のBに対応する。明治神宮、そして東京も「渋谷」のイメージとして捉えられている。場所の名称も、かなり明確に答えている。

③　**埼玉県内A女子大学**　ここも前同様に、国道二四六号の北側と山手線の西側のエリアで、渋谷駅前やセンター街、道玄坂が回答として挙げられている。こちらも図のBの部分に対応している。中央街や松濤、神泉は空白地帯であり、また、現在の渋谷区役所の周辺も空白。

④　**長野県内K高校**　ここも前同様、図のBに当たる国道二四六号の北側と山手線の西側のエリアに回答が集中している。それ以外では、原宿駅などが挙げられている。

⑤　**山口県内H大学**　ここも先述と同様のエリアに回答が集中している。中には、アルタを回答している者もいる。また、渋谷公会堂やNHK、国立代々木競技場、ラフォーレ原宿など、渋谷駅周辺から原宿方面をも含めて「渋谷」をイメージしていることが垣間見られる。

⑥　**沖縄県内R大学**　先述と同様のエリアに回答が集中している。特に109とハチ公の回答率が高い。

⑦　**沖縄県内I高校**　こちらも先述と同様のエリアの回答ではあるが、地理的範囲では狭い範囲に回答が集中しており、109、ハチ公、駅前交差点がその大半を占めている。また、同時にアルタ前や六本木という回答も見られる。

以上、簡単ではあるが、各回答先ごとにその内容を概観してきたが、共通して言えることはかなり限定された店舗名や場所が挙げられているということ、そして、回答のその多くが地理的に極く限られた場所（エリア）に集中しているということである。つまり、図のBの部分、特に渋谷駅から半径七〇〇mの円の内側に回答が集中しているのである。

しかも、この傾向は、①北海道内K短大や⑥⑦の沖縄県内の大学・高校においても同じことが言える。①北海道内K短大や②福島県内I高校は、渋谷に一度以上行ったことがある者の比率が高いことから具体的に「渋谷」をイメージすることができると思われるが、その一方で、⑥⑦の沖縄県内の大学・高校のように行ったことのない者の比率が高いのにもかかわらず、具体的に場所の名称を回答しているとともに、他県の回答内容と重複するものとなっている。また、⑤山口県内H大学については、こちらも行ったことがない者の比率が高いのに「渋谷」のイメージを具体的に捉えている。つまり、全国的に「渋谷」に対して同じイメージを共有しており、かなり詳しい情報を挙げているのである。

では、その原因は何なのであろうか。その要因の一つとして情報メディア、例えば情報誌の存在を挙げることができよう。筆者は先述したように、以前情報誌を資料として誌上で扱われる「渋谷」の範囲として、地図上に渋谷駅から半径七〇〇mの円を描いたものを示した[3]。その際、この円の中には、「公園通り」「センター街」「井の頭通り」「道玄坂」「文化村通り」「万国旗通り」「ファイヤー通り」「スペイン坂」「ランブリングストリート」「キャットストリート」「明治通り」など様々な通り（ストリート）が内包されることを指摘した。このうち、「ファイヤー通り」と「キャットストリート」は半径七〇〇mの円からはみ出し、さらに「キャットストリート」においては、この通りが渋谷と原宿方面とを結ぶ機能を有している。そして、これらの通り（ストリート）が集中しているのが、今回のアンケートでも多くの回答が寄せられた場所、つまり渋谷駅から半径七〇〇mの円の内側で、国道二四六号より北側と山手線の西側のエリアなのである。こうした通り（ストリート）は情報誌において「渋谷」を取り上げる際、登場することが多い。通り（ストリート）によって「渋谷」を説明するということは、情報メディアが「渋谷」を取り上げるときの一つの手法であるとも言えよう。

ところで、一九七〇年代の情報誌の役割について、吉見俊哉が次のように指摘している。

これらのカタログ雑誌（『アンアン』『ノンノ』『JJ』『モア』『オリーブ』『ぴあ』『シティロード』『ポパイ』・筆者註）は、

そうした手段によるのでなければ認識が困難なほど複雑化した東京にあって、若者たちにどこへ行き、何をすることができるのかを教える台本の役割を果たしていったのである。都市のなかの様々な空間はこの台本に登録され、原理的には各個人が自由に選択できる項として並置されていくことにより、相互の有機的な関係を離れ、ちょうど遊園地やゲームセンターに並べられた遊戯台のようなものとして現れるようになる。どの台を選ぶかは、並置された選択肢の中で当該の選択肢が占める商品価値によって決まる。そして「渋谷」は、そのように並置された諸項のなかで、より近づき易く、よりファッショナブルな街として人気を集めていったのである。[4]

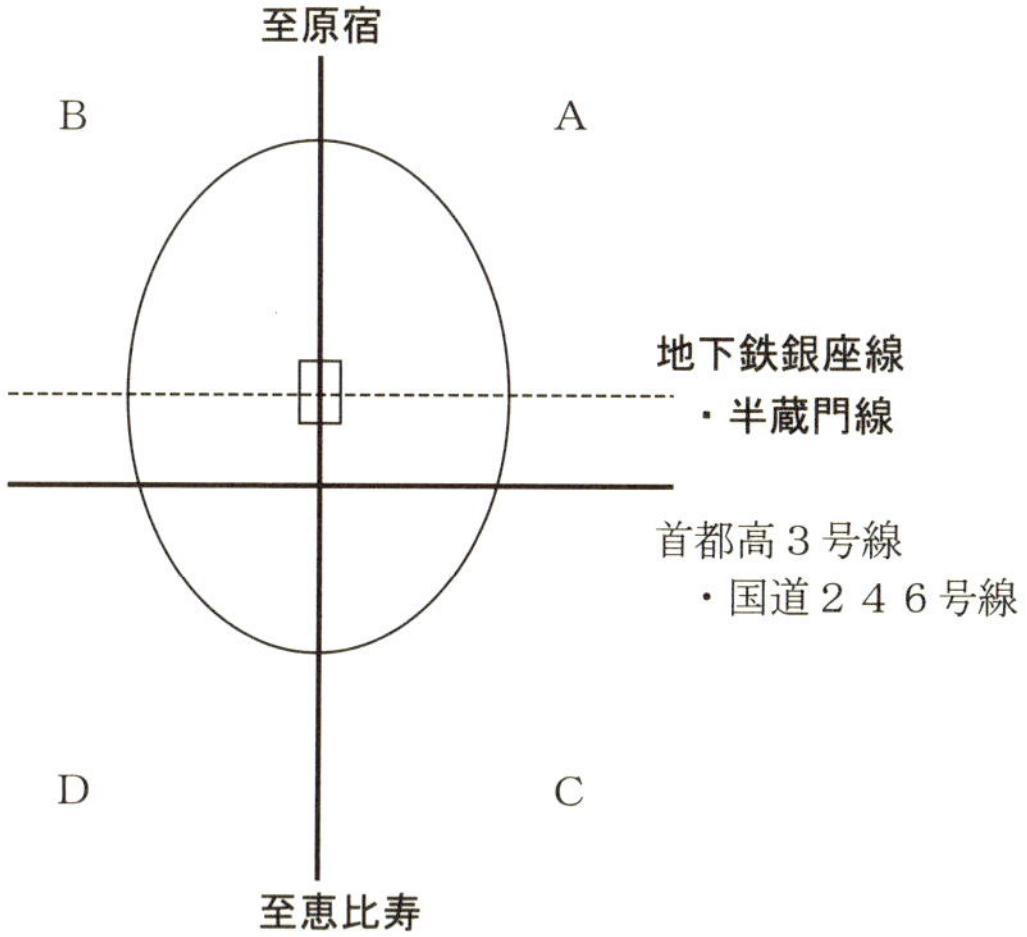

※ □ ＝渋谷駅
※渋谷駅を中心とした円は渋谷駅から半径７００ｍを意味する。
図　「渋谷」モデル図

この吉見の指摘にもあるように、一九七〇年代というようにその年代は現在とは異なるが、「渋谷」のイメージを作っているその要因には情報メディアが大きく影響しているであろうことは容易にわかる。そして、このような影響力を持つ情報メディアが提示する「渋谷」[5]と今回のアンケート結果から得られた「渋谷」の地理的範囲とが重複しているのである。

ではその一方で、他の空白部分についてはどうであろうか。この点について注目されるのが長野隆之の指摘であろう。[6]長野は、店名から「渋谷」の地域把握を試み、「青山店」の店名が渋谷駅東側、山手線のすぐ東側まで確認でき、この場所が「青山」と認識されているとし、「渋谷駅東側は、「渋谷店」の密度、「タウン」の重層性の両面において、「渋谷」である認識が、西側に比べて希薄であると言える」と指摘している。また、「原宿」や「表参道」「広尾」「恵比寿」「代官山」、「笹塚」や「幡ヶ谷」「初台」などは、駅がランドマークとして認識されている場合があるとしながら、一方で「原宿」「表参道」「広尾」「恵比寿」「代官山」においては隣接するこれらとが重なり合っているとも指摘している。

これは、「渋谷」がどこまでの地理的範囲を含み得るのかということの検討の必要性を問うているとも言えよう。さらには「渋谷」が含む内容の細分化が起こっていることも考えられるのではないだろうか。つまり、渋谷駅周辺でありながら、「渋谷」ではない、例えば先の青山であったり、また恵比寿や松濤、円山町、神泉町、代官山、猿楽町などであったりというように。これは同時に今後筆者が設定した渋谷駅から半径七〇〇mという範囲の再検討もなされなければならないことをも示している。したがって今後、人の流れやどこに人が集まるのかなど調査する必要があろう。もちろん、すでにこの半径七〇〇mという数値も通用しないものとなっているのかもしれない。やはり、「渋谷」のイメージは刻一刻と変化し続けるものなのではないだろうか。

四　まとめ

「渋谷」のイメージに関するアンケート結果により全国の各高校・大学において「渋谷」に対して概ね同じイメージを持っていることがわかった。実際に渋谷を訪れ、またテレビ・新聞・雑誌など情報メディアが影響していることは言を俟たないことであろう。高校生、大学生が一様に描くイメージが存在していた。

しかし、全体的に言えることは、アンケート回答者の多くが具体的に「渋谷」をイメージしているということだ。もちろん、アンケート回答者のその多くが一度以上は渋谷に行ったことがあるため、渋谷を具体的に捉えることができるのは当然なのかも知れないが、回答を通して「渋谷」という街が回答者の世代を引きつける街であることを再認識させられる。しかし、その具体的な「渋谷」のイメージ、それは、あくまで情報メディアによって作られたイメージなのかも知れない。例えば、私たち自身も旅に行く際、雑誌や書籍、今ではインターネットなどで、行く先の情報を得ることができる。情報の中には、マニアックすぎて地元の人さえ知らない、首を傾げるような情報もあるかも知れない。つまり、作られた「渋谷」、実態のない「渋谷」とも言えるかも知れない。またそこに生活している人とは異なる「渋谷」であるかも知れない。この具体的な「渋谷」とイメージとしての「渋谷」、色々な視点からの「渋谷」を提示していくことにより、より重層的な「渋谷」像というものが作り得るのではないだろうか。

また、渋谷に対して田山花袋が、次のように記している。

　宮益の坂を下りると、あたりが何処となく田舎田舎して来て、藁葺の家があったり、小川があったり、橋があったり、水車がそこにめぐっていたりした。私はそこを歩くと、故郷にでも帰っていったような気がして、何となく母親や祖父母のいる田舎の藁葺が思い出された。小さい私は涙などを拭き拭き歩いた。[7]

この花袋の渋谷に対するイメージ（厳密には、イメージではなく花袋の実体験であるが）は今回のアンケートから見出すことはもちろんできない。しかし、これも「渋谷」の変遷の一部を描いていることは確かである。「渋谷」のイメージも時間を追うごとに、また情報メディアの影響を受けながら変遷しているとするならば、文学作品等の中に描かれる「渋谷」を通して、「渋谷」の移り変わりを見ていくことも可能であろう。この点についても今後の課題としたいと思う。

註

（1）このような指摘は、すでに倉石忠彦「都市生活から民間伝承を見出す試み」（『季刊理戦』71号、実践社、二〇〇二年）の中でもなされている。

（2）拙稿「情報媒体にみる渋谷像」『都市民俗研究』7　都市民俗学研究会　二〇〇一年
（3）前掲註（2）
（4）吉見俊哉『都市のドラマトゥルギー—東京・盛り場の社会史—』弘文堂　一九八七年　三〇七頁
（5）ここでは吉見俊哉の言う一九七〇年代のカタログ的情報誌やファッション誌に取り上げられた「渋谷」ではなく、前掲註（2）で取り上げた一九九八年・一九九九年の情報誌にみる「渋谷」を指している。
（6）本書第二章第四節「渋谷の地名認識」（初出、長野隆之「「渋谷」における地名認識の重層性」『都市民俗研究』8　都市民俗学研究会　二〇〇二年）
（7）田山花袋『東京の三十年』岩波書店　一九八一年（初出、一九一七年）一四頁

第二節　子どもの遊び場

長野　隆之

一　境界の意識

日常生活において、ムラやマチなどといった特定の空間の境界が意識されることは稀である。例えば、日常会話で「渋谷」と言ったとき、それが行政上の渋谷を指すのか、あるいは漠然とイメージされる「渋谷」を指すのか、そして、それはどこからどこまでの範囲を示すのか、そういったことを確認しながら会話をすることは、まずない。会話をする者同士の暗黙の諒解、すなわち、彼等の間で漠然と「渋谷」が共有されているならば、それで会話は成立するのである。これは、ムラでも同様にとらえることができ、その境界が意識されるのは、特定の行事など、境界が意識されざるをえない状況においてなのである。

渋谷においても、境界が意識される機会として神社祭礼をあげることができる。祭礼時に張られるシメの位置や神輿の巡行コースなどによって、渋谷における一つの空間認識が確認される。しかし、これは氏子の範囲ではあっても、日常会話に出てくるような漠然とした「渋谷」の範囲を示すものではない。

筆者は本書第二章第四節において、そういった「渋谷」とはどこなのかを論じた。それは、「「渋谷○○」「○○渋谷」などの形で、名称に「「渋谷（しぶや・シブヤ・SHIBUYA）」をもつ店・企業」や「支店・営業所などのある位置に着目して、それらを地図に落とすことによってあらわれてくる範囲を規定し、さらに原宿・恵比寿・青山などの渋谷に隣接する地名、並びに、道玄坂・センター街・渋谷駅前などの渋谷の下位概念となる地名との関係から「渋谷」を規定しようとするものである。しかし、このような「渋谷」を単位とした社会集団は認められない。したがって、そういった単位での行事もない。つまり、筆者がそこで論じた「渋谷」は、日常生活においても、行事においても、まったく範囲が意識される機会を持たないものであり、そのような範囲を説明しなければならないという特殊な状況を除けば、意識はされず、また、意識する必要もないのである。

かといって、「渋谷」に生活する人びとが、何ら空間を認識していないというわけではない。それは必ずしも「渋谷」という括りを持たないにせよ、氏子の範囲や町会といった特定の決められた空間であったり、あるいは、それらとは異なる自らの生活に則した生活圏は存在するであろうことは想定しうるのである。したがって、本節では、渋谷に住む人びとが感じていた生活圏、すなわち、生活の延長線上で意識された「渋谷」の境界を確認することを目的とする。

二　本節における主な資料

生活に則した圏域は、それを形成する人びとの年齢・性別・職業などによって異なると考えられるため、本来的にはさまざまな資料から検討しなければならないが、本節では大正期の子どもの認識に限定する。これは、この時代が関東大震災を挟んで急速に都市化していった渋谷の過渡期にあたるということ、ならびに、子どもはその生活のあり方が限定しやすく、考察を行いやすいためである。

本節はその契機として、同世代の二人が書き記した作品を中心に考察を行う。すなわち、藤田佳世『渋谷道玄坂』（彌生書房　一九七六年）、『大正・渋谷道玄坂』（青蛙房　一九七八年）、ならびに、大岡昇平『幼年』（講談社文芸文庫　一九九〇年）、『少年』（講談社文芸文庫　一九九一年）を主たる資料とする。(1) 藤田と大岡においては後に交流もあったようであるが、幼少期には接点はない。

『大正・渋谷道玄坂』によれば、藤田佳世は「明治四十五年七月、鶴見に生ま」れ、「三歳のときから渋谷育ち、昭和九年、陶器商藤田に嫁す」とある（二五六頁）。現在は「ケアコミュニティ・桜が丘」となっている大和田小学校の出身である。『渋谷道玄坂』は大正初期から第二次世界大戦直後、『大正・渋谷道玄坂』は大正期を主として、藤田の記憶にある渋谷を記述したものである。

大岡昇平は「野火」「俘虜記」などで有名な小説家である。『幼年』によれば、明治四十二年三月六日、牛込区（現東京都新宿区）新小川町三丁目に生まれ、「三歳の時、赤十字病院前麻布区笄町（現、南青山七丁目）に引越し（中略）それから大正十一年までの間に、渋谷の氷川神社付近、渋谷駅付近、宇田川町、松濤へ、合計七度越している」（七頁）。そのため、通学していた小学校も複数あるが、本節では、もとの東急文化会館の敷地にあった渋谷第一小学校に通学していた頃が中心となる。

『幼年』は、

大正年間に東京郊外で育った一人の少年が何を感じ、何を思ったかを書いて行けば、その間の渋谷の変遷が現われて来るはずである。「私は」「私の」と自己を主張するのは、元来私の趣味にない。渋谷という環境に埋没させつつ、自己を語るのが目的である。（七頁）

という自叙伝・回想記であり、『少年』もこれに準じている。ただし、『幼年』『少年』ともに大岡の記憶のみにある渋谷ではない。『幼年』には「私のような他所者の不確かな記憶だけではなく、こういう渋谷に生れ、渋谷に生きた人達の協力によって裏付けされている」（一二六頁）とある。「渋谷に生きた人達」とは、例えば『郷土渋谷の百年百話』（渋谷郷土研究会　一九六七年）の著者加藤一郎である。つまり、『幼年』『少年』における記述は、自らの記憶を文献や聞き書きによって再構成しているものなのであるが、本節は、記憶にしろ、客観的事実にしろ、それらのどちらかに偏らせるものではないため、資料として問題がないと判断した。

また、大岡は自らを渋谷の「他所者」と位置付けているが、これは、渋谷に引っ越してきて、さらに青年期には渋谷を離れたということである。本節は、渋谷で、ある時代に、ある世代を過ごした、すなわち、大正期の渋谷で幼少期を過ごした人びとの、そこでの認識を対象にしているため、この部分でも齟齬はないと判断した。

三　子どもの遊びとその空間

子どもが関わる社会として、家庭・地域・学校などが考えられるが、大正期には年季奉公をしている子どももいた。私の同級生に芸者屋から来ている子が三人いた。南、田中、小川、と、それぞれに苗字はあったが、いずれも七年から十三年の年季で売られて来ていた（それは後に聞いたことだが）。ともあれ、当時は下地っ子と呼ばれて、ひどい扱いに耐えながら学校に通っていた。[2]

父親が株式仲買人であった大岡昇平の『幼年』『少年』には、自身が働く様子はあらわれてこないが、家業が芋屋、後に氷屋を営んだ藤田佳世の文章には「学校へ行き始めるとじきから使い走りや弟妹の世話に使われ[3]」ていた様子がえがかれている。それは「父が鋸で挽いてくれる氷を荒縄でしばり、それを両手に提げて[4]」の配達だったり、弟の子守りであった。

私が渋谷館の前にたびたび行くようになったのは、家業に励む母に代って、末の弟の子守りをしなければならなかった私が、弟をおぶっての所在なさに、ついここの看板を見に来たからである。（中略）私は渋谷館の前まではよく行ったが、中に入ったのは九歳の時であった。(5)

渋谷館とは道玄坂下にあった映画館である。また、藤田は子守りのときに荒木山にも行っている。

大正の頃の荒木山は情緒に満ちた花柳街であった。しかし昭和になって円山町と名も変わり、私も子供の時ほどこの街を歩くこともなくなった。／私が弟をおぶってこの芸者町の横丁や路地を抜けて歩いたのは十歳の頃のことである。(6)

大和田横丁（現・道玄坂一丁目）に住んでいた藤田にとって、渋谷館にしろ荒木山にしろ、たとえ子どもの頃であったにせよ徒歩圏内であった。したがって、その周辺は遊び場の範囲内であったと考えられるが、

商ないに追われて夕仕度のおそくなる母が、もう日が暮れるというのに弟を私の背にのせて（中略）私に子守りをさせるのである。／外へ出てみても、夕方の街にもう遊んでいる児はいない。私は仕方なく道玄坂から荒木山をひと廻りしてくるのである。(7)

というように、それらの場所が子守りの記憶と結びついたとき、そこは子守りの空間として哀感をともなって思い出されるのである。

子どもが弟妹の子守りをすることは、大正期に限ったことでも、渋谷に限ったことでもないし、弟妹を負ぶったまま学校に通ったり遊んだりしたということは、戦後生まれの人びとからも聞くことがある。しかし、奉公であったり、家業の手伝いであったり、子守りであったり、そういったことが哀感を帯びて語られるのは、仕事そのもののつらさも勿論あるが、「外へ出てみても、夕方の街にもう遊んでいる児はいない」というように、それらが他の子どもたちと切

り離す存在として意識されたときである。子どもには子どもの社会があり、そういったことが藤田佳世や大岡昇平の作品でえがかれている場面は、仕事ではなく遊びと結びつけられているのである。

当時の男子の遊びは、地面の上で陣取り、じゃんけんできめた目標（大抵は電信柱）まで往復する遊び、メンコ、[8]はじき出し、[9]スポンジボールでキャッチボール、[10]輪廻し、[11]西郷山で兵隊ごっこの他、[12]「電車が来かかると、針金をたばねて線路の上におき、それを一枚の真白な薄板にした」[13]り、夏休みには、渋谷川に入ってハヤやメダカをしゃくったり、学校の前の河原でトンボを取ったりした。[14]女子は、お手玉、[15]手拭落とし、せっせっせ、ぐう、ちょき、ぱあ、おはじき、おしくらまんじゅう、学校ごっこや、お話会、[16]「渋谷ではなぜかそれは女の子の遊びだった」石ケリ、[17]天神さまのほそ道や子とろ遊び[18]などで遊んだ。

その遊び場は屋内か屋外であるが、具体的に見ていくと都市らしさがうかがえる。屋内においては、「土間の広い私の家」[19]の他に、駄菓子を売る店に子どもたちが集まったことについて、藤田・大岡ともに書き記している。[20]また、大岡は「市電の終点の木造の待合室では雨の日でも遊べた」ことも記している。[21]

屋外では、道、空き地、神社などが遊び場として選ばれている。遊び場としての道は一様ではなく、

路地の前の道は、一〇メートル右へ行くと、幅一メートルぐらいの小路になってしまう。従って左手の下駄屋の角からは、車が入って来ないので、子供のいい遊び場だった。[22]

という路地であったり、

私の家の角で道がもう一度曲るところの対面にも路地が入っていた。つまりそこには三角形の、少しゆとりのある道路空間ができる。Rさんの家の角の十字路から、この三叉路までの二軒の家の前面が付近の子供の遊び場だった。[23]

というように、路地が交差する比較的広いスペースが使われていた。また、

私たちは子供の頃、道玄坂の途中右側に、幅一間の私道を十五間も奥に引いて、そこに武家屋敷ふうに門を構えた中川伯爵邸のあったことを覚えている。腕白小僧は観音びらきになる門の扉に這い上がったりするので、庭番の年寄りに怒鳴られたりすることもあったが、門前でままごとをする女の子まで追い払うようなことはしなかった[24]。と、私邸の前も遊び場として使われていた。それは子どもであれば誰でもが遊んでよい空間ではなく、自ずと子ども同士の集団が形成され、その集団単位で共有されていた。

井戸のうしろの突当たりの少し大きな家に、私より年上の男の子がいて、その路地の餓鬼大将だった。私は一度遊びに行ったが、路地の子は排他的なグループを作っていて、仲間に入れて貰えなかった[25]。

地域社会には、子どもにおいても、それぞれの論理があったのである。その中で親同士のつきあいとの関係性を無視することはできないが、子どもには子どもの関係も成立していたのである。大岡昇平は幼年期に女子とともに遊んでいたことを書いている。

女の子たちは、十字路を越えて、平らな私たちの領分まで来て、石ケリをすることがあった。私たちも入れて貰った[26]。

道は遊び場であると同時に、子どもの集団の領分の境界を示すものでもあった。それは右にあるように、十字路を境に男子と女子の領分があったが、不可侵の境界ではない。遊びが共有されれば空間も共有されたのである。

四　境界としての西郷山

子どもたちは家の付近だけで遊んだわけではなく、代々木の原や西郷山まで足をのばしていた。代々木の原は現在の代々木公園・代々木競技場・織田記念フィールド・NHKのあたりであり、当時は練兵場であった。

代々木の原は本来、子供の遊び場ではなかった筈である。陸軍の練兵場として、兵隊の烈しい訓練の場であり、模擬戦の台地でもあった。したがって、壕を掘る工兵、腹這いの姿勢で銃を構える歩兵、馬を驅使する騎兵などの姿を原の外輪から見ることも多かった。[27]

ここを子どもたちが遊び場としていたことは、聞き書きによっても確認している。藤田が書いたと同じ大正頃に、練兵場の中央にあったすり鉢状の広い場所へ、雪が降ったときにはスキーをしに道玄坂あたりから行ったという。この代々木練兵場は第二次世界大戦後に進駐してきた米軍に接収され、将校用住宅が建設されてワシントンハイツと名づけられた。その中に入ることはできなかったが、近辺まで遊びに行く子どももいたという。戦前・戦後を通じて、この付近は子どもたちの遊び場だったのである。そして、この代々木の原あたりが、渋谷の中心部から子どもたちだけで遊びに行く北の端であった。

もう一方の端、すなわち、南の端が西郷山である（地図左下）。[28]藤田佳世は次のように記述している。

ここは南平台、鉢山、猿楽に隣接する雑木林の丘陵地帯で、子供たちに取っては格好の遊び場であった。大正時代をこの周辺に住んだ子供たちで、この山での思い出を持たない者は無いであろうと、私は思っている。[29]

西郷山は、藤田の母校大和田小学校の一年生の遠足の地であると同時に、[30]子どもたちだけで行った遊び場でもあった。これは、終戦直後の頃もそうであったし、本書に掲載している「花街のお風呂屋」の話をお聞きした佐藤豊氏（昭和二十九年生）にも、西郷山まで遊びに行ったことはうかがっている。そして、藤田佳世と同じ大和田小学校出身で、昭和十二年生まれの男性から、「西郷山から向こうは追いはぎが出ると言われて、遊びに行っていない」こともうかがっている。つまり、西郷山が渋谷側から見て、少なくとも子どもたちにとっては境界であったことが推測されるのである。

西郷山という名称は、明治七年（一八七四）から西郷従道が土地を所有していたことに由来し、現在もその周辺の通称として、あるいは「西郷山公園」という名称に残されている。西郷家の敷地は、現在の目黒区青葉台二丁目あたりで、菅刈《すげかり》小学校・菅刈公園・西郷山公園などがその範囲に含まれる。

菅刈小学校は明治四十一年（一九一二）に学校建設用地として西郷家から寄贈されたものである。菅刈公園は旧西郷邸の洋館・和館・日本庭園のあった場所であった。

戦後は旧国鉄の職員住宅として使用されていました。平成九年に、約二ヘクタールのこの地を区が公園用地として取得する際に調査したところ、庭園の石組みなどがきわめて良好に保存されていることが判明しました。このため、菅刈公園は、在りし日の名園の姿を一部復元した形で整備しました。

とは、菅刈公園和館にある西郷邸に関する展示室の配付資料「西郷山公園　菅刈公園」における「西郷山公園・菅刈公園の歴史」の記述である。西郷邸は大正十一年（一九二二）と昭和九年（一九三四）に特別公開されており、藤田佳世は大正十一年のときの様子を「子供たちは嬉々としてこの庭園の夏を自分のものとして遊んだ(31)」と書いているため、庭園のあったあたりは、普段は子どもたちの遊び場ではなかったことがうかがえる。

また、次頁の地図からもわかるように、西郷山の渋谷側に隣接する南平台・鉢山・猿楽・代官山あたりも、かなりの空き地があったことが確認される。藤田は「鉢山交番の先きはすぐ西郷山であった。（中略）交番の前を西に向う草の道は、南平台と鉢山とを分けていたが、いずれも西郷山であることに変わりはな(32)」いとしている。ここと同じ場所を大岡昇平も「この位置は今日の鉢山町一〇番地である。付近一帯の丘陵は当時「西郷山」と呼ばれていた(33)」としているため、西郷山の範囲は西郷家の敷地だけではなく、南平台・鉢山にまで広がっていたことがわかる。

この西郷山や西郷邸に対する意識は、渋谷側から見た場合と目黒区側から見た場合とでは異なるようで、例えば大岡は、西郷山に西郷従道の「別邸があったかも知れないが、私たちにはそんな建物はどうでもよかった(34)」としているのに対して、目黒区側からの資料(35)では、西郷邸の洋館・和館・庭園などの記述が中心となるのである。これは、自らの幼

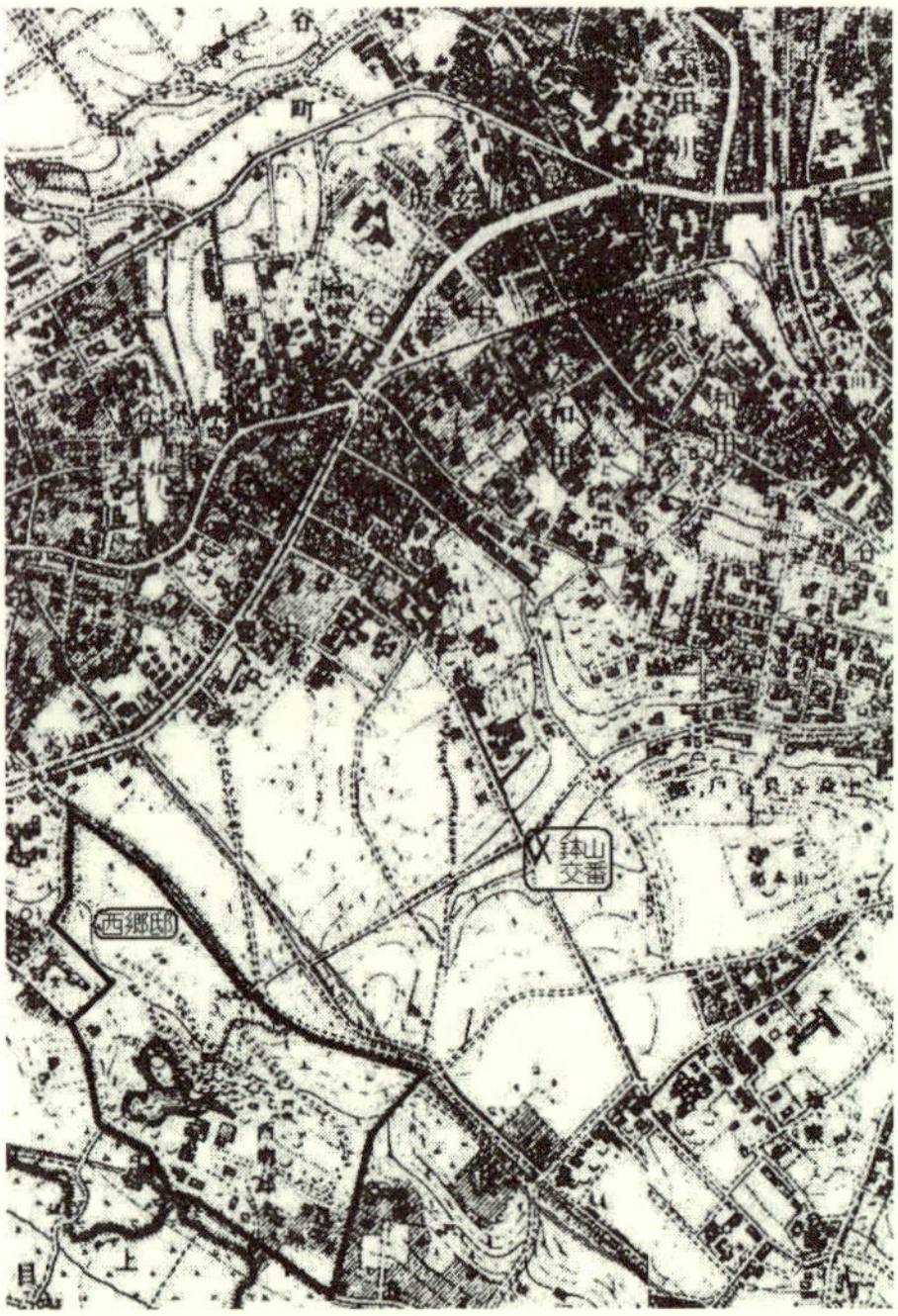

地図　大正期の西郷山周辺

少期を振り返る藤田佳世や大岡昇平と、郷土を研究するという文脈で述べる目黒区側の資料との違いということもその理由と考えられるが、西郷邸に表側から接していた目黒区側と、裏側から接していた渋谷側との違いとも考えられる。地形的に見ても「渋谷方面がゆるやかな登りになっているのに反し、目黒川流域へは急峻な斜面となって落ちている。そして地形図によると目黒川流域は渋谷川流域より、約一〇メートル低い。これが私の目を驚かした異様な景観の原因の一つであった(36)」のであり、そこにいたる道は、

　現在では細かく分譲されて住宅が立ち並び、谷間の道は商店街になっているが、その頃はこの十字路から先は尽く林の中の淋しい道で、家は一軒もなかった。さらに西に進むと、道は少しカーヴしながら上りになる。そして小さな滝がかかっていた(37)。

というものであった。

　時代が少し下るが、昭和八年（一九三三）三月十日、二五人にものぼるもらい子を次々と絞殺していた川俣初太郎という男が、止宿していた本所区（現・墨田区）吾妻橋の木賃宿で検挙された。当時、新聞には「子供やりたし」という三行広告が掲載され、川俣は養育費とともに子どもをもらい受けては、その子を殺していたのである。この三年前にも板橋の岩の坂で同様の事件があり、これらをきっかけに「子供やりたし」という三行広告がなくなったという。川俣が

この時に殺害した子どもを埋めたのが西郷山であった(38)。

大正十二年（一九二三）の関東大震災以降、空き地であった猿楽・鶯谷・鉢山・南平台・松濤あたりが住宅地になっていった中にあって、昭和八年には、西郷山は死体を埋める場所として、墨田区に止宿していた犯人に思い起こさせる空間だったのである。大正期当時、渋谷は関東大震災以降ほどではなかったにせよ、大正二年（一九一三）には荒木山（現・円山町）が三業地の指定をされるなど、市街地化していっていた。西郷山は市街地に隣接する「山」であり、異空間として認識されていたと考えられるのである。大岡の「目を驚かした異様な景観」とは「松や杉をまじえた疎林で」あり、「ずっと下に田園が見え(39)」るというものであって、市街地とは異なる景観だったのである。

五　子どもの集団と学区

大正期における渋谷の子どもたちが、西郷山や代々木の原といった、自分たちの居住地の南北に遊び場を求めたのは、東西には求めるべき場所がなかったためと思われる。家の近所でできる遊びならば、わざわざ遠くまで行く必要はなく、集団で遊ぶための広い空間が求められていたと考えられる。藤田や大岡の時代には、西郷山は子どもたちがガキ大将を中心とした集団で遊びに行く場所だったのである。

彦ちゃんは近所の子供たちのガキ大将でもあった。石けりにも陣取りにも軍艦遊戯にも、子供たちはみな彦ちゃんの言葉に従った。西郷山に行く時もリーダーは彦ちゃんである。絣の着物に板裏草履をはいた少年たちは、袖口を洟で光らせた腕白もまじえて、ぞろぞろ彦ちゃんのあとにつづくのである(40)。

これは大岡の通っていた渋谷第一小学校でも同じであり、「川端稲荷近所の男の子や駅前旅館の男の子が大将になり、近所の男の子が全部駆り出されて、西郷山へ兵隊ごっこをしに行ったこと」が書かれている。[41]

こういったことは、子どもが自らの集団を確認する行為にもなったと考えられ、大岡は集団で西郷山に行く理由を、

西郷山の中がすでに大和田分校の領域で、上級生といっしょに隊伍を組まなければ行けないところだった。当時の小学校通学区域は、子供達にとって「国」であって、他国を侵す生徒は、用捨なく苛められた。[42]

としている。これは、先述した子どもにおける異集団間で、遊びと空間を共有した事例とは異なっている。同一の学校に所属している異集団と、異なる学校に所属している異集団では、相手の集団に対しての意識がまったく異なってくるのである。

大岡昇平は、右の文章に続けて「渋谷第一の当面の敵は、穏田《おんでん》、原宿方面の「穏原小学校」で」あったことを書いている。[43] 渋谷第一小学校と穏原《おんばら》小学校の生徒たちが出くわすのは、方角的に代々木の原方面だと考えられるが、それについては触れられていない。出くわしたときには

おんばら学校、いい学校
あがってみたら、くそ学校

という囃し文句があり、「向うでも「渋谷第一、いい学校」とか「大和田分校、いい学校」と同じ文句を歌い、いがみ合っていた」という。したがって、西郷山は「渋谷の子供達にはまったくの異郷で、他の学校の生徒が出没する危険地帯であ」った、[44] という意識が持たれた場所だったのである。

藤田佳世の通っていた大和田小学校にとって、大岡が述べるように「西郷山の中がすでに大和田分校の領域」であったにせよ、「他の学校の生徒が出没する」場所であったことは変わらない。西郷山が子どもたちだけで行く遊び場の一方の端となった要因は、地形や景観とともに、こういった子どもにおける集団に対する意識もあったのではないかと考えられるのである。

　以上、大正期の渋谷における子どもたちの生活、殊に遊び、遊び場を中心に空間認識を見てきた。その中で西郷山が境界として意識されていたことを推測した。西郷山は渋谷の子どもたちにとって遊び場としての端であり、学区を越えて使われた空間であった。それと同時に、大正期よりも時代は少し下るが、殺害された死体が埋められたり、また、聞き書きによれば、少なくとも昭和二十年代には「西郷山から向こうには追いはぎが出る」と言われた空間でもあった。実際に境界として意識され、なおかつ境界性を有する空間だったと推測されるのである。西郷山が境界性を有するならば、それは子どもだけに意識されていたわけではないとも考えられる。この点の検討、ならびに渋谷周辺の境界性を有する空間についても今後検討していきたい。

註

(1) 藤田佳世『渋谷道玄坂』の初版は彌生書房・一九六一年、大岡昇平『幼年』の初版は潮出版社・一九七三年、『少年』の初版は筑摩書房・一九八三年で、講談社文芸文庫の底本はともに『大岡昇平集』第十一巻（岩波書店　一九八三年）であるが、どれも内容に異同がないため、本文に記したように、『渋谷道玄坂』は一九七六年版に、『幼年』『少年』は講談社文芸文庫に拠った。
(2) 『大正・渋谷道玄坂』一三四頁
(3) 『渋谷道玄坂』三三頁
(4) 前掲註(2)九七頁
(5) 前掲註(2)一〇四―一〇六頁
(6) 前掲註(2)一三一頁
(7) 前掲註(2)一三一頁
(8) 『幼年』六二―六三頁

(9) 前掲註(8)一〇六―一〇七頁
(10)『少年』六二頁
(11) 前掲註(10)七〇頁
(12) 前掲註(8)一〇九―一一〇頁
(13) 前掲註(8)七九頁
(14) 前掲註(8)一四五頁
(15) 前掲註(8)一〇七頁
(16) 前掲註(3)九八頁
(17) 前掲註(8)六三頁
(18) 前掲註(2)五三頁
(19) 前掲註(2)九八頁
(20) 前掲註(3)一二一頁、前掲註(8)四四頁
(21) 前掲註(8)七九頁
(22) 前掲註(8)六二頁
(23) 前掲註(10)五三頁
(24) 前掲註(2)二一三頁
(25) 前掲註(10)六三頁
(26) 前掲註(8)六五頁
(27) 前掲註(2)一六七頁

(28) 東京都渋谷区立白根記念郷土文化館編「大正5年（1916年）の渋谷」に、当時の西郷邸の範囲と鉢山交番の位置を書き加えた。元の図は「1万分の1地形図　大正5年第1回修正測量」（陸地測量部発行）である。

(29) 前掲註（2）一五九頁

(30) 前掲註（2）一五九頁

(31) 前掲註（2）一六一頁

(32) 前掲註（2）一六〇頁

(33) 前掲註（8）一一〇頁

(34) 前掲註（8）一一〇頁

(35) 富岡丘蔵『郷土随筆　目黒界隈』（梢書房　一九六一年）、平山勝蔵「目黒にあった西郷邸の芝生」（『目黒区郷土研究』三二一　一九八一年）、「歴史を訪ねて―西郷山の従道邸」（『月刊めぐろ』一九七九年）、座談会「大正・昭和にかけての上目黒・中目黒の近代史を語る」（目黒区郷土研究会編『古老座談会記録・その二―目黒の近代史を古老にきく―』目黒区守屋教育会館　一九八五年）など。

(36) 前掲註（8）一一二頁

(37) 前掲註（8）一一〇頁

(38) 宗田和美「川俣初太郎大量もらい子殺し事件」（事件・犯罪研究会他編『明治・大正・昭和・平成　事件・犯罪大事典』東京法経学院出版　二〇〇二年　一五九頁）、山崎哲『〈物語〉日本近代殺人史』（春秋社　二〇〇〇年）一二二―七頁

(39) 前掲註（8）一一一頁

(40) 前掲註（2）一六三頁

(41) 前掲註（8）一〇九頁

(42) 前掲註(8)一一一頁

(43) 前掲註(8)一一一頁

(44) 前掲註(8)一一一頁

第三節　渋谷の空間構成

車塚　洋

一　渋谷を調査するということ

これまで民俗学において、民俗調査の対象地はその多くが農・山・漁村といったムラなどが中心とされてきた。しかし、そのような状況がある一方で、都市を対象とした民俗研究、または都市化社会における民俗研究が立ち上げられることとなる。(1) 我々が生活している現在、現実問題として都市化の問題を無視することは到底できない。また、民俗学にとって都市とは何か、どのようにアプローチすることができるのかという、単なる民俗学のフィールドの拡大などということでなく、都市化地域、もしくは都市と一般に思われている地域を民俗学としてどのように対象化していけるのかということが求められているのではないだろうか。本節は都市民俗学とは何かということや、民俗学における都市の定義付けなどを試みることを意図したものではない。ここで試みようとしているのはあくまで、渋谷という、多くの人や高層ビルがひしめき合うこの地をどのように捉えることができるのかということを考えようとするものである。

従来の民俗調査は、先にも記したように、ある民俗事象を伝達継承しているのであろう民俗継承体、(2) 伝承母体(3) などと呼ばれる集団、社会組織が生活の基盤となっている地域をその対象地としてきたと言えよう。しかし、渋谷の民俗誌を作成するという場合、その調査対象地をどこに設定するべきか思案してしまう。確かに、渋谷（ここでは行政区画としての渋谷区内のこと）において従来の民俗調査のように調査地を設定することは可能であろう。しかし、ビルが立ち並び、外部から多くの人が訪れる渋谷駅周辺を民俗調査の調査地とした場合、そこは白紙の部分になりかねないのではないだろうか。例えば、従来のように民俗継承体、伝承母体というものが見い出し得るのかという問題もある。現在山間地帯の村落に調査に行ったとしても、すでにそこでも伝承母体を見い出しにくい状況がある中、まして人ばかりではなく、物自体も激しく流動するこの渋谷をどのように対象化できるのであろうか。そして、そこには民俗事象を見い出し得るのであろうか。単に渋谷といってもそれは行政区としての渋谷を指しているのか、それとも文化概念なのか、空間概念なのか、あるいは単に駅を指したものなのかなど、その対象はいくらでも挙げることができよう。もちろん、民俗調査は、調査者自身が問題関心を持ち、また対象となる民俗事象などに注目し、そこで初めて調査地を設定する。となると、ここで述べていることは本末転倒であると言えるかもしれない。しかし、渋谷を調査するということ自体が手探り状況のため、ここでは、渋谷とは何かという、今後調査するにあたって、自分自身の渋谷像を明確化しておきたいという意図のあることを明記しておく。

そこで本節では、大正十四年と昭和三年の「大日本職業別明細図之内　信用案内」における当時の渋谷の町並みの状況を、また一九九八年から一九九九年の二年間の『週刊東京ウォーカー』の渋谷に関する特集記事から現在の情報誌に現れる渋谷像を捉えようと思う。従って、資料の提示という枠を出るものではないが、今後の民俗誌作成を念頭に置いたものであるということをご理解頂ければと思う。

二　渋谷概観

渋谷は、江戸時代初期には、渋谷村という一村があるのみで、上渋谷や中渋谷、下渋谷という三村の区別はなかった[4]。これは『新編武蔵風土記稿』においても確認することができる[5]。この豊島郡の項には「正保年中改定図」「元禄年中改定図」がそれぞれ掲載されており、正保（一六四四―一六四七）のものには渋谷村が、元禄（一六八八―一七〇三）のものには上・中・下渋谷村の名が見て取れる[6]。この上・中・下の各渋谷村の小字については表1の通りであるが、この他にも渋谷宮益町在方分、穏田村、原宿村、千駄ヶ谷村、代々木村、幡ヶ谷村があったことがわかる。しかし、これらを小字単位で見た場合、その一部分が、上・中・下の各渋谷村に組み込まれているものもある。例えば、中豊沢村の猿楽塚は、下渋谷村にも組み込まれているし、また穏田村の前耕地も上渋谷村にも組み込まれている。このようにかなり複雑な区分けが当時なされていたことがわかる。

表1　『新編武蔵国風土記稿』にみる渋谷の地名

上渋谷村	道玄坂町、上知組、吉川屋敷、ちんころ屋敷、外ヶ輪、原、六段田、幸螺尻、大原、前耕地、谷戸、鴻谷、北谷、下タ村、小平、宇田川、丸山、下田、道面、諏訪山、清水窪、同谷、長塚、赤羽根
中渋谷村	鉢山、神泉ヶ谷、堀ノ内、大和田、宇田川、並木、神山、深町、六段目
下渋谷村	広尾町、道城池、猿楽塚、羽沢、上知組、野崎組、源蔵組、広尾向、四段町、長谷戸、伊東前、田子兎、伊勢山、笄、八段丸、欠塚
渋谷宮益町在方分	
上豊沢村	下村、小平、宇田川、丸山、大原、原町通、道玄坂通
中豊沢村	猿楽塚、神泉谷、鉢山、新林、大山、神山、小丸、平代、宇田川
下豊沢村	
穏田村	道前、庚申塚、大原耕地、前耕地、源氏山耕地、赤羽根耕地
原宿村	青山、青山久保町、青山原宿町、長者丸、羽根沢、五段田、山尻、竹之下、灰毛丸、石田、中台
千駄ヶ谷村	千駄ヶ谷町、神明門前、聖輪寺門前、大町町、新町、北脇、川向、下道、南前
代々木村	一本松、代々木新町、はち山、地蔵窪、本村、山谷、富谷栄町、初台
幡ヶ谷村	新町、原、笹塚、本村、山谷

渋谷の繁栄の一因として、厚木道、つまり大山街道の存在を挙げることができよう。これは、赤坂・青山方面から、宮益町・中渋谷に至り、世田谷・三軒茶屋・二子渡を経て、

相模国の厚木から大山の石尊権現（阿夫利神社）に達する道のことである。これは阿夫利神社への信仰の道であるとともに、玉川方面への遊覧道としても知られ、その他、駒場野に行く御鷹野御成道としても繁栄したという[7]。従って、現在の渋谷駅周辺、宮益坂や道玄坂界隈の賑わいの素地は、すでにこの当時にはできていたといえよう。

この賑わいに拍車を掛けたのが、停車場の完成であった。明治十八年（一八八五）に、中渋谷村字並木にできたものであるが、それまで、渋谷といえば渋谷広尾町というのが当たり前の時期であった[8]。しかし、山手線の開通、停車場設置に対する反対運動とあいまって、その繁栄の中心は広尾町から中渋谷村周辺へと移動したものと考えられる[9]。

明治二十一年（一八八八）には市制町村制が施行され、渋谷村、千駄ヶ谷村、代々幡村の三村がそれぞれ独立して成立、明治四十二年（一九〇九）には町制が施行され、渋谷町となる。さらにこれに千駄ヶ谷町と代々幡町とが合併して、昭和七年（一九三二）、渋谷区が成立する運びとなる。その後、幾度かの地番整理がおこなわれることとなるが、現在の渋谷区の行政区分は、この時点で一先ず落ち着くこととなった。

以上、簡単ではあるが、渋谷を概観した。これらのことからでも、大字、小字が複雑に入り組み、行政区分上、渋谷が幾度となく改編を余儀なくされてきたことがわかるであろう。だが、我々がとらえる渋谷とは単に行政区分としての渋谷だけでは決してない。それは、前項でも述べた渋谷とは文化概念なのか、空間概念なのかなどということも関係するが、様々なレベルで異なる渋谷像というものがあり、さらに言えば、人それぞれの渋谷像というものがあるのではないだろうか。それは同時に、我々が渋谷を対象として調査する場合の渋谷とは何かという問いをより複雑にしているものであると考えられる。

三　「職業別明細図」に見る渋谷像

本節で資料としたのは、大正十四年と昭和三年に発行された地図、「大日本職業別明細図之内　信用案内」[10]（以降、「職業別明細図」と表記）である。内容は、大正末、昭和初期の渋谷界隈の職業を地図に示した案内図で、全職業を完全に網羅したものではないが、当時の渋谷の状況を知ることができよう。

では、この地図がどのように描かれているのかを簡単に触れておくことにする。大正十四年の「職業別明細図」は、裏面に主として上・中・下渋谷といった大字名や、青山南七や同北七、宮益、広尾などの大まかな地域名を各職業に付した一覧表が印刷されている。また、地図は縦横に一・二・三……及びイ・ロ・ハ……の桝目に分けられ、「渋谷町役場」は下渋谷のチ七、「渋谷郵便局」は中渋谷のソ九のようにその職業を営む場所の位置がひと目でわかるように表に示されている。掲載されている業種は九一種、総数は九七八軒、最も多いのが待合で、以下、医院、銀行会社、銘家、料理店と続いている（表2）。

一方、昭和三年の「職業別明細図」には「町名番地改正」と記されており、大正十四年から昭和三年の間に町名地番の改正のあったことがわかる[11]。そのため地図の縦横が、大正十四年のものと同様に一・二・三……、イ、ロ、ハ……と分けられてはいるが、各職業に付されている町名は、上通り、中通り、下通り、八幡通り、公会堂通り、栄通りなど、通りを多用した町名へと変更されている。こちらの業種は一一九種、総数一一六四軒で、大正十四年のものよりも多くなり、業種の内容もかなり細分化されたものとなっている（表3）。

現在の渋谷の特徴、性格の一つとして娯楽産業を挙げることができよう。それは大正末、昭和初期においても同様であった。例えば、待合は、大正十四年、昭和三年とともに、道玄坂の上、円山町の辺りに集中して存在していた

表２　『大日本職業別明細図之内』（東京交通社、大正１４年）の職業項目とその数

待合	76	乾物商	7	葬祭具商	2
医院	60	靴及鞄商	7	足袋商	2
銀行会社	56	研究所	7	箪笥商	2
銘家	50	魚商	7	凍氷製造業	2
料理店	44	蕎麦商	7	時計商	2
官衙学校	40	家具指物商	6	土地売買業	2
染物業	40	小間物化粧品商	6	日除商	2
工場及製作所	39	石材商	6	古着商	2
書籍文房具商	38	農園	6	ペンキ業	2
社寺教会及名所	36	鍼灸業	6	理髪業	2
呉服商	32	浴場	6	青物仲買業	1
酒醤油類商	28	金物商	5	油商	1
諸業	22	建築材料商	5	生花師匠	1
薬商	20	電気器具商	5	硝子商	1
請負業	19	売店	5	瓦商	1
洋品雑貨商	19	履物及傘商	5	玩具商	1
菓子商	17	旅館	5	看護婦会	1
運送及倉庫業	15	糸綿及蒲団商	4	器具機械商	1
薪炭商	15	植木商	4	刺繍業	1
青物果実商	14	牛乳商	4	出版業	1
演芸娯楽場	14	古物商	4	証券売買業	1
質商	14	木箱商	3	新聞業	1
米穀肥料商	14	美容及髪結業	3	畳商	1
材木商	11	易断所	2	建具商	1
写真及材料商	11	楽器商	2	蹄鉄業	1
産婆業	10	組合	2	皮革商	1
肉類商	10	公設市場	2	百貨店	1
洋服店	10	皇族邸	2	表具師	1
印刷業	9	雑貨商	2	土産品商	1
芸妓家	9	砂利販売業	2		
自動車及自転車業	8	製薬業	2		

表３　『大日本職業別明細図之内』（東京交通社、昭和３年）の職業項目とその数

名家	128	市場	7	塗料店	4
料理店	51	飲食店	7	派出婦会	4
官衙学校	44	組合及会	7	花商	4
社寺教会	40	小間物化粧品商	7	布団蚊帳商	4
病医院	39	自転車業	7	硝子商	3
自動車業	32	写真業	7	工務所	3
工場及製作所	30	染粉業	7	古物商	3
理髪業	29	代書業	7	写真材料商	3
油醤油味噌類商	27	電気器具商	7	茶商	3
呉服商	25	陶漆器商	7	提灯傘商	3
米穀肥料商	25	弁護士	7	凍氷店	3
菓子商	24	楽器商	6	塗工業	3
銀行会社	22	金物屋	6	油商	2
洗濯業	18	宮邸	6	衣裳商	2
運送及倉庫業	17	靴鞄商	6	芋商	2
薬商	17	建築材料商	6	飲料水製造業	2
質商	17	石材商	6	易断所	2
洋服商	17	表具師	6	工業所	2
青物果実商	16	旅館及下宿	6	茣蓙店	2
出版業	16	荒物雑貨商	5	紹介業	2
薪炭石炭商	15	紙帳簿商	5	飼糧商	2
肉類商	15	看護婦会	5	葬祭具商	2
履物商	15	産婆	5	帽子商	2
印刷業及印舗	14	糸綿商	5	保険業	2
書籍文房具商	14	足袋商	5	木工業	2
新聞業	14	鉄工所及蹄鉄場	5	洋傘商	2
食堂	13	豆腐商	5	厚子店	1
蕎麦商	13	農園	5	絵具製造業	1
美容院	13	遊芸	5	ゑり店	1
洋品雑貨商	12	浴場	5	額縁商	1
演芸娯楽場	10	請負業	4	空俵商	1
時計眼鏡貴金属商	10	桶商	4	研究所	1
撞球場	10	海産乾物商	4	公證役場	1
牧場及牛乳商	10	玩具商	4	砂糖商	1
待合	10	骨董商	4	製煉所	1
食料品商	9	裁縫業	4	竹皮商	1
家具指物商	8	材木商	4	度量衡器商	1
芸妓屋	8	畳製造業	4	旗商	1
魚商	8	漬物商	4	ミシン商	1
鍼灸業	8	道場及接骨	4		

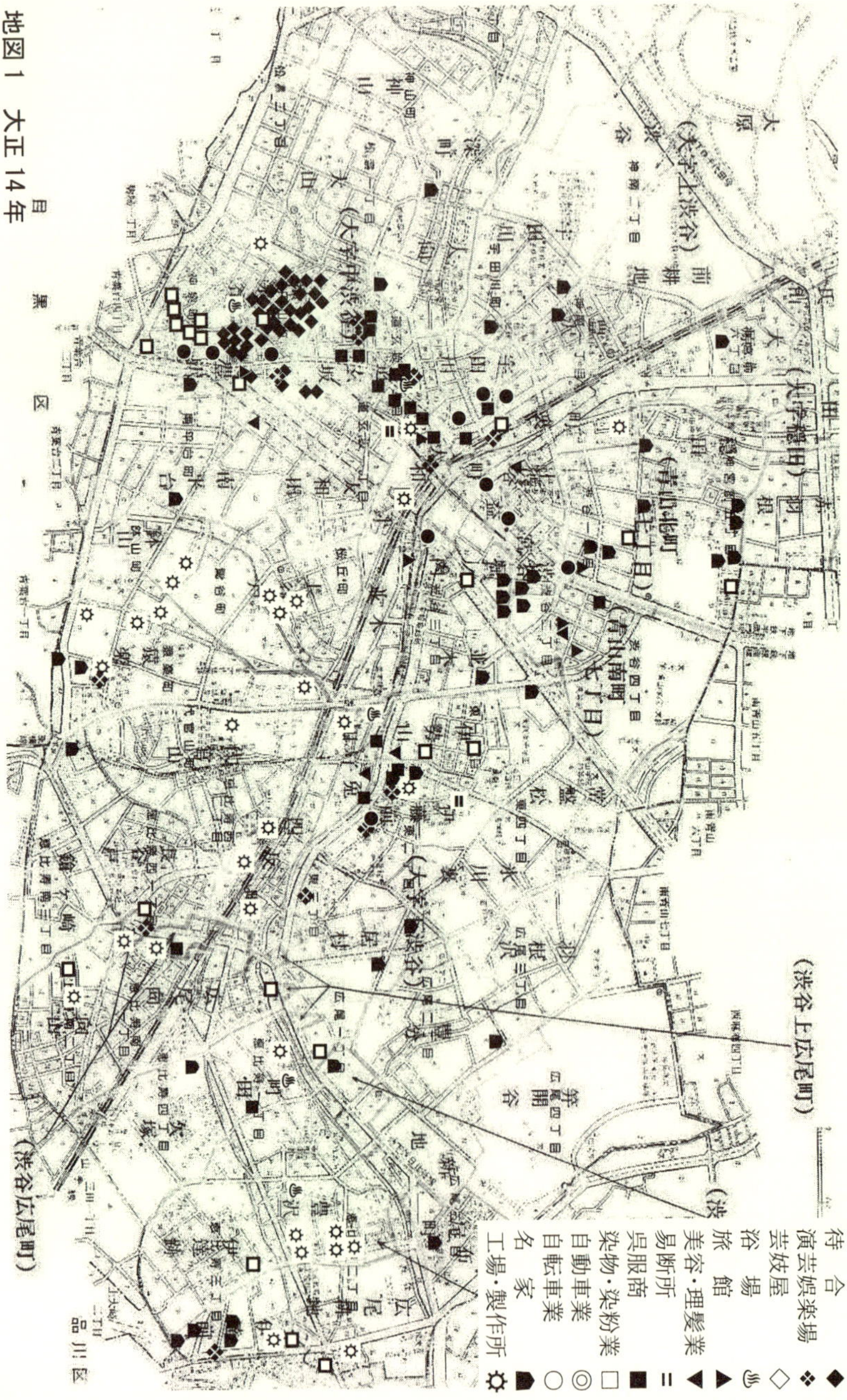
待合 ◆
演芸娯楽場 ❖
芸妓屋 ◇
浴場 ♨
旅館 ▲
美容・理髪業 ▼
易断所 〓
呉服商 ■
染物・染粉業 □
自動車業 ◎
自転車業 ○
名家 ☗
工場・製作所 ☼
(渋谷上広尾町)
(渋谷広尾町)
(大字上渋谷)
(大字中渋谷)
(大字下渋谷)
(青山北町七丁目)
(青山南町七丁目)
(大字穏田)
目黒区
品川区

地図1　大正14年

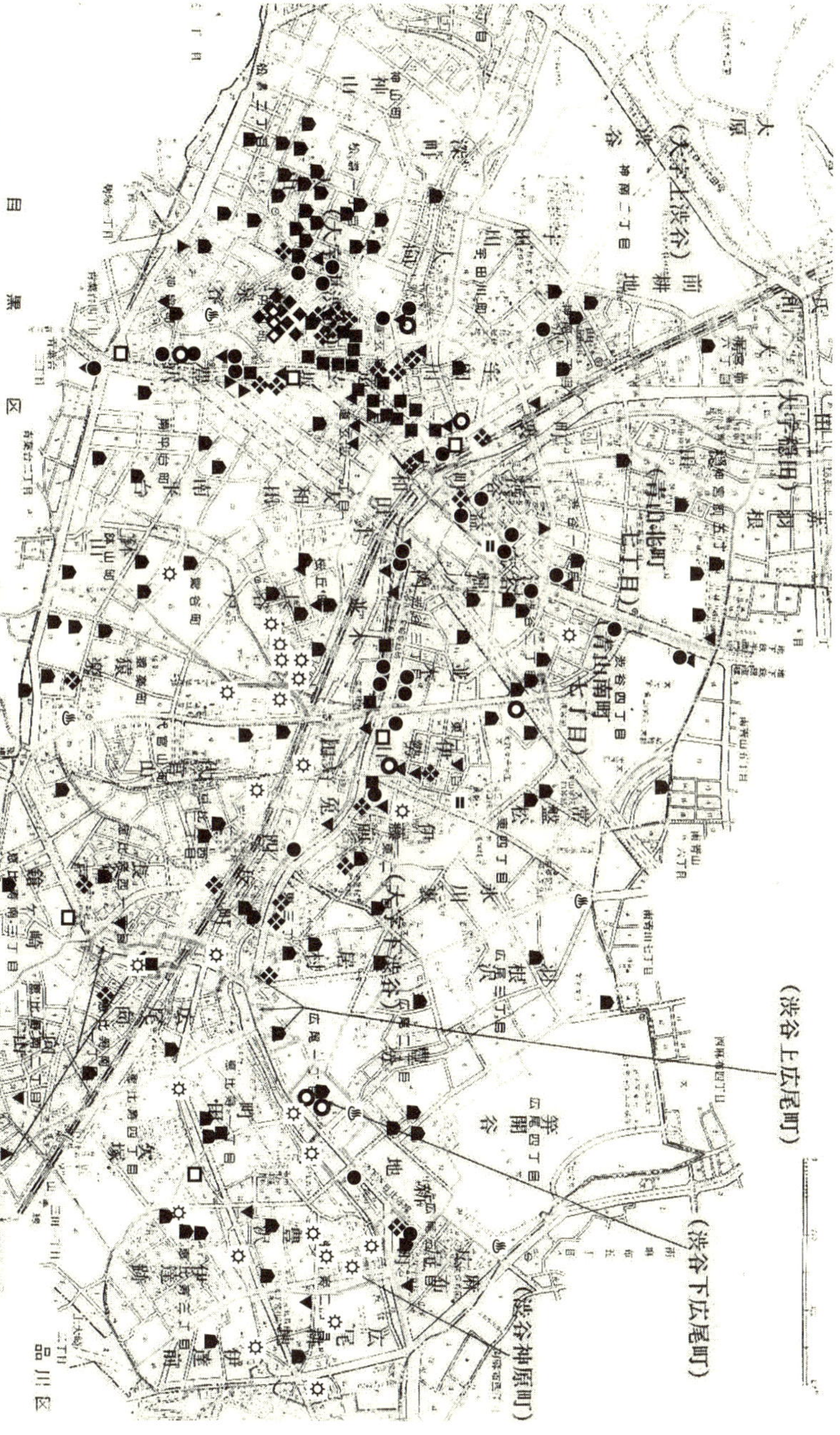
(渋谷上広尾町)
(渋谷下広尾町)
(渋谷神原町)
(渋谷広尾町)
(大字上渋谷)
(大字下渋谷)
(大字穏田)
(青山北町七丁目)
(青山南町七丁目)
目黒区
品川区

地図2　昭和3年

（地図1・2）。特に大正十四年のものには、七六軒の待合が記載されており、道玄坂の上、円山町の辺りが待合の空間として機能していたといえよう。また、昭和三年のものには一〇軒しか記載されていないが、どれほどの規模のものなのかということが不明であり、待合が減少したと速断はできない。

ところで、この待合以外に娯楽関係の職業、施設にはどのようなものがあり、どこにあったのであろうか。渋谷で見られる娯楽産業といえるものには映画館や寄席、ビリヤードなどの演芸娯楽場や芸妓屋がある。また、娯楽産業とは言えないが、旅館、美容院や理髪業、易断所など、さまざまなサービス業が見られる。地図1と地図2を比較しても明らかなように、大正のものよりも昭和の方が、業種、職業数が多くなっている。それらは、大正・昭和を通して、宮益坂・道玄坂界隈や明治通り、恵比寿駅周辺の通りに集中しており、昭和に入ると、特に道玄坂における娯楽の発展が顕著となっている。また、理髪業は、大正十四年から昭和三年にかけてわずか三年の間に二軒から二九軒へと急激に増加している。昭和三年の分布を見ると、これだけの理髪業者が渋谷駅周辺の道玄坂や宮益坂、今の明治通り沿いに集中している。昭和初期には、すでにこれらの通りや坂が人の集まる場所として機能し、商売を営むのに都合のよい場所であったことをうかがい知ることができるのである。

このようにある場所に集中して存在した職業の一つとして、染物業、染粉業があった。大正十四年には四〇軒を数え、各通りを中心に比較的広範囲に分布しており、その中でも特に道玄坂を上りきった神泉町周辺に集中していた。しかし、昭和三年のものになると染粉業は七軒しか記載されておらず、その分布はまばらに点在するというような状況になってしまっている。これに対し、衣料としての着物・呉服商は大正・昭和の別なく、道玄坂の渋谷駅寄りに多く軒をつらねていた。大正十四年の染物業と呉服商の分布を比較してみると、道玄坂の上手に当たる神泉町や豊沢稲荷神社周辺には染物業が集中していたが、呉服商は道玄坂の下手である渋谷駅の近くに集中していたことがわかる。つまり、染物業と呉服商とが同じ道玄坂にありながら、上手と下手にわかれて商売を営む、いわば地理的な住み分けがなされていたのである。特に染物業はその工程において多量の水が必要になる。その点この神泉町は江戸期頃、神泉水という井があったように湧水が存在し、その水を利用でき、しかも目の前の道玄坂の下手、渋谷駅の近くに店を構える呉服商に商品を卸すことが可能である。そうした地理的好条件があってこの地に染物業や染粉業が集中していたと考えられるのである。しかし、このように道玄坂の上手に集中していた染物業も衰退の道をたどり、昭和三年になると七軒を数えるだけになってしまい、しかも、神泉町界隈にはほとんど見ることができなくなってしまっている。[12]

一方、これに対し、洋服店・洋服商の増加は注目されよう。洋服店・洋服商は、大正には一〇軒であり、今の明治通り沿いや道玄坂の下手に点在しているというような状況であった。それが昭和三年になると一七軒に増え、それまで進出していなかった宮益坂を上った青山南町七丁目、今の青山学院大学などがある付近にまで店舗が進出している。

この洋服店等のように大正末から昭和初期にかけて記載の増えている業種、職業は他にもある。例えば、自動車業や自転車業がそのよい例であろう。大正十四年には「自動車及自転車業」という括りで八軒が記載されているため、自動車業が何軒で、自転車業が何軒かということはわからないが、昭和三年になるとそれぞれが単独項目として記載されることとなる。それによると、自転車業が七軒、自動車業が三二軒となっており、単純に数の上からみても、これらの業種が、当時、隆盛をきたしていたことがわかる。[13]そしてその分布は、大正十四年のものは、渋谷駅周辺と、道玄坂を上りきった神泉町周辺との二カ所に集中していた。それに対し昭和三年のものは、かなり広範囲な分布を示し、渋谷駅周辺から宮益坂にかけてと、道玄坂周辺、渋谷駅から麻布広尾にかけての今の明治通り沿いと、おおよそ三カ所に分かれていたことがわかる。当時、自動車が普及し出し、自動車業に対してかなりの需要があったことと思われる。そしてまた、先に見た理髪業の分布と同様に、この自動車業の分布も、各通り、例えば道玄坂や中通り（今の明治通り）、宮益坂などに分布しており、主要な通りにおいて機能していたと言えよう。

ところで、この大正十四年と昭和三年の両「職業別明細図」において、かなりの数の名家が記載されている。大正[14]

十四年には五〇軒であったものが、昭和二年になると一二八軒にまで増加しており、この当時、名家と称される人々がかなり多く存在したことがわかる。そして、その分布には、大正と昭和のものとでは動きが見られる。これまで見てきた商店などが、道玄坂や中通りといった主要の通り沿いに位置していたのに対し、通りから少し奥まったところに点在しているのは共通の傾向であるが、昭和三年になると、大正十四年の分布に現れてこなかった長谷戸、鉢山、南平台、猿楽などの地域や、恵比寿駅周辺地域、大山（今の松濤辺り）付近を中心とした地域、そして、上渋谷の豊沢や青山北町七丁目（今の神宮前五丁目辺り）に当たる部分などに、分布が広がってくるのである。中でも、長谷戸、鉢山、南平台、猿楽などの地域と大山付近の地域は、大正十四年当時には数えるほどしかなかったものが、昭和三年になると、かなりの数が記載されている。特に大山においては、先に見た自動車業の分布の変化とよく似ている。自動車業は大正十四年の大山には見られなかったが、昭和三年になると大山に三軒の自動車業が営業している。ここでこうした職業が営業できるのは、道玄坂や円山町といった繁華街が近くにあるということだけではなく、この名家の分布が示しているように、多くの富裕層の家が軒をつらねていたことで、自動車業もここで営業することが成り立ったのだと思われるのである。もともと渋谷には武家屋敷が多く置かれており、その歴史的背景もここには影響しているものと考えられるが、昭和初期に名家の宅地として機能を有していた地域が、特に大山、今の松濤町付近がそうであったといえるのである。

このほか工場や製作所の分布も注目すべきものである。大正十四年・昭和三年の両「職業別明細図」には「工場及製作所」という項目があり、そこに示された軒数は、大正十四年が三九軒で、昭和三年が三〇軒になっている。当時、かなりの工場や製作所が渋谷にあったことがわかる。工場のあった位置は、大正・昭和を通してだいたい同じ所にあり、長谷戸や鉢山、猿楽の地域、恵比寿駅周辺、そして広尾周辺という三地域に集中していた。ただし、大正十四年には道玄坂界隈や上渋谷にも若干工場・製作所があったが、昭和三年にはその姿を見ることがなくなってしまう。

以上のように、大正十四年と昭和三年の両「職業別明細図」を通して、渋谷における業種の分布とその推移を見てきたが、そこからわかることは、様々な職業が存在し、中には特定の職業が集中している地域さえあったということである。例えば、娯楽産業としての待合や染物業・呉服商、あるいは名家や工場などがそれであった。また、両「職業別明細図」を比較して共通していることを一つ挙げるとするならば、上渋谷地区の業種、職業があまり見られなかったということである。確かに名家などは若干存在はしていたが、それでも他の地域よりも数は少ない。さらに商業空間としてはほとんど機能していないかのような分布を示している。これは御料地（今の明治神宮）や代々木練兵場（今のＮＨＫや代々木競技場周辺）があったためであると考えられる。ともかく大正末から昭和初期の段階ではまだ、上渋谷地区は商業地・宅地・工場地として発展していない地域だったと言わざるをえないのである。したがって、「職業別明細図」を見ることにより、大正末、昭和初期当時、渋谷には、娯楽産業の盛んな地域や特定の商業、または名家、工場などが集中する地域が存在する一方で、これらのものが進出していない手つかずの地域としての上渋谷があったということを知ることができるのである。

四　『週刊東京ウォーカー』に見る渋谷像

前項において、大正末、昭和前期の渋谷の職業を分布の上から見てきたが、それは明らかに今の渋谷とは異なる町並みを有していた。では、今の渋谷はどのようなものといえるのであろうか。そこで、本項では、現在我々が渋谷という街を知る情報媒体の一つである雑誌において、渋谷がどのように扱われ、地域設定がなされているのかということを、『週刊東京ウォーカー』の一九九八年と一九九九年の二年間の記事を資料として、みていくことにする。(15)

『週刊東京ウォーカー』で、この二年間に渋谷を地域的な範囲で知ることのできる何らかの記事、または特集を載せている号は、一九九八年には一〇回、一九九九年においても一二回である。その内、渋谷をメインとして特集が組まれているものとしては、例えば、一九九八年に二七号で「特集①HMVはじめ大型店から、食・雑貨までまるごとニュータウン情報　最新渋谷」、一九九九年には、三六号で「特集14ストリートの食&買スポット200を大紹介まるごと！『渋谷』『原宿』」と五〇号の「特集『渋谷』でクリスマス‼」などがある。この他にも、渋谷に限定した特集ではないが、飲食関係や服飾・ファッション関係の特集の中において渋谷の店舗が幾つか扱われることもあるし、また、一つの特集記事の中でも、池袋や新宿、銀座、そして渋谷というように、いくつかの地域の中の一つとして渋谷が取り上げられることもある。例えば、一九九九年の二三号の「特集　新宿・渋谷・臨海・銀座・池袋　東京だから二四時間いつでも楽しめる‼　人気5大タウンを遊びつくす‼」や同年の三二号の「夏季限定特別企画‼　新宿・渋谷・池袋「かき氷」MAP」などがある。

このように、渋谷が情報誌に取り上げられるのは、その大小を問わずに見れば、かなりの数に上る。そこで、次に渋谷をメインに取り上げた特集記事において渋谷と呼ぶ地域がどのように提示されているのかということを考えてみたい。

先にも記したように一九九八年には二七号で、「特集①HMVはじめ大型店から、食・雑貨までまるごとニュータウン情報　最新渋谷」と題して特集を組んでいる。その題名からもうかがえるように、一九九八年当時の渋谷の最新情報を特集したものである。そこで提示される渋谷の範囲は、主に通りを中心としたエリア、つまりいくつかのあるまとまりを持った面の集合したものとして渋谷が把握されているのである。この特集号によると、「渋谷」は、「井の頭通りエリア」、「公園通りエリア」、「センター街～文化村通り（北）エリア」、「文化村通り（南）～道玄坂エリア」、「明治通りエリア」、「南口エリア」という六つのエリアによって把握されている。

これは一九九九年の三六号の特集記事においても同様で、「特集14ストリートの食&買スポット200を大紹介まるご

①公園通り
②ハンズ通り
③センター街
④Ｂｕｎｋａｍｕｒａ通り
（旧東急本店通り）
⑤道玄坂
⑥ファイアー通り
⑦プチ公園通り
（パークアベニュー）
⑧区役所通り
⑨無国籍通り
（コスミックスロープ／
万国旗通り）
⑩サンドイッチロード
⑪スペイン坂
⑫間坂（まさか）
⑬ペンギン通り
⑭ランブリングストリート
⑮フィンガーアベニュー
⑯オルガン坂
⑰メトロ通り
⑱ＳＩＮＧ通り
⑲コルネット通り
⑳キャットストリート
㉑宮益坂
㉒オーチャードロード
㉓イエローストリート

渋谷区役所企画部広報課編『散策マップしぶや』（東京都渋谷区　H11.3）を参考に、
「プロアトラス SV5」（クレオ　2009 年）で作製。
地図３

と！『渋谷』『原宿』」と題し、渋谷と原宿を取り上げている。渋谷と原宿は、行政区分上は渋谷区に属し、ＪＲ山手線においては隣同士の駅となり、歩いても行き来できるほどの近い距離にある。その二つがどのように地域的に区分されて理解されているのかというと、やはり、先の号と同様に通りを一つの指標としている。本号では、渋谷は「公園通り」、「センター街」、「井の頭通り」、「道玄坂」、「文化村通り」、「万国旗通り」、「ファイアー通り」、「スペイン坂」、「ランブリングストリート」、「明治通り」を指標としてとらえている（地図３）。同様に原宿も「表参道」、「キャットストリート」、「原宿通り」、「竹下通り」、そして渋谷の場合と同じく「明治通り」といった通りを指標として地域が把握されている。これにより、「明治通り」が渋谷と原宿の両者の指標の一部となっていることがわかる。しかし、同じ「明治通り」であっても、その指す位置は異なる。渋谷で取り上げられている「明治通り」は渋谷駅から並木橋交差点付近までのことであり、原宿においては原宿表参道付近のことなのである。地理的に渋谷と原宿は隣同士のため、明治通りが両者を貫通するように走ってはいるが、実際は、ある特定の区間が、渋谷として、あるいは、原宿として提示されているのである。

これらの特集号に見られるように、渋谷は、各通りとそこに集まる店舗などを指標としたエリア、すなわち、面として把握されている。これは、先に見た大正末、昭和初期の「職業別明細図」においても若干ではあるが垣間見られた。「職業別明細図」の職業ごとの分布地図から、ある場所に集中して特定の職業が存在していた。だが、現在の通り、ストリートのような面、エリアを形成するまでには至っておらず、その性格は弱い。しかし、そこには、現在のような単なる行政区分上の境界線としての道、通りではなく、あるまとまりを形成するという機能を秘めていた。そして、それが現在の渋谷において機能していると言えるのではないだろうか。

そこで次に、渋谷と呼ばれる範囲がどのくらいの地理的な広がりを有するものなのかということを見ていくことにする。すると、そこには、幾つかの地域区分ができることがわかる。記事の中で示している渋谷の範囲をその号ごとに地図に落としてみると、年間を通じて重なる地域が表れてくる。一九九八年の場合は、おおよそ渋谷公会堂周辺を含む渋谷駅からだいたい半径七〇〇m程度の範囲である。しかしその円の中は首都高速三号線や国道二四六号線を境として原宿、新宿方面に偏っているのである。つまり、この部分が一九九八年において最も渋谷と認識されて取り上げられた範囲であると言えよう。また、一九九九年には渋谷の範囲が明治通り沿いにも延びており、一九九八年には見られなかった首都高速三号線よりも恵比寿寄りの部分が渋谷の範囲として含まれている。これら両年共、明治神宮や原宿を含みながら最も外側に描かれる円がある。これは年末年始の渋谷に関する特集記事で、「年末年始遊タウンはここだ！　渋谷」（一九九八年　一号）や、「人気タウン遊完全スケジュール」（一九九九年　一号）と題し、初詣の場所として明治神宮が載せられているため、渋谷の記事に明治神宮や原宿周辺が含まれることとなっている。従って、例外とも言えるものであるが、渋谷の年末年始という特定の期日には、渋谷へ行くということの中に明治神宮へも行くということが含まれ得ることがわかる。つまり、渋谷に対する範囲が期日により変動があるということが推察できよう。

以上をモデル化したものが二一頁の「渋谷」モデル図である。これは渋谷駅を中心としてJR山手線・埼京線を縦軸に、首都高速三号線・国道二四六号線を横軸にとり、渋谷駅を中心として円を描いたものである。この円は先の半径七〇〇mの円で、この円の内側が、『週刊東京ウォーカー』の記事においておよそ渋谷として捉えられている部分である。記事に現れる渋谷はA・B・C・Dすべてが含まれている場合はまれで、Bの部分のみであったり、ABであったり、BDであったりと組合わせは様々である。しかし、そのどの場合でもBの部分を含んでいるのである。いわば、このBの部分を含まなければ現在の渋谷は渋谷ではないということになるのである。

このモデル図は渋谷を面＝エリアとしてとらえたものである。これは、先にも記した特集記事においても、通りを指標としながら、実際には通りが地理的な広がり、まとまりをもって、面として、エリアとしてとらえられている。例えば、一九九八年の二七号では、「井の頭通りエリア」「公園通りエリア」「センター街〜文化村通り（北）エリア」「文化村通り（南）〜道玄坂エリア」「明治通りエリア」「南口エリア」となっており、単に通り沿いだけを捉えているのではなく、通りを中心としてその付近の情報も含めてエリアとして提示しているのである。そしてその各エリアを合わせると、より大きな面＝エリアとなり、それが渋谷であり、このモデル図を形作るものとなるのである。

従って、情報誌に現れる渋谷は、網の目に張りめぐらされた各通り、ストリートが渋谷という面を形成していると言えるのではないだろうか。

以上のように大正末、昭和初期の「職業別明細図」と現在の情報誌『週刊東京ウォーカー』を資料として、渋谷の地域的な把握を試みてきた。そこに共通していたことは、通りの存在とその重要性であった。大正末、昭和初期の「職業別明細図」には様々な職業が記載されており、中には特定の職業が集中している地域さえあった。例えば、娯楽産業としての待合や、染物業、呉服商、また名家や工場などがそれである。しかし、この当時通りが渋谷を作るという性格は弱かった。道玄坂、宮益坂、明治通りなど、渋谷駅を基点とした少数の限られた通りに集中していたに過ぎない。一方、現在の情報誌は、網の目に張りめぐらされた幾つもの通り、ストリートが面＝エリアを形成しているととらえていた。そして、さらにそれが結びついて渋谷を形作っていたのであった。

註

(1) 大藤時彦編『講座日本の民俗　1　総論』有精堂出版　一九七八年。福田アジオ・宮田登『日本民俗学概論』吉川弘文館　一九八三年。倉石忠彦『都市民俗論序説』雄山閣出版　一九九〇年。佐野賢治他編『現代民俗学入門』吉川弘文館、一九九六年　など。
(2) 桜田勝徳「現代における民俗変貌への対処の立場から」『日本民俗学大系』第二巻　平凡社　一九五八年。同「村とは何か」「村の構成」『日本民俗学大系』第三巻　平凡社　一九五八年。
(3) 福田アジオ『日本村落の民俗的構造』弘文堂　一九八二年
(4)『新修渋谷区史』上　東京都渋谷区　一九六六年　四一九頁
(5)『大日本地誌⑦　新編武蔵風土記稿』第一巻　雄山閣出版　一九九六年
(6) 同右、一九二～一九五頁
(7) 前掲註（4）五七九頁
(8)『新修渋谷区史』中　東京都渋谷区　一九六六年　一八五二頁
(9) 前掲註（8）一四五七～八頁
(10) 本稿で資料とした「大日本職業別明細図之内　信用案内」は、大正十四年と昭和三年に東京交通社から発行されたものを、渋谷区教育委員会が昭和三年のものを平成三年に、大正十四年のものを平成四年に郷土資料として複製したものである。
(11) この町名番地改正は、正確には当時の東京府豊多摩郡渋谷町の町会の議決をもって大正十五年（昭和元年）から二年間の継続事業として行われ、昭和三年一月一日に実施したものである。（『渋谷町字名地番改正誌』渋谷町役場　一九二八年　一～三頁）

(12) 「(神泉水) 空鉢仙人が法道仙人のために霊薬仙丹をねった水で万病に効ありと伝えられた。のち田用水としても用いられ、五反歩の谷田が開田されたと中渋谷村の旧記にも記されている。一名、姫ヶ井ともいい、神泉町にあったという。」(『新修渋谷区史』上巻　東京都渋谷区　一九六六年　四七八頁)

(13) 『新修渋谷区史』によると、「大震災以後、市バスが走り、郊外にも市営の乗合自動車が発達し、軌道交通機関の各駅を網の目の様に連絡するようになってきた」といい、また、昭和初期には、国産自動車の普及、ガソリンの安値とあいまってタクシー業者、当時の円タク全盛期を迎えることとなったという(『新修渋谷区史』下巻　東京都渋谷区　一九六六年　二二八三～二二八四頁)。

(14) この「職業別明細図」に記載されている名家とは、公爵、侯爵、伯爵、子爵、男爵、そして、名前の後に邸と付けたものとなっている。

(15) 『週刊東京ウォーカー』は、週一回、毎週火曜日に、角川書店から発売されている情報誌で、関東近圏のテーマパークや旅行、食物、買物、映画、スポーツなど様々な情報が盛り込まれている。本稿では、一九九八年と一九九九年の二年間を対象資料とした。

第二章　カリスマの町

―シブヤブランド―

第一節　渋谷のヤマンバ

―その誕生と展開―

吉江　真美

はじめに

かつて渋谷には「ヤマンバギャル」と呼ばれる女の子達がいた。渋谷のヤマンバを思い出していただきたい。私は当時、彼女たちを見て、そのものすごいファッションに驚いた。そして、長野県出身ゆえか、「これぞ渋谷、これぞ都会」と彼女たちを見て、なにやら満足していた記憶がある。当時渋谷に行けば、必ず目にした「ヤマンバ」の誕生と展開をみてみたい。

特に女の子がヤマンバになるにはどうするのか、またなぜ「ヤマンバ」とネーミングされたのか、ヤマンバと渋谷との結びつきはどこにあるのかという、以上三点を中心に考えてみたい。方法としては大宅壮一文庫(1)にある雑誌記事を利用する。よって、雑誌記事に見られるヤマンバということになるが、それでもある程度の傾向は見出せるものとして分析を行いたい。なお、一九九二年から二〇〇一年度までの雑誌によった。

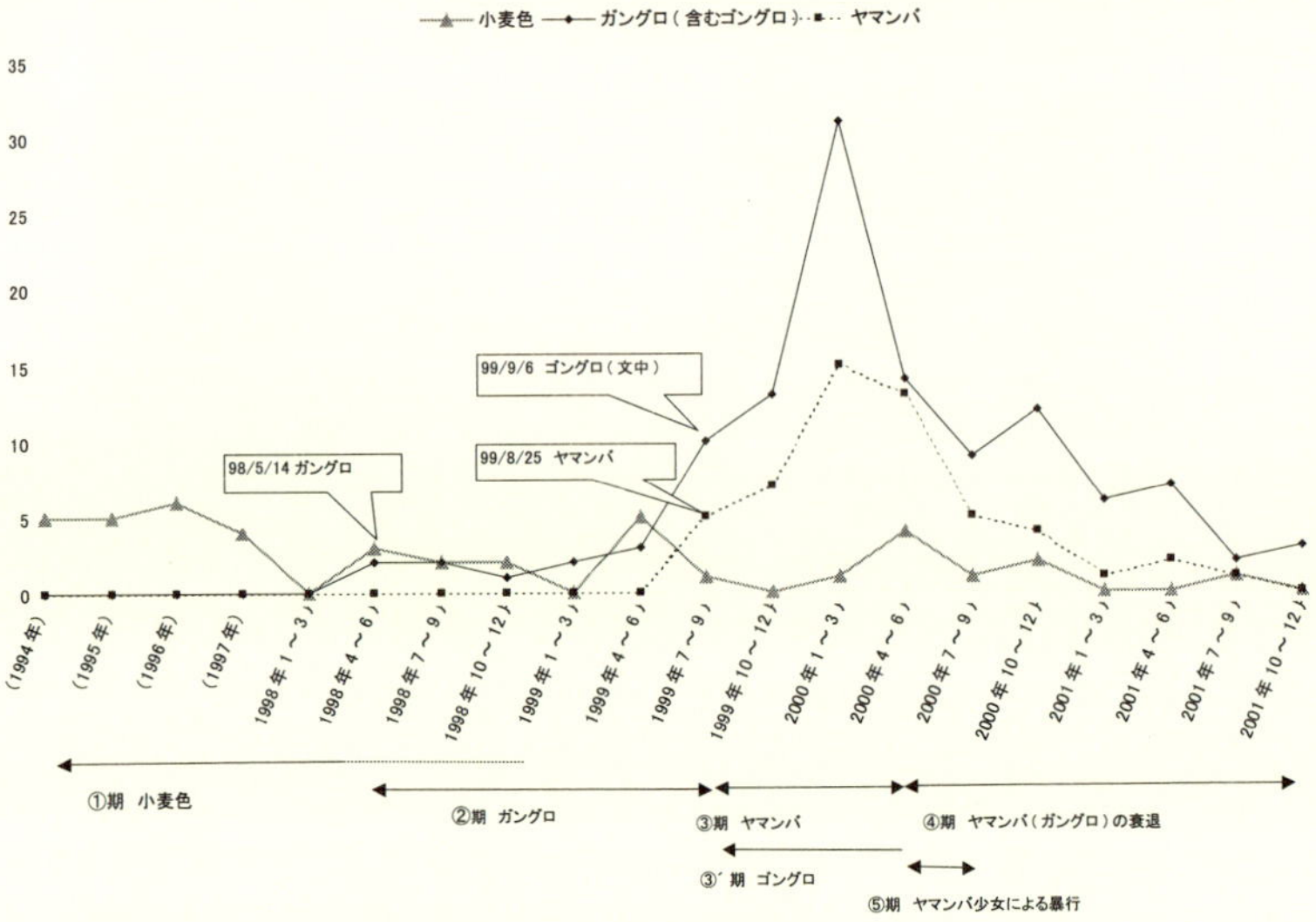

グラフ　雑誌タイトルに含まれる肌の色～大宅壮一文庫より～

一　ヤマンバの変遷

まずは、変遷を大雑把にたどっていく。次頁の表は大宅壮一文庫より「ガングロ」「ゴングロ」(「ガングロ」をさらに黒くした状態)「ヤマンバ」といったキーワードで記事を拾って発売日順に一覧にしたものである。[2] タイトル欄には雑誌記事タイトルを、「タイトル用語」欄にはタイトル中のキーワードを示した。これをもとにし、さらに「小麦色」の記事のデータも加えて作成したのがグラフである。[3] 雑誌の発行日ではなく発売日で記事数を数えたのは、より現実におきている実態に即すためである。なお、「ガングロ」「ヤマンバ」については女の子の場合のみの記事を扱った。「小麦色」については男女ともどちらを対象にした記事についても含めた。こうして作成したグラフからは、次の五つの時期に分けることができよう。

第一期　ガングロ以前—男女とも若者の「日に焼けた肌」を、「小麦色の肌」と表現。

第二期　ガングロ期—日に焼けた肌を「ガングロ」と表現。

第三期　ヤマンバ期—「ヤマンバ」の出現。「ゴングロ」とい

表　「ガングロ」「ゴングロ」「ヤマンバ」関連記事

番号	雑誌名	タイトル	発売日	タイトル用語	文中用語	場所	年代	ガングロ以外の特徴	その他	ブリテリゴングロ3兄弟中心記事	日焼けサロン	好意的か
1	オリコンウィークザ・一番	インタビュー　Girls Weekly　オリコン特選　矢沢心　コギャル役は地ではありません　他の子はもっとガングロだし（笑）	1998.05.14	ガングロ	ガングロ		コギャル					△
2	女性自身	インタビュー　「トーソーシン」から深夜ドラマへ　CMに出たあとで後輩に「超ガングロで～」とか言われて	1998.06.23	ガングロ	ガングロ							△
3	スコラ	山田ゴメスのゴッドファーザー　街にあふれる新種な人々　コダンボ（自然光薄ガングロ科　生息地／センター街）　※路上にダンボールを敷いて喋っている女たち	1998.07.08	ガングロ	ガングロ	センター街	女子高生	渋谷センター街にダンボールをひいて「語る」、お金もなく無気力。センター街では顔	渋谷センター街にダンボールをひいて「語る」、お金もなく無気力、センター街では顔			×
4	サンデー毎日	グラビア　マイケルはん　時代は顔黒でっせ　※子供向けレジャービジネスを展開するために来日したマイケル・ジャクソン	1998.08.11	ガングロ	ガングロ							○
5	週刊新潮	グラビア　Color Special　茶髪・顔黒なんかより、ポンポン！　※「'98ジャパンカップ全国高等学校マーチングバンド・ポンポン・バトントワリング選抜大会」	1998.10.01	ガングロ	ガングロ		高等学校	茶髪	ガングロ・茶髪に批判的で、ひたむきさ健康な白い肌にホッとする			×
6	オリコンウィークザ・一番	インタビュー　待ってました！　1999年！　人類滅亡、俺のシナリオはコレだ　貴族の証言　池田貴族　ガングロ・シロクチビルのブスに世界崩壊の予感	1999.01.14	ガングロ	ガングロ		若い子	白唇・茶髪→ブス	常識の崩壊			×
7	FRIDAY	初公開　鈴木その子謹製　これがガン黒コギャルを救う「その子ちゃん人形」の美白だ	1999.02.12	ガングロ	ガングロ		コギャル					×
8	週刊女性	グラビア　白より真っ白…“美白の女王”　鈴木その子の素顔に迫る	1999.03.02		ガングロ	渋谷	コギャル		渋谷のガングロコギャルが美白になっていく			×

9	an・an	リリーvsペリーの闘う好奇心　9回　顔黒女と色白女	1999.04.23	ガングロ	ガングロ	渋谷	女子		去年の渋谷あたりにはゴリゴリに日焼けした女子が沢山いた、完全に焦げてる燃えカスもいた。性的、やりたい。		通う ×
10	an・an	リリーvsペリーの闘う好奇心　10回　顔黒女と色白女	1999.05.07	ガングロ	ガングロ		中学～現在				△
11	セブンティーン	対談　その子さん流テクつき　今年の肌は、白いが一番！　ガングロ、地グロ、み～んなまかせなさいっ	1999.06.15	ガングロ	ガングロ		中高生カ？				×
12	ダカーポ	ダカーポ探検隊　139回　欲望デパート　ドクドクわき出る物欲マグマ@渋谷＆銀座	1999.07.07		ガングロ		(ガン)ギャル・短大1年生	裸同然・厚底	109御用達、あこがれは店員。		×
13	女性自身	NEWS ON TIME　ガン黒リカちゃん大増殖中！　携帯ストラップで人気復活！	1999.07.20	ガングロ	ガングロ	渋谷	女子高生	ルーズ・茶髪	渋谷系リカ		○
14	週刊ポスト	グラビア　woman　渋谷の「顔黒」女子高生に驚いた関西在住のお嬢様「女子大生アナ」深夜情報番組「ランク王国」で人気急上昇中	1999.07.22	ガングロ	ガングロ	渋谷	女子高生				△
15	アサヒ芸能	駿台学園3年A組大仁田厚の高校生日記　教室乱入！　1回　茶髪、ガングロ相手に講演「こいつら何考えとんじゃ」俺は高校入学を決意した！	1999.08.17	ガングロ	ガングロ			茶髪	援交		×
16	SPA!	SPA! AUTO CLUB　112回　New Car　フェラーリ360モデナ　一見ガングロのコギャル、でもホントは全能の女神様	1999.08.25	ガングロ	ガングロ		コギャル	ラメ→バケモノ			○
17	SPA!	[10代ヤマンバ・ギャル] の恐るべき美意識大調査！　白い髪、パンダのような目元、原始宗教を想わせる白塗りの唇…。過激メイクで闊歩する10代ガングロギャルたち。白い髪はヤマンバを、ガンクロの顔と対照的な白塗り唇は原始宗教を思わせる。	1999.08.25	ガングロ ヤマンバ	ガングロ ヤマンバ	センター街	10代	白髪→ヤマンバ・白唇→宗教・パンダのような目元	ブタギャル。茨城から出現。友達増えた。白だとチカンにあう。	『egg』のゴングロ3兄弟を見本。	△

18	週刊大衆	世相激射！　大増殖　街の顔黒（ガングロ）娘にオヤジ族不快爆発大ブーイング　※焼きすぎて真っ黒な肌、目尻のラメシール、底の厚いサンダル…なんとかならんのか	1999.09.06	ガングロ	ガングロ ゴングロ	センター街	ギャル	ラメ・厚底	ナンパしてくれない。あのガングロで凄まれて、胆が冷えた。		通う ×
19	週刊文春	立腹・抱腹　ガングロの耳に念仏	1999.09.08	ガングロ	ガングロ		10代後半～21、2	メッシュ			×
20	週刊実話	さかもと未明の今夜はMoreエクスタシー　“ガングロ娘”のオッパイには隠された秘密がある！	1999.09.09	ガングロ	ガングロ		若い子・18～19				△
21	FLASH	コギャル変身前はみんなメチャ清純派だった！　顔黒、茶髪、涙目メークの大阪コテコテコギャルに街角でお願い「素顔見せて！」	1999.09.14	ガングロ	ガングロ	大阪	コギャル	茶（銀・金・灰）髪・涙目	小麦色と表現されている女の子いる		×
22	サンデー毎日	グラビア　路上計測隊が行く　あなたの白髪度　測らせてください　誰が呼んだかヤマンバ・ギャル　※若者の間で増加中の白髪頭をグレースケールで測定	1999.09.14	ヤマンバ	ガングロ ヤマンバ	渋谷・原宿	若い男女	白髪・パールメーク			×
23	女性自身	Speak Out　OLたちの“本音”！　ああ、世紀末　嫁姑大戦争！「ガングロ嫁」「カリスマ姑」「テポドン嫁」ハイテク時代の女と女の家庭内ハルマゲドン！	1999.09.14	ガングロ	ガングロ		20歳	赤茶			×
24	週刊新潮	原稿廃棄物　つけまつげ武器にヤマンバ系現る　※若者に流行中のお化けつけまつげメイク	1999.09.23	ヤマンバ	ガングロ ヤマンバ	渋谷・原宿	女子高生	つけまつげ	ヤマンバ系。目立つから。		×
25	FRIDAY	コギャルに『刺青』入れる男はコイツだ！　“厚底&ヤマンバ”のメッカ渋谷・センター街の一角に…　※吉田智昭氏手描きの刺青「テンポラリー・タトゥー」が人気	1999.09.24	ヤマンバ	ガングロ ヤマンバ	センター街	コギャル	厚底・タトゥー			○
26	週刊ポスト	怒り爆発ワイド・責任者、出てこい！　⑫キャバクラはヤマンバみたいなブスの巣窟になった	1999.09.27	ヤマンバ	ヤマンバ	キャバクラ	コギャル	白唇・ヤマンバみたいな髪型	秋田のナマハゲ		×

27	週刊女性	香山リカはかせと探そう！　オトコとオンナのわくわく怪獣ランド　36回　厚底ブーツのヤマンバだって素直ないい子かも。ただし、尊敬されてもちょっと困る…	1999.10.12	ヤマンバ	ヤマンバ	原宿		厚底・白髪				△
28	女性自身	ギャルのお手本ゴングロ集団本音トーク　渋谷発　男にモテなくてもヤマンバはやめられな→い！　日焼けサロンでガンガンに焼いた黒い顔、白髪のようなボサボサヘア	1999.10.12	ゴングロ ヤマンバ	ガングロ ゴングロ ヤマンバ	渋谷・池袋		メッシュ・つけまつげ・目のまわり白・痛みまくった髪	モテない	ゴングロ3兄弟	通う	△
29	新潮45	老人妄想日記　16回　敬老の日・ガングロ・猥褻容疑	1999.10.18	ガングロ	ガングロ			ポックリ	醜い			×
30	SPA!	松尾潔のTOKYO Lonely WALKER　122回　SHIBUYA109[渋谷]　渋谷の109の中は今なお銀髪顔グロの巨人少女たちが終結。やまんばギャル客が季節感おかまいなしに今を盛りと溢れている。	1999.10.20	ガングロ ヤマンバ	ガングロ ヤマンバ	109内		銀髪				△
31	アサヒ芸能	有名人SEXY相談室　桜庭あつこ「Gカップに聞け！」 11・最終回　ヤマンバ娘撃退法は美形男を使え！	1999.10.26	ヤマンバ	ガングロ ヤマンバ	飲み屋			ガングロ、ヤマンバ系			×
32	AERA	威圧ギャルのホンネ　オトコを無視した武装ファッション。金髪や脱色の髪、褐色の肌にラメ化粧	1999.11.08		ガングロ ゴングロ ヤマンバ		ギャル・短大	厚底・金髪・脱色した髪・ラメ化粧	武装・ギャル仲間と集団で行動。街を歩けば仲間が声をかけてくれる。		通う	○
33	アサヒ芸能	うたわしたろか！　小川竜生のケンカ道　27回　ガングロメッシュが俺をからかった。ガキンチョ女対処法を教えてくれ！	1999.11.09	ガングロ	ガングロ	横浜		メッシュ	ケバケバねえちゃん			×
34	文藝春秋	ムチャクチャでござりまするがなー　'99年アチャコな10大事件　※ヤマンバギャル、臨界事故、野村沙知代騒動、カリスマ、携帯電話、東芝ホームページ事件、他	1999.11.10	ヤマンバ	ガングロ ヤマンバ			茶（黄土色・藁色）髪・目のまわりのきらきら光る粉、白唇・厚底	怖い。威圧。派手なブス、目立つブスの方がいいという思想が生んだファッション。ガングロ・茶髪・厚底系ファッションがエスカレートしてヤマンバ。1人で行動しない。			×

35	週刊文春	今夜も思い出し笑い　706回　ガングロ学	1999.11.17	ガングロ	ガングロ ヤマンバ	渋谷から少し離れた郊外にまで	(16歳)	白髪・白唇・真青のアイシャドウ	ガングロ系、ヤマンバ系は世界1醜くみっともない。美意識、センス、工夫、個性なし、汚く気味悪い。写真のポジの反転。			×
36	DIME	STREET QUEST　世紀末若者亜流トレンド図鑑　知らない貴方は正常です…　ギャル短　ギャル的なものを求めて　※ガングロ・メッシュ・厚底ブーツの短大生	1999.11.18	ガングロ	ガングロ	渋谷・新宿	短大生	メッシュ・厚底・つけ毛・パレオ・目元白、白唇の逆パンダ	ギャルモードの本質は“肥大化”と“露出”に支えられた威圧。逆パンダ。		通う	△
37	週刊女性	茶畑るりのちんちんかもかも　27回　ついに最終兵器登場！ヤマンバギャルの以外にジミな日々を公開	1999.11.23	ヤマンバ	ガングロ ゴングロ ヤマンバ		ギャル	銀髪・殺人的メーク	ヤマンバ系ギャル。彼女にはできない、違う生き物。怖い、キモい。ナンパゼロ。			△
38	週刊プレイボーイ	やめられない止まらないボクたちの依存症　コンビニ、ゲーム、占い、ガングロ、厚底、インターネットづけライフ…　ニッポン人<総アディクト時代>がやってきた！	1999.11.23	ガングロ	ガングロ							△
39	女性自身	Speak Out　オンナたちの“本音”！　秋の大失恋スペシャル　私はコレでオトコと別れた！　ケータイ電池のプリクラはガングロ女とのツーショット！	1999.11.23	ガングロ	ガングロ			茶髪	イケイケ女			×
40	週刊実話	旅を楽しむ盛り場MAP 千葉県五井・館山　厚底ブーツ、茶髪、ミニスカ元祖ガン黒ギャルのヌレヌレ秘部はきれいなサーモンピンク　※飲食、風俗など	1999.11.25	ガングロ	ガングロ	風俗店	コギャル	メッシュ・茶髪・独特のメーク・厚底				○
41	週刊大衆臨増	変則ラブ大流行！　ガングロ娘同士がヤリ放題！「プチ・レズ」娘の怪しいSEX「カレシはもち論だけどカノジョも欲しいの」	1999.11.26	ガングロ	ガングロ	渋谷	コギャル・高校生・大学生		ファッションリーダーとしての価値を求めるあまり、女性としての価値を下げてしまっている。			△

42	別冊アサヒ芸能	本誌だけがつかんだ「熱狂アイドル」25人はいま！　松本恵、顔はふっくら・ガングロ変身、下校途中を真相直撃！	1999.11.29	ガングロ	ガングロ						△
43	週刊文春	これが「定説」大型ワイド　④林真理子「ガングロ女子高生」批判に異議なし！「ただ醜いだけ」	1999.12.01	ガングロ	ガングロ ヤマンバ	渋谷		厚底	野生に戻りすぎ、時間にルーズ。合法ドラック。「誰だって若い時はそん時の流行の格好したんじゃないの」。個性と自由をはきちがえている。		×
44	週刊朝日	グラビア　切り絵で振り返る1999年　※林屋小正楽師匠の作品「日産リストラ」「松坂大輔リベンジ」　顔黒·茶髪·厚底靴系「ヤマンバ女」「臨界事故」「自自公連立」	1999.12.14	ガングロ ヤマンバ	ガングロ ヤマンバ			茶髪・厚底	顔黒・茶髪・厚底系「ヤマンバ女」		△
45	FOCUS	続「00人間」の大逆襲　躍進「マツモトキヨシ」社長を悩ませる“ガングロ”“万引き”	2000.01.05	ガングロ	ガングロ			厚底	周りを威圧		△
46	FOCUS	続「00人間」の大逆襲　変異するヤマンバギャルの「2000年はコレよ！」	2000.01.05	ヤマンバ	ガングロ ゴングロ ヤマンバ	渋谷	19歳		ヤマンバはもう終わり、ウチラはその上をいくゴングロ。皆がウチラの真似してバカやってる。男に媚びたくない。さらなる変質をとげるのか。モテない。	ゴングロ3兄弟withU・元祖ヤマンバブリテリ	△
47	現代	カシマ教授、「日常生活の秘境」を求めて今日も行く　平成ジャングル探検　3回「厚底ヤマンバ」は渋谷の主役にあらず　※渋谷の変遷、映画と渋谷	2000.01.05	ヤマンバ	ガングロ ヤマンバ	渋谷	ギャル	厚底・茶髪	ヤマンバ系。顔黒·茶髪・厚底系のヤマンバたちの棲息地、109に足しげく通う。ヤマンバファッションの発祥の地「エゴイスト」、カリスマ店員という自らヤマンバファッションに身を包んだ店員たちが彼女らにモードの伝授。男性経験多い、援交も。		△

48	潮	流行語辞典　7・5・3離職、エコファンド、ノンパッケージ商品、ストック、ヤマンバ系、マイ化粧品、劇場型消費、ポケフルー、ヘヤカタ	2000.01.05	ヤマンバ	ガングロ ヤマンバ			脱色した髪・白唇・目のまわり白、シルバー・厚底・ミニスカート	ガングロ系に属するがその中では、異色のファッション。		△
49	ダカーポ	ダカーポ探検隊　151回　ネイルアート　ゴングロ山姥、ツケ爪研いでついに野獣化！？　※日本ネイリスト協会主催「インターナショナル・ネイル・エキスポ99」	2000.01.06	ゴングロ ヤマンバ	ガングロ ゴングロ ヤマンバ	渋谷	ギャル	厚底・白アイメーク・白唇・白メッシュ	山姥動物園、さらに獣化、街はますます野性的なジャングルに。		△
50	ダカーポ	言葉ノート　79回　ガングロ	2000.01.06	ガングロ	ガングロ ヤマンバ		女子高生	白髪	ブス。「流行っているから」「みんなやってるし～」じゃだめだ。意地、反抗の理由のないバカ。		×
51	スコラ	サインペンでアイライン、ガチガチの針頭　ここまでやるか！コギャルヤマンバメイク　コギャルたちのファッションがどんどん先鋭化している。ガングロ、ガチガチ針頭、そして超ミニスカート※ショップ「エゴイスト」店員の影響、同性に“オシャレなコ”と思われたい気持ち	2000.01.08	ガングロ ヤマンバ	ガングロ ヤマンバ	渋谷	コギャル・女子高生	ガチガチの針頭・超ミニスカート・厚底・茶髪・白髪・ボリュームまつ毛、目の上パンダ	無国籍状態。20歳前後の「109」のカリスマ店員が流行らせた。男に不評。女ウケの方を気にする。「男も雑誌に増えれば認めるだろう。」。女子高生の肩書きある今しかできない。彼女達は“自己主張”“差別化”をしようとしているというが、画一化にしか見えない。		通う ×
52	週刊ポスト	あぁ懐かし恥ずかし泡沫ブーム！　これぞニッポンの「20世紀庶民史」だ　ベル・ボトムやロンドン・ブーツを欲しがったあなたは厚底靴のヤマンバGALを恐れない	2000.01.10	ヤマンバ	ヤマンバ		ギャル	厚底			△

53	週刊女性	2000年新春街角ルポ　ヤマンバギャルの超マジサム生活　今世紀限りで絶滅！？ガングロ・パンダメーク・白髪	2000.01.11	ガングロ ヤマンバ	ガングロ ヤマンバ	渋谷	コギャル・高校生·17, 8、23歳	小汚い化粧・白唇・目のまわり白・白髪・つけまつ毛・パンダメーク	ナンパされない。流行ってるから、友達も増えるし。エチオピア。（ヤマンバ）やめたら（友達と）話あわなくなる」			△
54	女性自身	新千年紀はこう生きよ！六戒！　⑥渋谷ギャル　“顔白・黒髪”がセンター街を闊歩するであろう！　センター街の主・ジミーさんが“厚底・ゴングロ”の未来を予測！	2000.01.11	ゴングロ	ゴングロ	渋谷	ギャル	厚底・金髪・白髪	ゴングロまでいってもう先がない			△
55	新潮45	クレイマー・クレイマー　2回　ガングロ	2000.01.18	ガングロ	ガングロ	渋谷	10代	厚底・白唇・金髪・白髪・ミニスカート・虹色マフラー・目の上にキンキラシャドー	大人がいられる街でなくなった。わけの分からない気味の悪い人たち、みっともない。			×
56	SPA!	19歳からの［ヤマンバギャル’ズライフ］の理由　ガングロ、白髪、白い唇は、女子高生だけの特権じゃないっ！高校卒業後ヤマンバデビューする女がなぜか急増中！	2000.01.19	ガングロ ヤマンバ	ガングロ ヤマンバ	渋谷	高校卒業後ヤマンバデビューする女急増	白髪・白唇	女子高生の特権だったヤマンバファッションは中学生、20歳を越えるＯＬ，大学生もする。性格も攻撃的になり、渋谷もデカい態度で歩ける。109、パイロン。「egg」		通う	△
57	週刊ポスト	グラビア　Zoom2000　話題のカリスマ店員「パンチラ」盗撮ビデオを発見　ヤマンバギャルたちの聖地「渋谷109」も狙われた　※「究極！逆さ撮りカリスマショップ」	2000.01.24	ヤマンバ	ヤマンバ	109	ギャル		109はヤマンバギャルたちの聖地。109カリスマ店員はファッションリーダー。			△
58	FRIDAY	『モーニング娘。』後藤真希は「ガングロ」中学生だった　デビュー前の秘蔵写真を独占入手！	2000.01.28	ガングロ	ガングロ	渋谷センター街	コギャル・中学生	白アイライン				△

59	FRIDAY	原宿発　くたばれヤマンバ！　新カリスマ美少女は「フォークロア系」なのだ　※雑誌「CUTiE」などで人気の読者モデル・石井麻木、石井勉と伊勢英子の娘	2000.01.28	ヤマンバ	ガングロ ゴングロ ヤマンバ		ギャル・ コギャル		ガングロもゴングロもヤマンバとしていくとこまでいっちゃった。原宿中心にフォークロア系			×
60	女性自身	Speak Out　オンナたちの"本音"　ヤマンバ妊娠は産婦人科も厚底通院！　お腹の子供より私がイチバン　ああ、信じられない妊娠中の馬鹿っ母！顔グロ赤ちゃん	2000.02.01	ガングロ ヤマンバ	ガングロ ヤマンバ		高校３年生	髪はヤマンバ・厚底			通う	×
61	SPA!	ニッポン若人のラテン化現象を探る！　温暖化の影響か？そして、一時のブームか、進化か？　ヤマンバギャルの"アダモステ"化、約束や時間にルーズ…etc	2000.02.02	ヤマンバ	ガングロ ゴングロ ヤマンバ		ギャル	白唇	万年常夏。日本ラテン化、トロピカル。"アダモステ"化			△
62	週刊文春	ワイド　すべて「御法度」　⑲女高生のバイブルガングロ雑誌「egg」が45万部でなぜ休刊？	2000.02.02	ガングロ	ガングロ	渋谷センター街	ギャル		女子高生のバイブルガングロ雑誌「egg」			△
63	現代	「遠く学校から離れて」 27回　ガングロ女子高生の味方をする　※若者考察	2000.02.05	ガングロ	ガングロ ゴングロ ヤマンバ		女子高生	白唇・髪ミルクティー色	「初めて見た時やまんばかと思った」。自我芽ばえ、自己主張、個性出したくなるはずなのに、流行という現象にひっかかる。			○
64	潮	流行語辞典　わざダサ、リミックス本、ボンバーヘア、だらだら系、ゴングロ、じじシャツ、モバドラ、@	2000.02.05	ゴングロ	ガングロ ゴングロ ヤマンバ		コギャル	白唇・白アイライン・白髪・銀、金髪	チョコレート色の肌。ヤマンバ系			△
65	女性自身	インタビュー　News市場　「『egg』休刊はチョ→ショックぅ～」　本誌でもおなじみブリテリちゃん独占告白！休刊の真相とガングロギャルの"今後"は？	2000.02.08	ガングロ	ガングロ			茶髪	ガングロ茶髪のバイブル「egg」	ブリテリ		△
66	FRIDAY	「ガングロマネキン」ついに登場！　シロクチビル、厚底ブーツ、フェイクファーがチョー似合う　※京都「ヤマトクリエーション」	2000.02.11	ガングロ	ガングロ ヤマンバ	渋谷		白唇・金髪・厚底・フェイクファー				△

67		今週のキャラクター 『リカちゃんストラップ』大集合　ガングロ・地域限定・阿波踊り　あの『渋谷109』カリスマ店員もしてる！	2000.02.15	ガングロ	ガングロ ゴングロ	渋谷			リカちゃん			○
68	女性セブン	グラビア　街の新風、乗り遅れないでキャッチ！　この流行知ってるつもり！？　※フラグメンツのビーズジュレリー、ピカチュウかまぼこ、ガングロマネキン、キックボード、他	2000.02.17	ガングロ	ガングロ	渋谷		白唇				△
69	FLASH	尾張名古屋でどえりゃーへんなもの流行中　これぞ奇想天外！炊飯器パフェに顔黒ケーキ　※異色デザート・メニュー　イカスミと日本酒を材料にしたケーキ、他	2000.02.22	ガングロ	ガングロ	名古屋			ケーキ			△
70	週刊プレイボーイ	グラビア　ついにココまできた！　キンパツ、ガングロ、白唇のギャル系マネキンが量産開始。アタシのガングロ、チョ→いい感じィ？　※ヤマトマネキンの「ウィキウィキ」	2000.02.22	ガングロ	ガングロ ゴングロ		ギャル	金髪・白唇・厚底				△
71	週刊宝石	グラビア　発見！原石美少女　ポスト広末・米田奈美子　「ガングロよりも“美白”ですね（笑）」　※「クレアラシルぴかぴかフェイスコンテスト」優勝	2000.02.24	ガングロ	ガングロ		女子高生					×
72	週刊大衆	実録「レイプ裁判」 120回　中年男2人組が顔黒ギャルに復習の「お仕置き」輪姦！	2000.02.28	ガングロ	ガングロ		ギャル・20歳	厚底				×
73	FOCUS	ただいまAVにも増殖中。ガングロ、ヤマンバってイイ！？　ひょっとして怖いモノ見たさ？　※『ナイトお○○娘。2』	2000.03.01	ガングロ ヤマンバ	ガングロ ヤマンバ	渋谷	コギャル・大学生	白唇・髪はヤマンバみたいなザンバラ	AVにも登場			○
74	週刊実話	風俗界とくだねNEWS5連発　なぜか売れるガングロ娘のエロ本	2000.03.02	ガングロ	ガングロ		ギャル	必要以上のアイシャドー・厚底				×
75	週刊実話	グラビア　突然ですが。　クリーンエネルギーを求めて　6回　ヤマンバギャルお断り？「エコスクール」が拓く日本の未来　※静岡県島田市立第二中学校のエコ校舎	2000.03.02	ヤマンバ	ガングロ		ギャル					△

76	週刊宝石	お騒がせ情報を徹底調査　週刊宝石特騒隊　74回　家出が怖い！実態を知りたくない！嫌われたくない！　父親30人直撃！「私の娘はヤマンバギャルです」顔黒（ガングロ）、白塗り唇に銀髪で街中を闊歩している“ヤマンバギャル”。	2000.03.02	ガングロ ヤマンバ	ヤマンバ		ギャル・15、8歳	白唇・金、銀髪・赤茶色の髪・まぶた白塗り・つけ爪	電車で大声で携帯		通う ×
77	宝島	吉村智樹の夜の歌謡曲　ガングロのための踊り念仏パラパラを1人ブッチ切り。浜崎あゆみ『ayu-ro mix』は和製ユーロビートの頂点である	2000.03.08	ガングロ	ガングロ ヤマンバ	渋谷109	女子高生				△
78	週刊文春	ホリイのずんずん調査　239回　ガングロ娘捜索隊三都巡り	2000.03.08	ガングロ	ガングロ ゴングロ	渋谷・原宿		白髪・白唇・厚底	仙台、大阪、東京の3都ゴングロ発見できず、山に逃げた。		△
79	週刊実話	ニューススクランブル　何が何だか！？ガングロを「一瞬だけ」白くさせて喜ぶコギャルの“超”心理　※肌の色のモードを自由に選べるプリクラ登場	2000.03.09	ガングロ	ガングロ	渋谷					△
80	Voice	江戸の知恵　4回　評判娘とガングロ娘　※江戸の「おちゃっぴい」な看板娘たち、高下駄の花魁と厚底靴の現代娘、江戸期の女性ファッション	2000.03.10	ガングロ	ガングロ ゴングロ ヤマンバ			厚底・白塗り・ヤマンバ髪型・厚底	男受け悪く、人間性まで否定されかねない風俗		△
81	週刊朝日	新宿女子大生ナマ録アンケート　ガングロ（顔黒）にあこがれますか？　※YES4.7%　NO93.6%　どちらでもない1.7%	2000.03.21	ガングロ	ガングロ ヤマンバ	渋谷センター街			怖い。黒い肌は健康的だが、ガングロはやりすぎ。109		△
82	FOCUS	ガングロが2500人！ド迫力大イベントの仕掛け人たち　夢は東京ドームで3万人　※コギャルのイベント・サークルが一堂に会した“卒業2000”	2000.03.22	ガングロ	ガングロ	後楽園でイベント	コギャル		バイブル「egg」。原人。怖い。		△
83	宝島	「ヨイショ」「ワリカン」「巨乳」「ガングロ」…　これを英語で言えますか？　戦う企業戦士編　学校で絶対に教えてくれない身近な英語	2000.03.22	ガングロ	ガングロ						△

84	週刊ポスト	こいつらの珍プレー　⑬ガングロ女子高生にバカ売れ！光るコンドーム「使用上の注意」　※ジョーク玩具で避妊用ではないとか	2000.04.03	ガングロ	ガングロ		女子高生・コギャル		光るコンドーム			△
85	週刊ポスト	新入社員本音トーク　OL編　オトコ観察に自信あり。アナログ上司には即無能の烙印よ！　就職氷河期を乗り越えてきた元祖ヤマンバや絶対自分主義女たち	2000.04.03	ヤマンバ	ゴングロ ヤマンバ			パンダメーク	パンダメーク。109			△
86	DIME	TREND WATCHING　増殖ガングロマネキンにドキッ！　生身よりよっぽどセクシー？	2000.04.06	ガングロ	ガングロ	渋谷109	ギャル・女子大生	茶髪・デカ目メーク・パンダメーク	マネキン			△
87	週刊宝石	お騒がせ情報を徹底調査　週刊宝石特騒隊　79回「スッピン見せるなら、パンチラのほうがまし」というガングロ娘100人を直撃！“素顔”が見たい！	2000.04.06	ガングロ	ガングロ	渋谷センター街、109		付けまつげ	挑戦的で下品。「仲のいいコたちがガングロやりだしたから、ひとり白くちゃ輪に加われない」。「仮面かぶってるみたいで大胆な行動がとれる、変身できるのがいい」			×
88	スコラ	グラビア　BiFOCAL FiNDER　顔黒女（ガングロＧＡＬ）がパラパラ踊る下北沢レスラーはカリスマ名刺屋！？	2000.04.08	ガングロ	ガングロ ヤマンバ	渋谷	ギャル	厚底・ミニスカート・パラパラ・白唇・目のまわり白				○
89	クロワッサン	対談　気になる人と気になる話　近頃の若いモンの正体　1回　ヤマンバ少女のセンス　秋元康さん　コシノジュンコさん　真っ黒顔（通称ガングロ）に白いアイシャドー、リップカラー	2000.04.10	ガングロ ヤマンバ	ガングロ ヤマンバ	渋谷109～センター街		白アイシャドー・白唇・超ミニスカート・厚底	どんな時代も記号をつくりたがる。年配には皆同じと言われるが、その中で個性ある、「あのヤマンバはダサい」（とか）。あの場所はステージ。「egg」			○

90	サンデー毎日	ターザン＆サダハルンバの世紀末格闘戦線　84回　ガングロ女子高生はムタを超えた!?　※グレート・ムタと最近の女子高生の共通点	2000.04.11	ガングロ	ガングロ		女子高生		本来の自分とは違った人格を獲得したいから仲間つくり、集団つくり、ガングロ族を形成			○
91	週刊宝石	対談　美奈子倶楽部「本音を聞かせて！」　64回　大仁田厚　同級生のヤマンバギャルに「顔洗ってこい」と言ったよ	2000.04.13	ヤマンバ	ヤマンバ		コギャル	パンダ				△
92	週刊大衆	テリー伊藤監督の球界にケツバット～！　3回　槙原はヤマンバ軍団に結成しろ「パラパラ」を踊りながらマウンドに	2000.04.17	ヤマンバ	ガングロ ヤマンバ		コギャル	パラパラ 白唇	渋谷で何人かの仲間と群れているから強気。凶暴性、悪さする			○
93	週刊プレイボーイ	とっても緊急提言　渋谷の街で彼女たちが絶滅の危機！　いまこそ＜ヤマンバ・ギャル＞を無形文化財にしてちょ！	2000.04.18	ヤマンバ	ゴングロ ヤマンバ	渋谷	コギャル・女子高生	白髪・パンダメーク	減少・絶滅・ヤマンバを生み出した「egg」の休刊。同じメイクしてるから仲間意識生まれる。男の子からの人気より、女の子からの方がうれしい。	ゴングロ3兄弟	通う	○
94	宝島	バッチリメイクのゴングロ、キャバ嬢…美女5人の素顔、全部見せます！　あなたのお化粧おとさせてください	2000.04.19	ゴングロ	ゴングロ ヤマンバ	渋谷		つけ毛	egg系ブス。化粧というより変装。			×
95	Title	座談　未来日本　ゴングロ3兄弟　with U　「うちら、ある意味で文化じゃん」	2000.04.26	ゴングロ	ゴングロ	渋谷		目のまわりの白いライン		ゴングロ3兄弟withU	通う	△
96	アサヒ芸能	私は見た！「いい女」の衝撃ナマ現場！　さとう珠緒　CS「競馬番組」にコスプレ乱入を司会・須田鷹雄が暴露「完璧なヤマンバ変身で誰なんだアイツと…」	2000.05.02	ヤマンバ	ガングロ ヤマンバ			厚底				△
97	FRIDAY	緊急ワイド　鬼畜と化した少年少女の「素顔」　茨城発　17歳「耳切り監禁」事件　“ヤマンバ少女”2人が26歳女性に行った凄惨「ウサ晴らし」	2000.05.19	ヤマンバ	ヤマンバ	茨木	17歳		26歳女性への暴行			×

98	週刊朝日	少女たちのマジギレの理由　茨城・17歳2人組　ここまでやったリンチ全貌　耳たぶぞぎヤマンバギャルの行状	2000.05.23	ヤマンバ	ガングロ ヤマンバ	茨城	17歳	銀髪・厚底・顔黒メーク	26歳女性への暴行		×
99	SPA!	あっけらかん　女たちの［性病治療］現場！？最前線ルポ　大声で“痒み相談”のガングロ、無言でうつむく学生カップル…今や婦人科待合室は性病患者で大盛況！？	2000.05.31	ガングロ	ガングロ	新宿			性病		△
100	ザテレビジョン首都圏関東版	グラビア　香取慎吾がコギャルの教祖に！？　ガングロメークでPV撮影！　※「SMAP × SMAP」	2000.05.31	ガングロ	ガングロ				小柳ユキ		△
101	DIME	STREET QUEST　世紀末若者亜流トレンド図鑑　知らない貴方は正常です…　ギャル系コスプレ派　着て、見て、触って　渋谷の某巨大クラブ周辺で、大量のガングロミニスカサンタ	2000.06.01	ガングロ	ガングロ ヤマンバ	渋谷	高校生・フリーター		ヤマンバはコスプレの一種		△
102	セブンティーン	トーキョー・ティーンエイジ　これが私の生きる道。　※ヤマンバギャル、コスメフリーク、女のコバンド、カメラマン、美容師	2000.06.01	ヤマンバ	ガングロ ヤマンバ	渋谷	フリーター・10代	ヤマンバメイク・メッシュ	今しかできない	ブリテリが好き	△
103	諸君	女の園を往く　てなもんや探検隊　6回　キューティーハニーでGOGO！　クラブギャル	2000.06.02		ガングロ	渋谷	ギャル	金髪・茶髪・厚底	怖い、威嚇。クラブギャル		△
104	女性自身	「ホラー」事件の主役たち、裏の顔見たり！　＜北九州＞アパート“2度殺人”事件　ガングロ娘か無職男か、「まるでサスペンス劇場だ！」	2000.06.04	ガングロ	ガングロ ヤマンバ	北九州市小倉北区		白唇・目のまわり白			△
105	アサヒ芸能	亀吉が行く！　17回　渋谷「ヤマンバ・ギャル」の秘戯「唾液ダラダラ」フェラ　※イメクラ「渋谷コギャル学園」あい嬢	2000.06.06	ヤマンバ	ヤマンバ	渋谷	コギャル	白や黒のメイク・パンツ丸出し・厚底	フーゾク		○
106	週刊宝石	ラップしてジップして…旭化成社内でも大紛糾してた［ガングロコギャルCM］大論争！　東京は寛容、大阪は不快　※サランラップのCM	2000.06.08	ガングロ	ガングロ ヤマンバ		コギャル	ミニスカート・胸見えそう	CM。言葉づかい嫌。アホ、不細工。		△

107	週刊東京ウォーカー	東京かわら版　109でパラパラ・ヤマンバ・カリスマつながりの限定お好み焼きセット発見！　※「千房」、カリスマ店員やヤマンバギャル限定などの条件付メニュー	2000.06.13	ヤマンバ	ヤマンバ	渋谷109					△
108	AERA	ポスト「ヤマンバ」、アマゾネス登場「お姉さま系」で「男は外見より中身」　※男が女装したようなド派手な化粧にセクシー系ファッション、ギャル男よりジミ男くん	2000.06.19	ヤマンバ	ヤマンバ	渋谷		目のまわり白・白唇・金髪	威圧のヤマンバのように、目のまわり白くせず、白唇にせず、金髪にもしない、お姉さま系セクシー、年上風のギャル→アマゾネス。カリスマエゴイスト店員もアマゾネスメーク。アマゾネス系。「ヤマンバは男は顔で選ぶ」→「アマゾネスは好きなことを仕事にしている人を彼氏に」		△
109	FLASH	あの話題の「CM」美女の素顔を初公開　①あの強烈“ガングロ・ヤマンバ”の正体は「美白娘」　※富士急ハイランド、サランラップ＆ジップロック	2000.06.27	ガングロ ヤマンバ	ガングロ ヤマンバ			ガングロメーク		ブリテリ	△
110	スコラ	グラビア　BiFOCAL FiNDER　さらばガングロ・ヤマンバ！いまこそ、女子大生レヴォリューション！　※作家、映画監督、棋士などとして活躍する女子大生たち	2000.07.08	ガングロ ヤマンバ	ガングロ ヤマンバ		コギャル	厚底・ルーズソックス	女子大生が元気		△
111	宝島	対談　天才・テリー伊藤が突撃！　ザ・裏稼業　14回　ガングロコギャルは官能小説の1番の敵(笑)	2000.07.12	ガングロ	ガングロ	渋谷	女子高生・コギャル				△
112	週刊新潮	グラビア　TREND　ガングロ向けミニ浴衣　※名古屋の呉服屋「よし川屋」が開発した浴衣	2000.07.13	ガングロ	ガングロ	名古屋	女子高生	ミニ浴衣			△

113	週刊女性	シリーズ事件の中の女の肖像　監禁・傷害　性器に火をつけ、耳たぶを切断した“ヤマンバギャル”の猟奇リンチ 「子供を生めない身体にしてやるっ！」	2000.07.25	ヤマンバ	ガングロ ヤマンバ	茨城	17歳	金髪	26歳女性への暴行			×
114	週刊新潮	グラビア　TREND　ガングロコギャルは浜辺で厚底　※砂浜で厚底靴を履くコギャル	2000.07.27	ガングロ	ガングロ	渋谷・池袋	コギャル	厚底	水着でも足元は厚底			△
115	スコラ	シリーズ欲望列島事件ファイル　ヤマンバ少女の狂気・26歳女性を全裸リンチ6日間　耳を切り、そして女性の下半身へ…　17歳ガングロ少女と26歳女性の奇妙な友情と共同生活の果てに　※実際の事件を元にしたフィクション	2000.08.08	ガングロ ヤマンバ	ガングロ ヤマンバ	茨城	17歳	銀髪・金髪・厚底・	26歳女性への暴行			×
116	FRIDAY 臨増	グラビア　スクープ発掘　総集編　ブルマー、レオタードからガングロ・ショットまで　優香「中学・高校時代のデビュー直前ナマ姿」15連発！	2000.08.17	ガングロ	ガングロ		女子高生・ギャル	茶髪・メッシュ			通う	△
117	週刊大衆	細木数子のツキを活かすエッセイ　運命は囁く　87回　色白美人は七難隠す　ガングロがセクシーとは到底思えませんが…	2000.08.21	ガングロ	ガングロ						通う	×
118	ELLE JAPON	インタビュー　INTERVIEW　ソニア・リキエル　“メイクはウェアの一部。そして、その人の性格や体質そのものの表現”	2000.08.26		ヤマンバ	渋谷			メイクという偽装、あるいは制服に近い。			△
119	週刊読売	フットライト　ミュージカル「ビック・レディース・クラブ」に出演　オペラ歌手・森公美子　3人で300キロ＋α　ガングロなんかに負けないよ	2000.09.05	ガングロ	ガングロ			厚底				△
120	週刊プレイボーイ	グラビア　can you love me　渋谷を歩けばたちまち人だかり…。大和撫子の肌を黒くした張本人　BURITERI&MASAMEGU	2000.09.12		ゴングロ	渋谷				大和撫子の肌を黒くした張本人、カリスマモデルブリテリ		○

121	週刊女性	続・私はコレでキレました！　芸能人・有識者15人が叱る！　⑧「ガングロ→ヤマンバ→アマゾネス」と原始人化するコギャルたち、日本はジャングルじゃないのよ	2000.09.19	ガングロ ヤマンバ	ガングロ ヤマンバ		コギャル	ガングロメーク	肌の露出が増えてあまぞねす、ジャングルじゃない！変な仲間意識でヤマンバファッション、アマゾネス。			×
122	週刊女性	感動親子愛「ママを殺したのは私かも…だから今は親孝行したい！」カリスマヤマンバギャル・日原麻美さん	2000.09.19	ヤマンバ	ヤマンバ	渋谷	17歳	ド派手なメーク	カリスマヤマンバギャル			○
123	日経トレンディ	NEW WAVE　ガングロ、歯を出して笑う　マネキンの表情も変化　※京都のヤマトマネキン、愛知のにしもと、シルバーマネキン、4分の1のスケールのミニマネキン	2000.10.04	ガングロ	ガングロ				マネキン、従来のマネキンではいまどきの服のイメージに合わない。			○
124	日経トレンディ	トレンド探索　脱ガングロのリーダーは誰だ　※ギャル系セクシータイプ「お姉さん系」や原宿「ミックス系」、渋谷109の元カリスマ店員・森本容子の「マウジー」街を歩くと以前よりガングロのコギャルを見かけなくなった	2000.10.04	ガングロ	ガングロ	渋谷109	女子高生	厚底・マイクロミニスカート	厚底→姿消す、ヒールの高いミュール、サンダル・マイクロミニスカート→スリット入った膝丈スカート。代わって出てきたのが、「お姉さん系」「ミックス系」。マネキンも今年5月以降はやや肌の色明るめの小麦色で、髪も金ではなく茶色にという需要増えた。ボリュームのあるゴージャスウィッグ、マスカラ、アイメイクはうんとキツく、という要望が多く、色味もゴージャスなゴールド系と派手さは維持。			×

125	女性自身	カイヤあきれ果てた！　六本木妻・京都妻に続き第3の女性が“暴力夫”の19歳ヤマンバー夜妻が激白！　※川崎麻世	2000.10.14	ヤマンバ	ガングロ ヤマンバ	京都	大学1年		高校生気分抜けず、ガングロのヤマンバ			△
126	週刊新潮	True Story　ガングロ娘に手を出し焼き殺された16歳の少年　※新潟県・六日町のトンネルでの焼殺事件	2000.10.19	ガングロ	ガングロ	新潟六日町	18歳	厚底				△
127	週刊新潮	渋谷発「ヤマンバ」メークが世界で人気の驚愕	2000.10.19	ヤマンバ	ガングロ ヤマンバ	渋谷	コギャル	銀髪・太いアイライン白・白唇・ラメ	ガングロコギャルの究極的進化（劣化）型のヤマンバ			△
128	SAPIO	日本はこうして悪玉にされる「セクハラ」「ガングロ」から「サミット騒ぎ」まで英国メディアが報じる「奇妙なニッポン人」像　※インディペンデント紙、他	2000.10.25	ガングロ	ガングロ	東京	10代	くしゃくしゃにしてブロンドに染めた髪、病人のような白唇	チョコレート色の肌			△
129	女性自身	浜崎あゆみ　コレ、すべて「あゆ現象」！「クレージュのリバイバル」から「ガングロ娘の消滅」まで	2000.10.31	ガングロ	ガングロ		ギャル		ガングロ娘が街から消えた、“ガングロ娘文化”を“キレカワ系”“カワゴー系”に変えた			△
130	ザテレビジョン首都圏関東版	グラビア　矢沢心、ヤマンバの素顔はこんなに美白！	2000.11.01	ヤマンバ	ヤマンバ		ギャル					△
131	ダカーポ	女性誌IN&OUT eggのOL版雑誌　怖いもの見たさ？その後のヤマンバギャルの人生見本市！　※『egg』の増刊号として創刊された『あかぐみ』	2000.11.01	ヤマンバ	ヤマンバ		ギャル					△
132	女性セブン	グラビア　トップデザイナー競演・スーパーモデルバービーvs.ガン黒、厚底バージョンもみて！イケイケリカちゃん　懐かしの2大人形がグレードUPして大変身！	2000.11.02	ガングロ	ガングロ		ギャル	厚底	パラパラ。リカちゃん。			△

133	FLASH	人気連ドラの「気になるアレ」を解明！　①『オヤジぃ。』の顔グロ娘のスッピンは超美白！　高視聴率連ドラで話題の強烈キャラ…その素顔は美人アイドル矢沢心だった	2000.11.07	ガングロ	ガングロ ヤマンバ				喋り、態度			△
134	FOCUS	“ガングロ”相手のテレビCMが銀賞。護憲おばさん「土井たか子」　頑固一徹で党勢挽回！　※テレビスポットCM部門で銀賞を受賞した社民党の総選挙CM	2000.11.08	ガングロ	ガングロ		女子高生					△
135	週刊宝石	林葉直子の肉感的人生相談　ビショ濡れクリニック　13回　Q・ガングロ、茶髪の娘に対する正しい叱り方を教えて下さい　お前の幸せがお父さんの幸せで攻めなさい	2000.11.16	ガングロ	ガングロ ヤマンバ	渋谷	女子高生	茶髪				△
136	週刊新潮	グラビア　Color Special　ガングロすでに今は昔？　※カリスマファッションリーダーの椛川めぐみとブリテリ	2000.11.30	ガングロ	ガングロ ヤマンバ	渋谷	ギャル	茶髪	渋谷系ヤマンバギャル、ガングロからナチュラル系へと大変身。ヤマンバ系。	ブリテリ		△
137	女性自身	超人気ドラマ最終回秘話　②『オヤジぃ』　田村正和は死にません！　石田ゆり子、ガングロ娘、プロデューサーらが語り尽くした舞台裏と涙の結末！	2000.12.12	ガングロ	ガングロ							△
138	FLASH 臨増	21世紀に期待の持てるニッポンのU-19　10代フードルたちのぶっとび生態調査　※人気10代フードル座談会　ガングロから非ガングロまで　初日！入店日記	2000.12.26	ガングロ	ガングロ							△
139	週刊大衆 臨増	春にとろめく官能美女“妖しく息づく艶聞秘部”！20連射　後藤真希　“追っかけ愛”成就！山下智久と“スキー場デート”満喫　ガングロ中学生	2001.02.23	ガングロ	ガングロ ヤマンバ	渋谷センター街	中学生	白アイライン・白唇	女子高生に憧れて			△
140	FLASH	『モー娘』後藤真希の超キュート体操着姿を発掘　輝く白い太モモからガングロコギャルポーズまで…中学卒業でもう見られない貴重写真7連発！	2001.02.27	ガングロ	ガングロ		中学生					△

141	週刊女性	どうしても気になる「社会芸能大疑問」16！　④ブームは去ったというけれど…「ガングロ」は将来、皮膚ガンになる？	2001.03.20	ガングロ	ガングロ		コギャル		ブームは去った			△
142	週刊新潮	空漠たる人生のツケ　⑥やっと渋谷から消えたガングロネェちゃん	2001.03.22	ガングロ	ガングロ ゴングロ ヤマンバ	渋谷	女子高生	ヤマンバメイク	白髪→茶髪。ガングロの出現には安室の小顔がブーム。厚底も流行遅れ。		通ってた	×
143	女性セブン	グラビア　追っかけヤマンバPG（パワフル・ギャル）日記“第一印象はチョ～ちっちぇー”　田中康夫長野県知事の行く手に出没　※小比賀志帆さん	2001.03.22	ヤマンバ	ヤマンバ	香川		ド派手メーク・ミニスカート・厚底・白唇・目のまわり白			通う	△
144	FOCUS	がんぐろモデルで見せるパリコレのブラック・ファッション「色を使うのは能無し」と言い切るヴィクトル＆ロルフの新作	2001.03.28	ガングロ	ガングロ		コギャル					△
145	SPA!	［ガングロ・厚底ギャル］はいつ、どこへ消えたか！？　そういえば、渋谷の街でドハデなギャルを見かけなくなった…なぜ？　※工藤友美、塚川芳香のコメントあり	2001.03.28	ガングロ	ガングロ ヤマンバ	渋谷センター街	ギャル	厚底・金髪・白唇パレオ・歌舞伎役者のようなアイライン・目の下の白ライン	渋谷ギャル→オトナ化。歌舞伎役者。ギャル最終系ヤマンバ。ガングロ世代の次に渋谷の主役を担う、現15～17歳の女の子たちは黒くなる予定はない		通ってた	△
146	週刊現代	東西　春の街情報　渋谷の街で増殖中　ポスト・ヤマンバ！「下乳丸出し」「半けつ」GALがやって来る　※浜崎あゆみを手本としたファッションが流行	2001.04.02	ヤマンバ	ガングロ ヤマンバ	渋谷センター街		白髪・色彩感覚ゼロの服	厚底も減った、白髪→栗色のナチュラルカラーへ。ガングロだと別人になれた。下乳、半ケツギャルがやって来る。			×
147	DIME	中谷彰宏のデジタルマナーの達人　74回　ガングロは、マナーがいい。　デジタルメディアで人柄を磨こう。　※携帯電話やメールのマナー	2001.04.19	ガングロ	ガングロ							△

148	女性自身	グラビア 「ドットちゃん」大増殖！ かつてのガングロ・ギャルは進化して、"ドット・ファッション"に身を包んでいた！	2001.05.15	ガングロ	ガングロ	渋谷センター街	ギャル		進化してドットファッションに。コギャルの教祖『白あゆ』あたりからガングロがカッコ悪く		△
149	FLASH	「ガングロギャルのカリスマ」が美白女優に転身！ 進化を遂げた"ブリテリ＆マサメグ"が入浴シーンで華麗にVシネデビュー ※Vシネマ『祭 全国制覇テキ屋一魂』	2001.05.29	ガングロ	ガングロ ヤマンバ		ギャル		ガングロ→美白美人	ファッションリーダーとしてカリスマ的人気を誇ったブリテリ	×
150	日経エンタテイメント	インタビュー ソフトガイド ヤマンバギャルから17歳のホステス役まで、主役の脇でキラリと輝く名バイプレイヤー ※ドラマ『オヤジぃ。』『新・お水の花道』	2001.06.04	ヤマンバ	ガングロ ヤマンバ						△
151	女性自身	News市場 白髪→金髪→茶髪 "リハビリ期間"を経て、今 ガングロ・コギャルの教祖ブリテリちゃんが"美白の女王"になっていた！	2001.06.12	ガングロ	ガングロ ヤマンバ		コギャル	白唇・白髪・金髪	白唇→ナチュラルピンクベージュ。白髪・金髪→明るめ茶色。ガングロ→美白。渋谷109→代官山、原宿	ヤマンバの教祖ブリテリ	通ってた	△
152	FOCUS	元祖ゴングロ「ブリテリ」がAV初監督 あらまぁ色白、黒髪、ジーパンだわ！ ※CD、本の出版、女優とマルチな活躍をするブリテリ	2001.06.13	ゴングロ	ゴングロ				ゴングロ→色白。意味不明言語→フツーの言葉づかい。髪→黒髪。格好→ジーパン、Tシャツ。	ゴングロ元祖ブリテリ、eggカリスマモデル	△
153	週刊新潮	夏彦の写真コラム 1096回 「ガングロ」2年で終る	2001.06.14	ガングロ	ガングロ		女子高生				△
154	週刊朝日	対談 マリコのここまで聞いていいのかな 75回 展覧会で茶髪ガングロの子たちは、瞬時にして作品を受容しちゃう	2001.06.26	ガングロ	ガングロ		茶髪				○
155	週刊実話臨増	グラビア ヤマンバ娘から金髪モデル、セクシーレディまで 業者ご推奨最新蜜裂裏本カタログ ※『APERA』『サタデーブレイク』『プライベート・デート』、他	2001.07.16	ヤマンバ	ヤマンバ				今やヤマンバは死語		△

156	アサヒ芸能	最新AV名物おんな」烈伝　人妻AV嬢「嫉妬した彼が別人になって責めるの」　※西澤麻里さん、少女誌出身ブリテリ監督、コスプレ広報坂本恵奈さん、丹羽ひとみ社長	2001.07.31		ガングロ				ガングロ→美白美人	カリスマ、ガングロアイドル		△
157	週刊文春	消えた女・消された事件　元祖「ガングロ」高校生　何とアダルトビデオ監督デビュー　※ブリテリ	2001.08.08	ガングロ	ガングロ	渋谷		目のまわり白いアイシャドー・パール系白唇・派手なつけまつ毛・白髪のボサボサの毛	ブリテリが白くなった	元祖ガングロ女子高生ブリテリ、カリスマ	通ってた	×
158	FLASH	あたしのAV自己推薦！　ブリテリ『ブリテリ監督のブリ流AV』	2001.08.21		ガングロ				ブリテリが白くなった	カリスマ的ファッションリーダー		△
159	週刊文春	ワイド特集　看板に偽りあり「茶髪ガングロ」に降伏した汗と涙の週刊朝日甲子園増刊号　※『週間朝日増刊甲子園』の表紙の女子高生	2001.08.22	ガングロ	ガングロ	甲子園	女子高生	茶髪・パールアイシャドウ・マスカラ、かわいい				△
160	週刊実話臨増	グラビア　最新地下ビデオごっくん試写会　風間恭子の悶絶濡れ濡れファック、顔黒コギャル生姦2連発、人妻狂乱子宮責めetc　※『夜景のなかで』『グリーンファンタジー』他	2001.10.15	ガングロ	ガングロ			茶髪				△
161	週刊朝日	書評　週刊図書館　張競『美女とは何か日中美人の文化史』晶文社　ガングロは美を哲学的に問うた化粧法？　日本の美人観の変遷を文学から見る	2001.10.30	ガングロ	ガングロ							△
162	ザテレビジョン首都圏関東版	グラビア　内村&泰造が渋谷で"ガングロ娘"に！　※「笑う犬の発見」で内村光良と原田泰造がガングロギャルに	2001.11.14	ガングロ	ガングロ	渋谷	ギャル・女子高生	逆パンダ・茶髪				△

う表現も出現。

第四期　ヤマンバ衰退期―ヤマンバ・ガングロの雑駁な話題と衰退。

第五期　ヤマンバの凶暴化期―ヤマンバ少女の暴行の話題。

第一期はガングロ出現以前であり、第二期は、一九九八年五月十四日の記事より始まる。しかし、それ以降一九九九年七月までのおよそ一年三ヶ月の間、記事数自体は横ばいで特に際立った増減をしめしてはいない。

第三期に至って「ヤマンバ」という表現が登場するが、それは一九九九年八月二十五日の記事からである。やや時期をおいて一九九九年十月十二日に「ゴングロ」という語もでてくる（③期）、しかしグラフには反映されていないものの、記事の文中には一九九九年九月六日にすでに「ゴングロ」とあるので「ヤマンバ」と「ゴングロ」という語が使われだすのをほぼ同時期と見てよいと考えた。それ以降、二〇〇〇年一月～三月の間に「ガングロ（含むゴングロ）」三一件、「ヤマンバ」一五件といずれもピークとなる。

③期の記事の内容はヤマンバギャルのメイク・格好といった見た目をとりあげた記事だが、その話題が一般的というか飽和状態になると、「ヤマンバギャル限定のお好み焼きセットがある」とか「ガングロ向けにミニ浴衣が開発された」など雑駁な話題や衰退が話題になる。それが④期である。

⑤期ではこの時期、茨城県で一七歳少女らの二六歳女性への暴行の事件が実際に起こっており、その事件を書きたてている。

二　小麦色からガングロへ

（1）小麦色への関心

グラフにおける小麦色の記事の数は男女の合計である。男性の場合は「男だって使える!女性用『即効化粧品』の実力　光量に関係なしに小麦色の肌になる!」（『DIME』一九九四年七月二十一日発行）といった記事である。男の場合でも女の場合でも「上手に小麦色に焼く方法」についての記事は六月から八月にかけて多く掲載されている。しかし一方で男の側からみる女性の性的魅力を記事とするものもある。その場合は季節を問わずに掲載される。具体的には「小麦色のエンジェル、アグネスラム」（『週刊プレイボーイ』一九九六年十月二十二日発行）や「小麦色の子猫ちゃん、97年クラリオンガール初公開!」（『Friday』一九九六年八月二十七日発行）などである、他にも「小麦色のマーメイド美人」[4]や「小麦色のアイドル」[5]と表現され「小麦色」であるということが決してマイナスではないことが分かる。しかもその小麦色の肌は「光る・まぶしい」[6]ものであったのである。そして、焼く場所は、ハワイや南の島、湘南といった屋外で自然に焼いたものであった。[7]それが、ガングロになったのはいつからであろうか。

（2）ガングロ

前掲表は記事の内容に即して、その「場所」「年代」「ガングロ以外の特徴」と「その他の特記事項」、あるいは「日焼けサロンに通っているかどうか」も記した。「ブリテリもしくはゴングロ3兄弟について」は後に説明をする。また、全体として「ガングロ・ゴングロ」「ヤマンバ」に対して記事の書かれ方が好意的かどうかを示した。好意的は〇、批判的は×、どちらともとれないものは△でそれぞれ示した。

表の番号3には「特に目立ったファッション的特徴は見られない」「渋谷センター街にダンボールを敷いて『語る』、お金もなく無気力、センター街では顔」とある。一九九八年七月八日のこの時期、ガングロという表現こそ見られるが、それは単に顔の色が黒いということだけであった。その顔がどのくらい黒かったのかは分からないが、マイナスのイメージで語られている。また、この時点でガングロの女子高生がセンター街の顔であるということも分かる。さらに、番号5もガングロ・茶髪に批判的な記事であり、番号6でも「ガングロ・シロクチビルのブス」とあり、その後、番号12の一九九九年七月七日の記事までマイナスのイメージで語られ続けている。

番号9は『anan』掲載のリリー・フランキーのエッセイである、「去年の渋谷あたりにはゴリゴリに日焼けした女子が沢山いた、完全に焦げてる燃えカスもいた。」とある。去年にあたる一九九八年四月の時点で相当黒い女の子がいたということ、また、肌を焼く場所が日焼けサロンという人工的な施設であったことが分かる。著者はその日焼けサロンで焼くさまが「とても性的」であるとし、「ガングロはやりたいが、結婚はしたくない」と書いている。

日焼けサロンで肌を焼くという不自然さと、それによる度を越した肌の黒さは性的でもあり、嫌悪感を抱くものでもあった。そこにまぶしく光る小麦色とガングロとの違いがあったといえよう。

三　ヤマンバの誕生と展開

(1) ヤマンバの誕生

番号17に初めてヤマンバの語が出てくる。一九九九年八月二十五日発売『SPA!』においてである。この記事以前にもガングロに加えて、ラメや茶髪・厚底・白唇などの特徴が注目されてはいた。「ガングロ」「白唇」に「白髪」が加わった時、彼女たちは「ヤマンバ」と呼ばれることになった。別名「ブタギャル」とある。おそらく彼女たちが太っているわけではなく、外見の醜くさからの命名でったであろう。また、ヤマンバという語が完全には定着していないことを示している。しかし、この「ヤマンバ」というネーミングは、『SPA!』によって名付けられたのではなく、もう、巷では使われていたと思われる。番号17の記事中に「『ヤマンバ』と言われることに対して、どうか」といった質問がされており、「迷惑かけてないから関係ない」とか「うるせー、ムカツク」などと彼女らのコメントがあるからである。

ここで、参考までに、大宅壮一文庫中にはない雑誌『egg』（大洋図書）のページをめくってみたい。この雑誌はギャルのバイブルともいわれ、渋谷の女の子たちへかなり大きな影響力のある雑誌であった。その一九九九年七月一日発売の記事に「ゴングロ3兄弟エッグデビュー」とある。「ゴングロ3兄弟」とは、〝鰤の照り焼きほど焼けている〟ことから命名された「ブリテリ」という女の子と他二名からなるもので、写真でみてもその黒さは尋常ではない。続く七月三十一日発売の記事には、そのブリテリのメイクについて、「メイクのテーマは山んば風」とある。『SPA!』に先だつこと約一ヶ月、すでに「ヤマンバ」という表現は用いられていたのである。では、この『egg』が積極的に「ヤマンバ」の語を使っているかというと、そうではない。その語を『egg』自らが流行らせようとする意図はほとんど感じられない。

しかし、いずれにせよ、なんらかのメディアが「ヤマンバ」という表現を使い始めたとしても、その「ヤマンバ」という表現に納得し、受容され、広がり、定着するには、〝渋谷の彼女達の風貌〟と〝私たちがもともと抱いている山姥〟というものに対する共通認識があったからこそである。

（2）誕生、そしてピークへ

「ヤマンバ」という語が一九九九年八月二十五日発売の『SPA!』において使われて以降、その語は他の雑誌のタイトルにおいても使われるようになる。一九九九年八月～九月に五件、同年十月～十二月に七件、二〇〇〇年一月～三月に一五件。この時点で、グラフ上のピークを迎える（グラフ参照）。二〇〇〇年一月～三月で「ガングロ」や「ゴングロ」の語の出てくる記事も含めると、番号45から番号83までの計三九件になる。一月から三月という寒い時期に「ガングロ」「ミニスカート」という不自然さが、先に指摘した「上手に小麦色に焼く方法」についての記事が六月から八月という時期に多かったことと対照的である。

番号17～83の記事から、ヤマンバの特徴とされることを整理すると、次の四点になる。

①髪　白髪・金髪・銀髪・灰色の髪・メッシュ・痛みまくった髪・ガチガチの針頭

②唇　白唇

③目元　パンダのような目元・目のまわり白・ラメ化粧・パールメイク・ボリュームつけまつ毛

④足元　厚底

これらの特徴の中で、特に注目されるのは白髪である。「白い髪はヤマンバを思わせる」（番号17）、「あなたの白髪度測らせてください　誰が呼んだかヤマンバ・ギャル」（番号22）、「ヤマンバみたいな髪型」（番号26）、「髪はヤマンバ」（番号60）、「髪はヤマンバみたいなザンバラ」（番号73）、「ヤマンバ髪型」（番号80）などとヤマンバと白髪を結びつけている表現が多いことに気がつく。つまり、ガングロに加えて髪の毛の色が白（灰・銀）色であることがヤマンバの絶対条件なのである。

四　ヤマンバの性質とネーミング

ところで、なぜ彼女達はこのようなメイクを選択したのであろうか。雑誌『ＳＰＡ！』において初めて「ヤマンバ」の語が用いられた時から、「このメイクだと電車とかで肩ぶつかっても『なんだよ』ってにらめるでしょ。茨城から出てくるから、真っ白いままだと渋谷歩いててもバカにされそうで怖い～」と、それが他人への威圧であり、自らがバカにされないことの防御的なメイクであることが彼女達の口から語られている。

これに対して「あのガングロで凄まれて、胆が冷えちゃいましたよ」と道行く人のコメントがあり（番号18）、番号32や番号34の記事によってもヤマンバギャルは周囲を威圧・威嚇する存在であった。だから番号97以降の「ヤマンバ少女のリンチ」事件におけるヤマンバ少女たちの行いに対して、「凄惨『ウサ晴らし』」（番号97）、「耳たぶぞぎ」（番号98）、「猟奇リンチ」（番号113）、「狂気リンチ」（番号115）などと、威圧を越した狂気として報道される。

その、ヤマンバの威圧的な存在としてのイメージは、誕生当初から衰退をたどるまでほぼ一貫している。そして、こうしたヤマンバが「男にモテず、キモい」とされていたのも特徴的である。「男の子たちもビビってナンパしてくれないしィ」（番号18）、「彼女にはできない、違う生き物」「ナンパゼロ」（番号37）というのである。このヤマンバギャルがもてないという状況も、誕生当時から最後までほぼ一貫した特徴である。

それでは、彼女達のメイクがなぜヤマンバと表現されなければならなかったのであろうか。ヤマンバを「まるで～～の様だ」と表現している記事を拾ってみる。すると「ブタギャル」「パンダ（のような目元）」（番号17）、「秋田のナマハゲ」（番号26）、「原人」（番号82）などとも表現されていた。ではなぜ、「ブタギャル」、「パンダ」、「ナマハゲ」「原人」などではなく、「ヤマンバ」になったのであろうか。

「ブタギャル」という表現は、醜いということによるのであろうが、威圧感や凶暴性に欠けている。「パンダ」とは目の周囲を白くするメイクの特徴による表現であろうが、これも威圧感や凶暴性に欠ける。確かに「ナマハゲ」は、恐ろしく、威嚇するという点においては彼女たちと性質を同じくする。しかし、ナマハゲの活躍する秋田は、寒いために衣服をたくさん着込んでおり、ミニスカートに原色の服を身にまとっている渋谷のギャルとは違和感がある。「原人」は露出度の大きい衣服と、色の黒さや特殊なメイク、凶暴性といった点による表現であろう。しかし現代に生き、最先端のファッションを身にまとっている渋谷の若い子的な感じとの差異は大きすぎる。

しかも、特異なメイクとファッションを身にまとった彼女たちは、渋谷以外の場所では点在するだけであった。「ヤマンバの連中だって、（中略）場違いな大手町で、ひとりでいると、なにか弱気な感じがする。だいたい、埼玉の家からヤマンバの格好で出てくるときは、気が小さそうなフツーの娘に思える」（番号92）存在であった。それが渋谷にはワラワラと闊歩していたのだった。「渋谷で何人かの仲間と群れているから強気」（番号92）になり、集団で行動するヤマンバになる。そのどこからともなく出現し、渋谷に集中する様は、ブタ・パンダ・原人のイメージとは異なっていた。どこからともなくやってくる異様な女性の威圧的な様態や話し方が、里に下りてきて子供を喰らったり、人をさらって、また山へと消えていく山姥のイメージとぴったりと重なったのであろう。

五　渋谷のヤマンバ

（1）ヤマンバと渋谷

どこからともなく出現するヤマンバと渋谷とはどのような関係にあったのであろうか。前掲の表の記事のなかで、

「渋谷」と彼女たちとが結びつけられている記事は総記事一六二件中六三件であり、総数の約四割である。そして彼女たちの出現する場所として挙げられるのが、渋谷・センター街・１０９である、センター街も１０９（ショップの沢山はいったビル）も渋谷のランドマーク的なものである。このほかに渋谷以外の場所と結び付けられていたり、特に場所の記載がない記事が数件あるだけである。渋谷と彼女たちとが、強く結びつけられていることが分かる。いったい、なぜ渋谷なのであろうか。

（２）ファッションビル１０９

ヤマンバギャルたちの集まる場所のひとつが１０９であった。「１０９御用達、あこがれは店員」（番号12）とあるのをはじめ、「ヤマンバたちの棲息地、１０９に足しげく通う。ヤマンバファッションの発祥の地「エゴイスト」、カリスマ店員という自らヤマンバファッションに身を包んだ店員たちが彼女らにモードの伝授。」（番号47）、「20歳前後の『１０９』のカリスマ店員が流行らせた」（番号51）。あるいは、「ヤマンバギャルたちの聖地１０９」（番号57）など、彼女たちは１０９に集まり、その１０９のカリスマ店員はファッションリーダー的存在であった。渋谷駅で電車を降りた彼女たちが向かう先は、１０９であった。

渋谷には、若者達がよく行く店としてマルイ（丸井）がある。マルイと１０９のマネキンとをそれぞれ比べて見ると、その違いは際立っている。１０９のマネキンは金髪、肌が黒くてメイクも派手で、露出の多い服を着ている。一方マルイのマネキンは茶髪、肌が白くてノーメイク、服装はナチュラル系である。１０９はヤマンバを大いに意識しているのである。また記事によれば、「渋谷センター街」にもヤマンバは集まってくる。つまり、ＪＲ渋谷駅ハチ公口を出て繁華街に向かうヤマンバたちは１０９への通りとセンター街を歩き、マルイへ向かう、山の手線と平行してある道には顔は白くナチュラル系の服を志向する女の子たちが歩く、という人の流れができていたであろうことが予測できる。

そして現在でもその傾向は見られるようである。

(3) 雑誌『egg』

また、『egg』はギャルのバイブルとされた雑誌である。読者参加型で、渋谷で女の子たちのスナップを撮って掲載していたことも、ヤマンバが渋谷に集まる要因となったとされる。そして「もっと目立ちたい」というギャルの意識を高揚させ、ヤマンバギャルをつくり出したとも考えられる。また、109店員の他に、ファッションリーダーとして挙げられるのが、先述した雑誌『egg』でデビューした、ゴングロ三兄弟である。表には「ブリテリもしくはゴングロ三兄弟の中心記事」という項目に特記した。「『egg』のゴングロ3兄弟を見本」(番号17)ともされ、彼女ら自身がとりあげられている記事も、一六件確認できる。特にその中のリーダ的存在であったブリテリは、「ファッションリーダーとしてカリスマ的人気を誇ったブリテリ」(番号149)とか「ヤマンバの教祖ブリテリ」(番号151)という存在であった。そのブリテリはヤマンバファッションをやめてからは「仕事以外では渋谷に来ることはめったになく、109で買い物をすることもなくなった(中略)最近は代官山とか原宿に行ってるんです」(番号151)と語る記事は注目すべきであろう。つまり、ヤマンバでなくなったときには、渋谷と切り離された存在になるということである。

(4) 友達ができる

渋谷ではヤマンバの格好をしていれば、友達が増えたという。「このメイクにしたら、友達が倍の倍に増えた」(番号17)、「ギャル仲間と集団で行動。街を歩けば仲間が声をかけてくれる」(番号32)、「流行ってるから友達も増えるし、(ヤマンバ)やめたら(友達)と話しあわなくなる」(番号53)などという。おそらく彼女たちは、渋谷という場所において「ギャル」というカテゴリーのなかに存在していることが重要であり、そのために集団で行動する必要があったのである。そこにはなんら主体的な主張があったわけではなかった。

それゆえ彼女らは、「反体制なら賛成だ」（番号50／発言者：ドリアン助川）とか「長いこと原宿に住んでた私は、いろんな若者のファッションを見てきた。奇妙きてれつなとんでもないものも多かったが、私は嫌悪感を持ったことはただの一度もない。歌舞伎のようなメイクをし、髪を逆立てて七色に染めていても『その若さよし』と思った。ツッパリはツッパリなりに、自分を主張しようとするパワーがあふれていた。」（番号43／発言者：林真理子）と若者のことをむやみに馬鹿にしたり、否定したりしない大人からも「意地、反抗の理由のないバカ」（番号50）、「ただ醜いだけ」（番号43）の存在とみられてしまう。

六　ヤマンバの衰退

ヤマンバ衰退の記事は、二〇〇〇年四月十八日の記事からである（番号93）。渋谷の街におけるヤマンバの絶滅の危機にあり、その要因一つはヤマンバを生み出した『egg』の休刊にあるというのである。また、次のような幾つかの要因が挙げられている。

①ヤマンバファッションは別のファッションに拡散していったこと（番号108、124、129）。具体的にどんなファッションに拡散したのかは明確ではないが、派手でゴージャスでありながら、落ち着きのある「お姉さん系」といったファッションといったところだろうか。

②ファッションリーダーとしてカリスマ的人気を誇ったブリテリが色白になったこと（番号136、149、151、152、156、157、158）。

③当初ヤマンバであった女の子らが女子高生でなくなったということ。表の「年代」の欄の記事からすれば、ヤマンバ（またはガングロ）ギャルになるのは、女子高生、コギャル、ギャル、十代という年代層の子である。「今しかできないし」（番号102）、「女子高生に憧れてガングロ（ヤマンバ）にした」（番号139）、「高校卒業後なぜかヤマンバデビューする女が急増中」（番号56）、「もう黒いのはいいです。これからは大人っぽくしたいです」（番号145）などという記事から見ると、ヤマンバファッションをするのは女子高生やギャルたちの特権であったということがいえよう。極端に言えば、ヤマンバは女子高生やギャルの時代にのみ、なれるという期限付きのものであったのである。ヤマンバであった彼女らが、ヤマンバをやめた時、次にヤマンバになるはずの女子高生・ギャルは継承しなかったといことになる。しかし、二〇〇三年五月七日に渋谷において調査を行い、一六歳の女の子に話を聞くと、ヤマンバの友達が二〜三人いるという。また、彼女自身はヤマンバではないにしろ、週に一回は日焼けサロンに通っているそうである。ヤマンバギャルは衰退こそすれ、絶滅してはいなかったのである。

おわりに

ヤマンバが渋谷で目立っていたのは、記事でみる限りでは、一九九九年八月〜二〇〇〇年四月あたりまでである。この約九ヶ月間を短いとみるか、長いとみるかは問題であるが、渋谷のヤマンバは確実にある一時期に突出して見られた事象であったことは確かである。

彼女たちは、健康的で、まぶしく、光る小麦色の肌を選ばず、「ゴングロ」になるまでに肌を焼き、髪は白く・唇も白く、目のまわりを白と黒で塗り、厚底（靴）をはいた。その外見から、「キモい」「ブス」と言われて男の子にはもてず、人間性までも威圧的で恐ろしいとイメージされた。そして、どこからかやってきて、渋谷を闊歩する様は、「山姥」と重なって「ヤマンバギャル」と呼ばれる様になった。彼女たちは仲間が沢山いる渋谷を歩く為にヤマンバになることを選んだのである。

しかしこれは過去の事例として、歴史のかなたに押しやってしまうことはできない。現在でもヤマンバがいるということをどう考えればいいのであろうか。都市という場においては、伝承性が希薄でしかもうつろいやすい。しかも、そこでみられる諸事象は、かなり市場経済やマーケティング操作によって作り出された事象であると考えがちである。しかし、いまだにヤマンバが生きているということは、単にそうした商業政策などの、人為的な要因によるだけではないのではないかとも考えられる。これが都市の民俗をとらえなおすきっかけにもなるのではないだろうか。

註

（1）大宅壮一（一九〇〇年～一九七〇年）が生前に集めた雑誌や、現在刊行中の雑誌を蔵書とする雑誌図書館。

（2）表　大宅壮一文庫　使用雑誌

『AERA』（朝日新聞社）、『an・an』（マガジンハウス）、『DIME』（小学館）、『ELLE JAPON』（マガジンハウス）、『FLASH』『FLASH臨増』（光文社）、『FOCUS』（新潮社）、『FRIDAY』『FRIDAY 臨増』（講談社）、『SAPIO』（小学館）、『SPA!』（扶桑社）、『Title』（文藝春秋）、『TOKYO 1週間』（講談社）、『Voice』（ＰＨＰ研究所）、『アサヒ芸能』（徳間書店）、『潮』（潮出版）、『オリコンウィーク　ザ・一番』（オリコン）、『クロワッサン』（マガジンハウス）、『現代』（講談社）、『ザテレビジョン 首都圏関東版』（角川書店）、『サンデー毎日』（毎日新聞社）、『週刊朝日』（朝日新聞社）、『週刊現代』（講談社）、『週刊実話』『週刊実話臨増』（日本ジャーナル出版）、『週刊女性』（主婦と生活社）、『週刊新潮』（新潮社）、『週刊大衆』『週刊大衆臨増』（双葉社）、『週刊東京ウォーカー』（角川書店）、『週刊プレイボーイ』（集英社）、『週刊文春』（文藝春秋）、『週刊宝石』（光文社）、『週刊ポスト』（小学館）、『週刊読売』（読売新聞社）、『諸君』（文藝春秋）、『女性自身』（光文社）、『女性セブン』（主婦と生活社）、『新潮45』（新潮社）、『スコラ』（スコラ）、『セブンティーン』（集英社）、『ダカーポ』（マガジンハウス）、『宝島』（宝島社）、『日経エンタテイメント』（日経BP社）、『日経トレンディ』（日経ホーム出版）、『文藝春秋』（文藝春秋）、『別冊アサヒ芸能』（徳間書店）なお、意図的に一覧表から、はずした資料もある。それは男性についての記事、女性であっても大人の場合の記事、「ガングロ」、「ヤマンバ」などを分析した『化粧文化』（ポーラ研究所）の記事（論文）などである。

（3）グラフは文中に「ガングロ」「ゴングロ」「ヤマンバ」などのキーワードがあっても含まれていない。また、一つの記事のタイトルに二つのキーワードを含む場合、それぞれカウントした。

（4）『Flash』一九九四年九月十三日発行・一九九六年八月二十七日発行など

（5）『Flash』二〇〇〇年七月四日発行

（6）『ＰＬＡＹＢＯＹ』一九九五年五月発行・一九九七年四月発行。

（7）『週刊実話』一九九九年九月十六日発行など。

第二節　夕陽のスター

川向　富貴子

一　はじめに

近年では、さまざまな形での美化運動が推進され、街で「落書き」というものを目にする機会は非常に少なくなった。もちろん、街の景観が本来の自然な姿に立ち戻ることは素晴らしいことである。だが、最近の落書きが示す「ナントナク」という無意識的な雰囲気に味わいを感じる私にとっては、一方でいささか残念にも思えることは正直なところ否めない。

しかし、一見無秩序と思われるこの落書きの中には、意識的かつ作為的な意図を強く感じるものもある。ここでは、そうした落書きのうち、本書のテーマである「シブヤ」の一例を報告することとしたい。

二　「場」の共有

渋谷駅からほど近い旧東邦生命ビル（現渋谷クロスタワー）の一角、そこは一九九二年に夭折したミュージシャン尾崎豊が夕陽を眺めていた「場」との伝承があり、三回忌法要に際しては彼縁のモニュメント（歌碑）が建立されるに至っている。

この「場」は、日中にはオフィス街の喧噪とした雰囲気のなかに静かに溶け込んでいるが、陽が落ちるころには全くの異質な空間、すなわち、この「場」を尾崎豊と共有することを目的に集まった者だけに開かれた空間へと一変する。正確には、この「場」の利用に制限はなく、これは私個人の穿った見解にすぎない。しかし、私のような門外漢にとっては自分の存在に対する疎外感を感じずにはいられない、つまりある種のコミュニティーが存在する「場」なのである。

この「場」に集う者の年齢層は意外と幅広い。リアルタイムに尾崎豊を知る世代とは言い難い若者の姿も少なくない。ただじっと佇むもの、尾崎豊の写真を飾り一人弾き語りをする者など、彼らはこの「場」で思い思いに時間を過ごす。中には、この「場」を通じて顔見知りとなった者同士が輪になり合唱する場面も見受けられる。そして、この「場」を訪れた証明とも記念とも言うべき以下のような「落書き」を残して帰るのが通例のようである

【歌碑周辺に書かれたメッセージ】

01◆尾崎、お前と一緒に夕日を見ながら SEVENTEEN'S MAP うたいたかった	1995.　名　　前
02◆今度ギターを持ってくるからな‼その時は OZAKI もいっしょに歌ってくれ	19□□.4.21　名　　前
03◆尾崎！オレはまだ歌い続ける‼	Hideyuki
04◆自由っていったいなんだい	
05◆自由でいたいんだヨ	さすらいのＳＷ
06◆卒業して本当の自由を手に入れる　尾崎サイコー	99.3.7　Ｋ．Ｎ
07◆とうとう尾崎の歳を越して俺は 27 になったよ。俺は自由になった。大きな夢に向かって走り続けるよ。	
08◆死んだような生活の中で君に出会えたことは僕にとって唯一の　そして大きな光だった。僕はもう社会に出る。尾崎　君に逃げこまないよ。サヨナラじゃなくて、ありがとう‼	名　　前
09◆尾崎　やっとこれたよ。ありがとう。さおりはこれからもっと輝くから、ずっと一緒にいてね♥見ててください。もう決して逃げないから。	
10◆ OZAKI　ようやく俺にも彼女が出来たよ　年の差は有るけど　OZAKI　見ていてくれ	H10.2.22　名　　前
11◆尾崎　お前は俺の教祖なんかじゃない　でも　ありがとう	2000.9.9　Ｔ．Ｍ
12◆ここにきて尾崎に会えた気がしたよ。ありがとう尾崎♥	H10.12.24　名　　前
13◆僕　お金ではなく愛や夢を信じてゆくことに決めたよ　尾崎	1998.12.20　名　　前
14◆尾崎と智子へ　俺は死なないよ‼たとえ孤独と絶望の中にいようとも生きる意味がわかるその時まで	2000.8.12　名　　前
15◆前略　尾崎豊様　早いものであなたの歌と出会ってからもう７年になってしまうわけです。当時小学５年だった僕にとっては「I LOVE YOU」は恥ずかしすぎてあんましきけなかったんだけど、中２のときに、何となく題名が気になってた「Seventeen's Map」を Last Teenage Appearrance のバージョンで聞いたんです。僕はあなたのシャウトにぶっとんでしまいました。何だかとても切実でした。「シェリー」にしびれました。まるで僕の気持ちそのまんまのような気がしたんです。「街の風景」や「ダンスホール」のあまりの美しさに心がふるわされました。それからあなたに心底ほれこんで全てのアルバムを聞きました。本当に心底ほれこんだのです。高２のまん中ぐらいからあなたの歌と疎遠になっちゃって　大学で東京に来たんだけれど、弟が「ききたい」って言うから、ＣＤは「約束の日」しか持ってきてなくて、あんまし聴いてないんだけど、最近あなたのちょっとナルシスティックで濃いラブバラードが切実に聴きたくなってます。他、「57th street」とか「虹」とか「眩しい日差し」とか「街路樹」とかが大好きなんですよ、ホントに。まだまだあなたに対する思いはつきないんだけど、長くなりそうだからこのへんでしめることにします。そのうち来たくなるかもしれません。約束はできないけど。それじゃあまた。すてきな歌と勇気をありがとう。	by 名　　前　1999.7.30
16◆２回目だけど、夕日は見れない。熊本に住んでるからなかなか来れない。メチャ^{2}かなしい。今日は修学旅行で来たよ。尾崎が亡くなってから尾崎のコトを知った。尾崎に感謝してる。私を勇気づけてくれた。	
17◆尾崎へ　僕はなおちゃんを大切にすることを誓うよ♡	ＫＹ青年
18◆尾崎さんへ初めまして。今日は大好きな人とここに来ることができました。どうもありがとう。	なおより
19◆尾崎、この年こそ幸わせになるよ。ゼ→ッタイに愛をイタダクゼ♥	

20◆何がこの地で一番大切なのかを知っているのはこの俺の方だぜ　「Fire」	2000.12.5　名　　前
21◆FORGET ME NOT　オレは誰にも負けない　だからオレとミカをずっと見守っていてくれ	2000.5.11　名　　前
22◆H11.11.29　尾崎豊　HAPPY BIRTHDAY I LOVE YOU	Haruko&Arisa
23◆もしあなたの命と交換できるのなら僕は死んでもいい　98.5.3（日）マジホン	名　　前
24◆大好きだった人がわけのわからない宗教に入っていて　今朝それを告白されました。僕はどうしてもそれを受け入れてやることができず、反対してしまいました。今朝　その人に別れを告げてここへきました。何を見ても悲しくて涙がでそうです。もう少しだけ僕に力を下さい。もう１度だけ頑張ってみます。	2000.10/2　MON　南風
25◆出会いと別れを受け入れる。その人を自分の価値観で見て全てを受け入れる。これは大人になるということなのでしょうか？	（上段24の横に記されてあり、その答えか・引用者註）
26◆泣き虫な女の子さー　小宮くんが歌います。泣かないぞ!!	97.8.17　ゆうこ
27◆再就職するぞ！	9□.5.1　名　　前
28◆遠い空から俺は自分の道を作り上げる!18だー。	崇　2000.6.28
29◆絶対“夢”かなえてやるぜ!!皆見てろよ!!	1998.12.20　sun　名　　前
30◆信じてみるよ　笑顔から全てが始まるようにFly Away	
31◆去年　この場所に２人で来れてよかったです。	
32◆高校でもがんばるよ「僕が僕であるために」	H11　4月25日
33◆みんな　自分みつけた?!あたしはムリみたい	
34◆もうすぐ俺もSeventeen's Map。いったい俺はどんな地図を描くのだろう。	00.7.12　TeRu
35◆今日で夏休み最後。今度尾崎の墓に行く時も、一日も休まず学校行ってるよ、って報告するから。	99.8.26(THU)
36◆鉄の心に花束を	2000.8.12　Y．M
37◆いつまでも若く有りたい。生命力は弱いけど　それなりに食べてるよ。	
38◆20世紀のカリスマ　尾崎豊	
39◆また来るよ	ジャック
40◆夢をありがとう!!	未来の大塚より
41◆あと11日で15歳。私は何をもとめて生きればいいの？	
42◆“気迫”これからもがんばるよ	
43◆人生わが、あり	（ＳＷ）
44◆ラブラブ♥ラブラブ♥じゃねー	
45◆尾崎　オレにサイコウの歌をくれたヤツ	H10.10.25
46◆おれはお前の人生が正しいのかときどきまよってしまう　でも人はいつも一人なのだろうか	1998.4.25　by ＹＭ
47◆自分の存在がなんのかさえわからず奮えてた　マジThank you	名　　前
48◆私は今年就職したの。この先たくさんつらい事があるけど、山根さんと同じ店になるまでは頑張るからね。	H10.10.13
49◆やっと尾崎に会うことができました。尾崎の思いを胸にしまってこれからも一生けん命生きていきます。	

50◆名前　　産地：熊本県　B型、おひつじ座　23歳	99.9.12
51◆俺は俺だ！　自分を見つける	
52◆天国にいる尾崎に笑われないように強く生きるからね。	99.6.11　名　　前
53◆自分自身から逃げたくないよ、もう……。尾崎からも……。	H10.1.7 AM10:50　by Yumi
54◆今はおちこんでいるけど　いつか夢をかなえたい　尾崎を尊敬する　夢のために行きたい	1999.11.8　名　　前
55◆オレはなくした1／2をとりもどす	1998
56◆オザキやすらかに……	名　　前　H10.9.8
57◆やさしく肩を抱き寄せたい……	
58◆やっと会いに来れたよー♥元気？	BY はな
59◆尾崎もあの娘も同じくらい大切にします。	名　　前
60◆ぼちぼちいこか	
61◆スッパダカ‼	
62◆名　　前のバカヤロー	H9.8.15　名　　前
63◆今日オーディションだった。夢に一歩近づいた。僕はいつまでも夢はすてないよ！次にとおれば、もっと近づくよ‼	
64◆俺は走り続ける　叫び続ける　求め続ける　俺の生きる意味を	1999.3.25　　名　　前
65◆14歳だけどもう「15の夜」と同じことしました。	
66◆守ってほしい	
67◆オレ、オザキスキッス♥	群衆の中のボク
68◆Rock'n'Roll	高校名フォーク同好会
69◆今日の一日を忘れない	
70◆夢を求めて来ました。	
71◆豊　愛してるよ　また来るネ	99.12.30
72◆この歌を俺はもう（…摩耗…）本当にごめんな　20をこえたらみんな立派な大人になれるよ　みんなが見てみたいな‼	
73◆愛する事はいい事だ　愛される事はいい事かな	
74◆盗んだバイクで走りだす	98.10.15　名　　前
75◆オレがあの世に行ったら酒を一緒に飲もう。	
76◆ギターがこわれてべつの新しいギター買ったからもうしんぱいしないでください。あと仕事を探します。	1996年　名　　前
77◆あや＆ますみより　想いが届きますように♥♥Y＆K♥♥	
78◆俺はただ清らかな愛を信じてる	

三　「落書き」の意義

別表として七〇余にのぼる「落書き」の例を挙げたが、これはごく一部のものであることはいうまでもない。実際には、この「場」に隙間なく、或いはすでに磨耗した上に書き足されるものもあり、枚挙に暇がないほどである。その多くは尾崎豊に向けられた彼らの表現であり、軽々しく「落書き」とはいえない趣がある。その内容はさまざまで、来訪や近況の簡潔な報告（02、35、48など）から、歌詞に自分の思いを託したもの（32、34、47など）、中には祈願までも見受けられる。そのほか、この「場」を共有する不特定の者に向けられた「落書き」（33、72など）もあり、そうした文面に対しては返答が横付けされる（24、25など）など、間接的な交流が図られている場合もある。ちなみに、こうした落書きには匿名性がなく、むしろ自分の存在を確認するかのように署名が施されているものが多い。また、やはり若干の例外として何の脈絡も感じさせない落書き（50、61、62など）もあるが、これに対しては別の者の意志で消去される傾向にあるといえる。

こうした特定の「場」や「人」を共有する人々の間接的な意思疎通とも言える「落書き」は、この例に限らず観光スポットでは広く見受けられる。また、今日では宿泊施設や飲食店などの場合においても、一冊のノートへ記録するという合理的な形に代えて行うところが少なくない。ちなみに、「落書き」そのものの歴史は非常に古い時代にまで遡ることが可能であり、これまでにさまざまな学問領域において、これを研究の対象として扱ってきた。しかし、時代性に左右されやすい上に公共性を持たない「落書き」という表現の性質上、その行為の根底にある心意の通時的かつ共時的な検討は困難な状況にあり、今後の課題とすべきところである。

付記

この原稿が発表された当時には、すでに渋谷の街中の落書きは問題となっていた。ただしそれは、本節で書かれているところの「ナントナク」ではなく、ロゴのようなものなどの作品であることを意図しているものである。これに対しては、行政や警察・町会・商店会などがその対処策を講じねばならなくなり、渋谷研究会においても研究対象として取り上げられた。谷川隼也「渋谷の落書き―繁華街の死角―」（『都市民俗研究』第一二号　二〇〇六年）では描かれる場所が、久保奈績「渋谷の落書き―何が描かれているか―」（同誌第一四号　二〇〇八年）では、落書きの内容に関する考察が行われた。本節で報告されたものも、文字や絵を描いてはならない場所に無許可で書いているという意味では落書きとなろうし、原題も「「場」と「落書き」」であった。しかし、その内容は、ほぼ尾崎豊に関わるものであることは、本文にあるとおりである。発表されたときには、本文にあるように、こうしたあり方を、宿泊施設や飲食店の書き込みノートと比定していたが、現在では、インターネットの掲示板の書き込みに、より近いと言えよう。

ここで掲載した写真は、発表された当時のものではなく、改めて二〇〇九年十一月十五日に撮影したものである。発表した当時は「尾崎豊記念碑のまわりをキレイにしましょう」という看板があったが、今はそれはなくなり、写真2のような看板があるのみである。決して、ここに何かを書くことが奨励されてはいないであろうが、このスペースが掲示板として認知されているかのようにも見受けられる。

書き込まれた日付を見ると、写真3のように、一九九六年の日付の書き込みがいまだに残されている。新しいものとしては撮影時よりも一月以内に書かれたもの（写真4）がある。また、書かれているスペースは床面にまで広がっている（写真5・6）。しかも、写真6はおそらく台湾人の書き込みであろうことから、ごく一部ではあっても国際化されているようである。

尾崎豊の十七回忌も過ぎて、かつてのようなにぎわいはなく、ひっそりとした印象になったものの、訪れる人が途切れることはない。この「落書き」はあたかも風景の一部として溶け込んでしまったようである。

（長野隆之）

写真１　尾崎豊記念碑

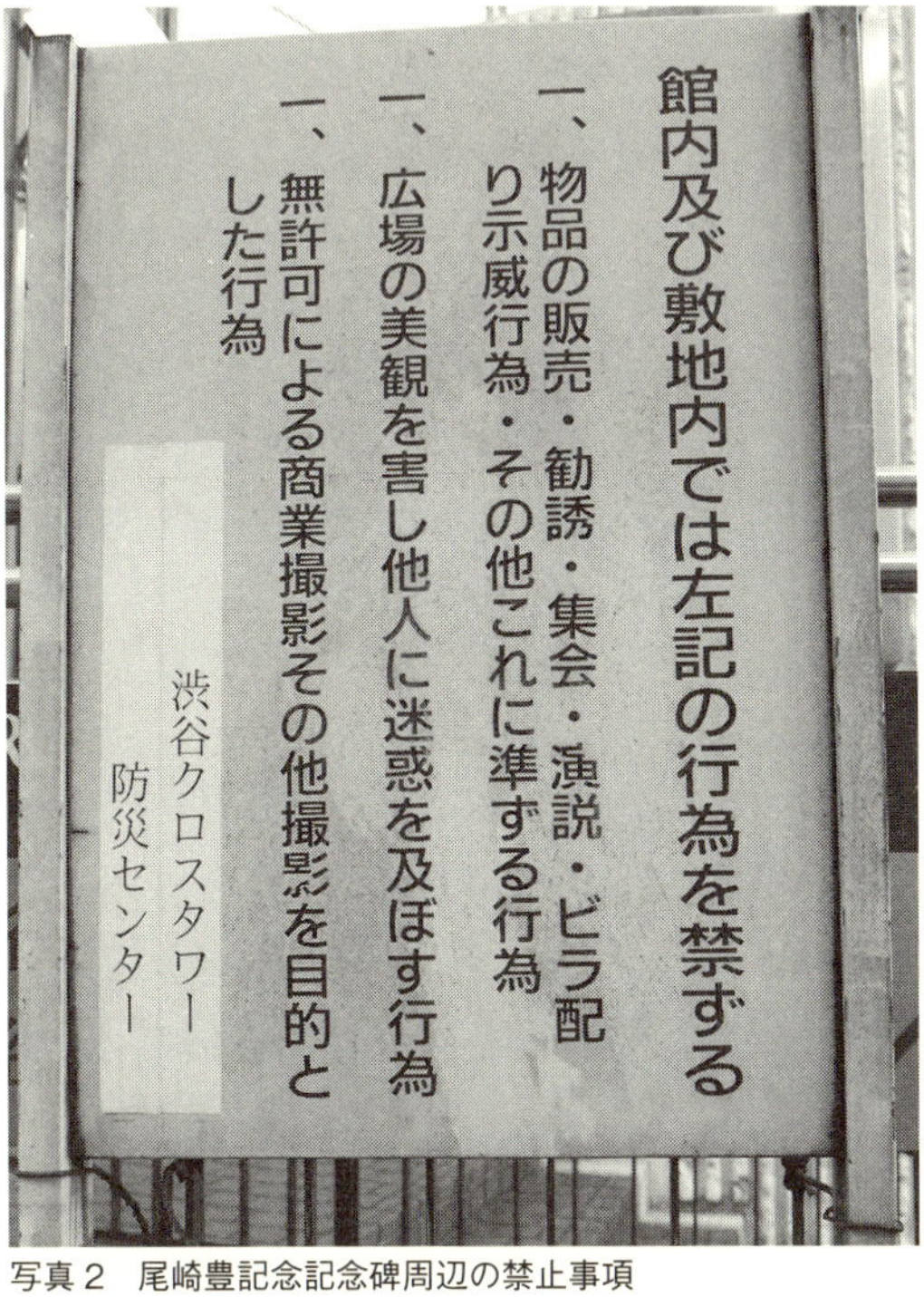

写真２　尾崎豊記念記念碑周辺の禁止事項

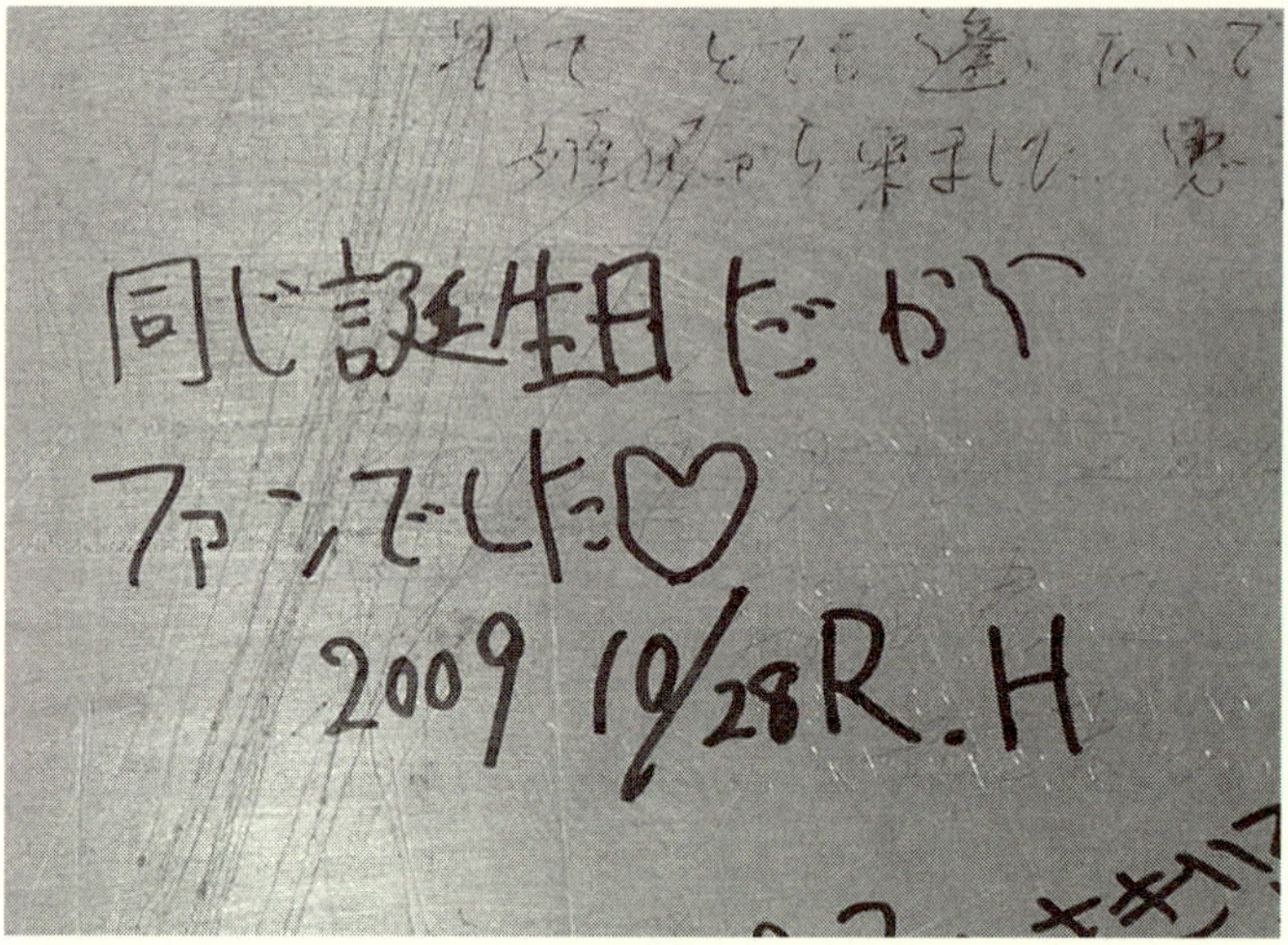

写真 4　2009.10.28 に書かれた「落書き」

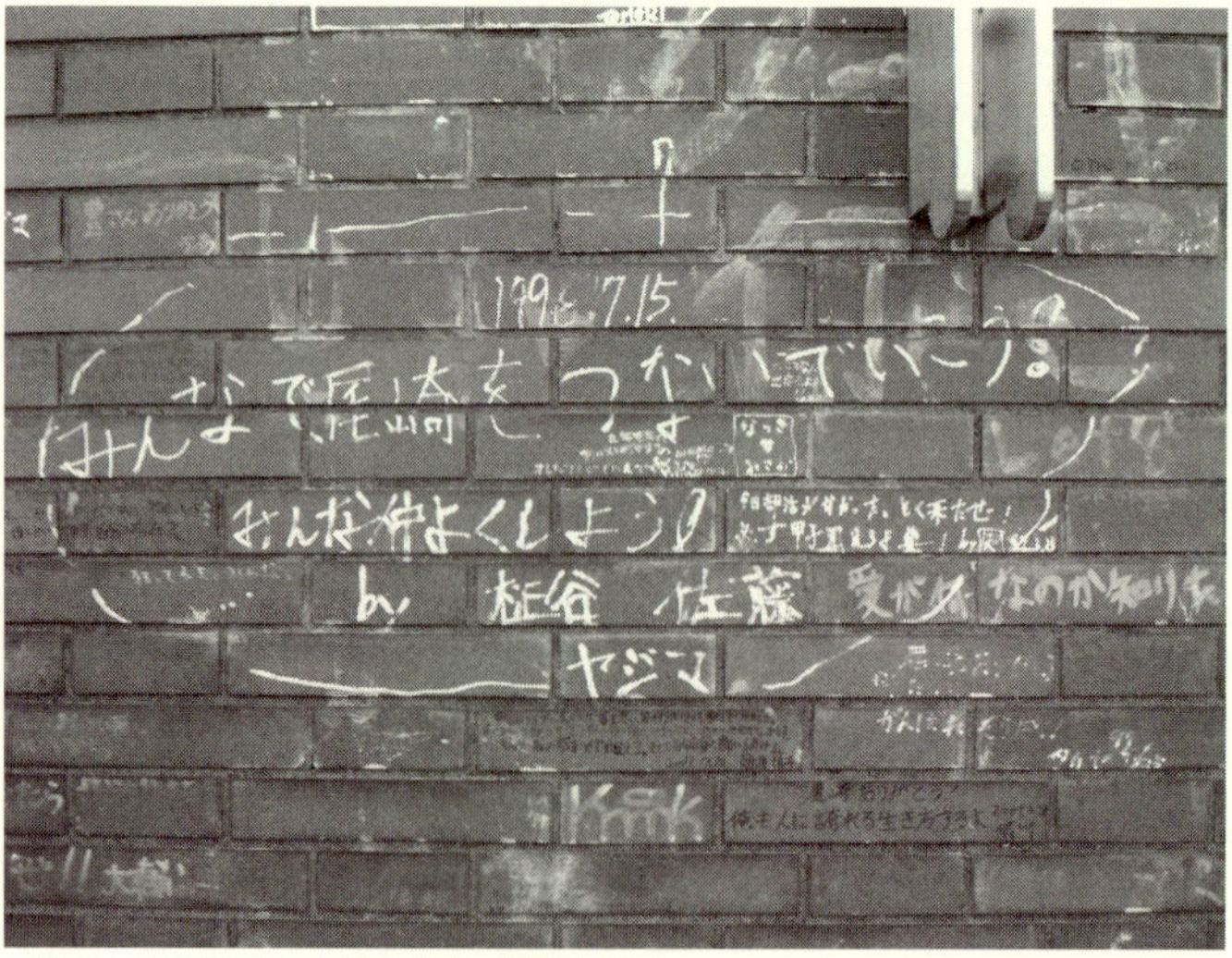

写真 3　1996.7.15 に書かれた「落書き」

写真５　床面に書かれた落書き

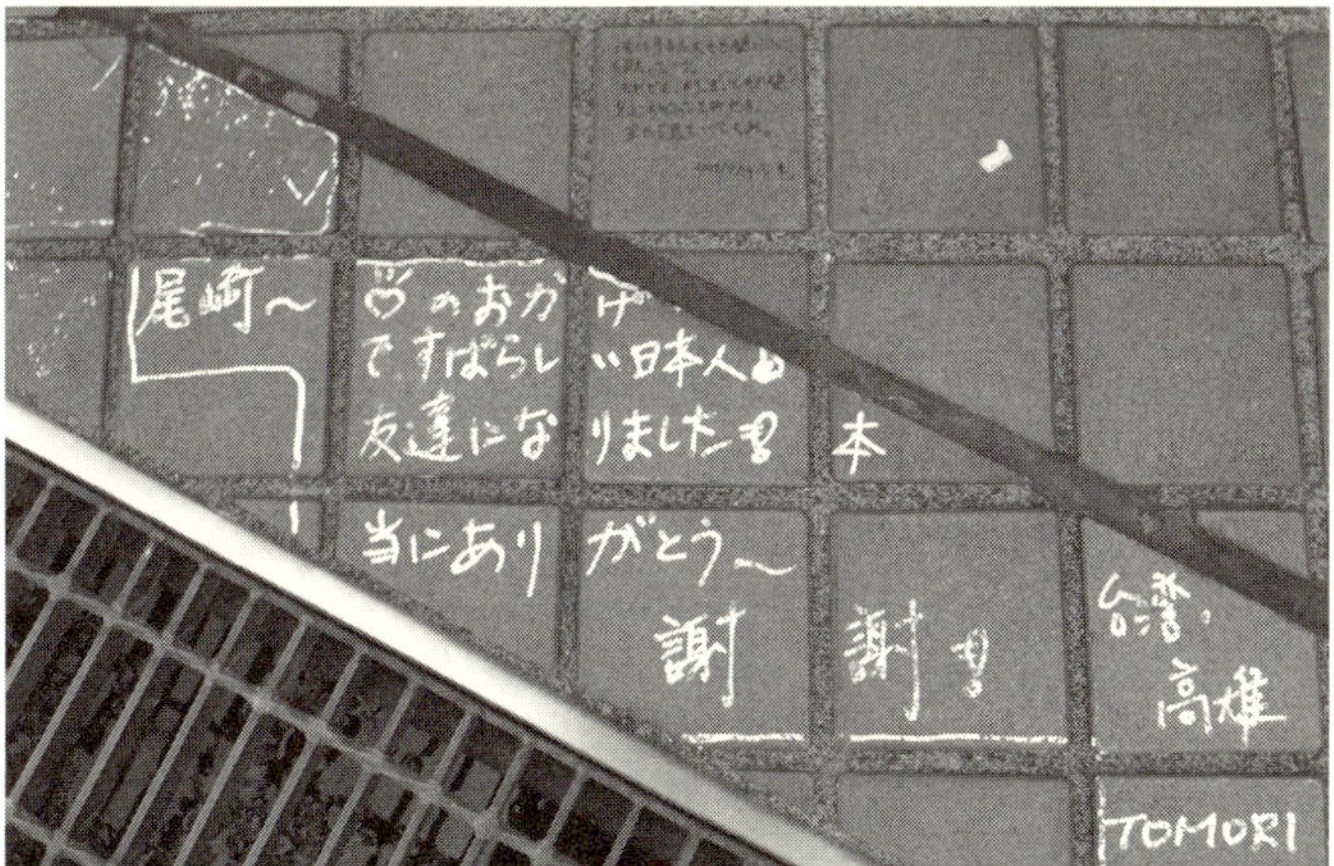

写真６　尾崎豊の国際化

第三節　渋谷のキティ

久保　奈績

一　ご当地キティ・地域限定キティ

『女性自身』（二〇〇一年七月十七日）の記事に、「あなたの『ご当地キティ』はどれ？　完全保存版72」という特集が組まれていた。その中で、「渋谷キティ物語」というグッズが紹介されていた。それは、

・宇宙服を着たキティと犬のぬいぐるみ
・缶入りメモ（宇宙服を着たキティと犬がＵＦＯに乗っている絵のついた缶の中に、宇宙服を着たキティが近未来都市のようなビル群の中に犬と立っている絵のついた紙が入っている）
・トレイ（宇宙服を着たキティと犬がＵＦＯに乗っている絵のついたトレイと、同じく宇宙服を着たキティが近未来都市のようなビル群の中に犬と立っている絵のついたトレイの二種類）

というフィギュアであった。

「ご当地」とは、「（「ご」は接頭語）相手の住む土地へに行って、相手を敬ってその土地をいう語」（『日本国語大辞典』

第一版　小学館　一九七四年）である。つまり、渋谷の「ご当地キティ」とは、渋谷を主題として作られたキティなのであり、購入する側も「渋谷を主題として作られた」「渋谷らしい」キティである、という認識を多少なりとも持っているということである。したがって、本節では、「ご当地キティ」というキャラクター化された商品に、「渋谷」がどのように表象されているのかを考察していく。

「ご当地キティ」または「地域限定ハローキティ」とは、株式会社サンリオのキャラクターブランドである「ハローキティ（Ｈｅｌｌｏ　Ｋｉｔｔｙ）」を、全国各地用に開発した地域限定商品であり、株式会社サンリオの許諾を受け、株式会社あすなろ舎（株式会社はっぴいえんど）がライセンス販売をしている商品である。

前述の『女性自身』の記事には、一九九六年に東京駅で発売された「ハローキティ人形焼」が「ご当地キティ」の最初だとあるが、公式には一九九八年に北海道限定で発売された「ラベンダーキティ」が第一号とされている。「ラベンダーキティ」はバター飴の入っているきんちゃく袋にキティが描かれ、なおかつ、ラベンダーのリボンとラベンダー色のオーバーオールを身につけたキティのキーホルダーがついているものである。したがって、サンリオが公式に「ご当地キティ」としているのは、キーホルダーや携帯電話のストラップといった小型のフィギュアであると考えられる。二〇〇八年現在、四七都道府県の全てに「ご当地キティ」が存在する。ここでは、一九九八～二〇〇七年十二月末日に発売された「ご当地キティ」一三六八体と、二〇〇六年十二月一日までに発売された「限定キティ」七五〇体を参考にして考察を進めていく。

これらは、地域によって数にかなりの差がある。地域を特定の都道府県に限定されない「広域乗りものキティ」六体、「全国漫遊水戸黄門キティ」七体を除いて、数の多い順に都道府県を挙げたのが表1である。一都道府県あたりの平均は二九体であることから、一位から一五位までが、「ご当地キティ」が比較的多く生産されている地域となる。そのうち、東京都と北海道が圧倒的に多いことがわかる。これは、比較的知名度の高い歴史上の人物や観光名所、特産品や伝説、祭りといった表象化しやすいものの量と比例していると推測される。

表1　全国の「ご当地キティ」数

順位	都道府県名	数
1	東京都（49体は忠臣蔵シリーズ）	223
2	北海道	133
3	愛知県（32体がはんだ山車まつりシリーズ）	92
4	大阪府	79
5	神奈川県	77
6	静岡県	65
7	福岡県	58
8	兵庫県	56
9	京都府・長野県	55
11	山梨県	39
12	三重県	37
13	岐阜県	36
14	福島県	34
15	群馬県・栃木県・沖縄県	33
18	富山県	29
19	新潟県	27
20	石川県	25
21	福井県・大分県	24
23	広島県・長崎県	23
25	宮城県	22
26	茨城県	21
27	岩手県	20
28	愛媛県	19
29	秋田県・岡山県・熊本県	18
32	高知県	17
33	千葉県	16
34	山形県・滋賀県	15
36	埼玉県	14
37	鹿児島県	13
38	青森県・山口県	12
40	徳島県・香川県	11
42	島根県	10
43	奈良県・鳥取県・佐賀県・宮崎県	9
47	和歌山県	8

二　渋谷区キティ

東京都の一八六体の二十三区別の内訳が表2である（二十三区外で府中・立川・町田・青梅・小笠原・八丈島、合計一六体があるが、表からは除いた）。この表は参考文献に挙げたカタログから作成したのであるが、渋谷区にかぎり独自で調査した三体を加えている。この他には「ご当地キティ」は製造されていない。渋谷区は六番目に多い地域となる。

（1）渋谷キティ物語

これは、前述の『女性自身』の特集記事「あなたの『ご当地キティ』はどれ？　完全保存版72」の中にあったものである。記事の写真が非常に小さいため、細部の確認が困難であるが、

・宇宙服を着たキティと犬がＵＦＯに乗っている

・宇宙服を着たキティが近未来的なビル群の前に犬と立っている

という、二種類の絵が描いてある。キティとともにいる犬はハチ公なのではないかという推測はされるが、宇宙服やＵＦＯは渋谷と深い関係は認められない。これらの正確な製造年月日等は定かではなく、『女性自身』の発行日から二〇〇一年七月以前としか特定できない。この当時は、すでにのべ一〇人の日本人宇宙飛行士がスペースシャトルで宇宙空間へと飛び出している。また、日本においては、一九九九年〜二〇〇〇年の間、失敗を繰り返していたロケット打ち上げ計画がようやく成功したのは二〇〇一年八月二十九日のことである、一般人ではなかなか行くことはできないが、宇宙は身近な存在となっていた。したがって、「近未来」「宇宙」といったイメージによって、新しい世紀に入った二〇〇一年の渋谷に、時代の最先端のイメージを与えようとしたと考えられる。

表２　東京二十三区の「ご当地キティ」数

順位	区　名	数
1	港区（忠臣蔵シリーズ49体を泉岳寺のものとして加えた）	66
2	台東区（浅草キティと同系の東京キティ７体を台東区のものとして加えた）	42
3	中央区（はとバスキティを中央区のものとして加えた） 千代田区（秋葉原の中心は駅周辺であるためここに加えた）	19
5	豊島区	11
6	荒川区・渋谷区	9
8	江東区	8
9	新宿区	6
10	葛飾区・文京区・北区・杉並区	3
14	品川区・目黒区・練馬区	2
17	足立区	1

この「渋谷キティ物語」には「パート２」と「パート３」がある。どちらも正確な製造年月日は定かではない。「パート２」は、キティが銀色のインラインスケートを履いて、赤と白のストライプのウェイトレスの扮装で、金色のリボンにヘッドドレス、耳には、リボンと同じ金色のインカムのようなものをつけ、手にパフェの載ったトレイを持つというデザインである。当時、アメリカなどで話題になったレストランのウェイトレスの扮装である。傍らには、同じく金色のインカムを耳につけ、銀色のローラーブレードを履いたハチ公と思われる犬がいる。

「パート３」はピンク色のスタジャンを着て、ピンク色のスクーターに乗ったキティが、後ろに茶色い犬を乗せている。キティの足は若干長く作られており、バイクと同じピンク色のブーツを履いている。「渋谷キティ物語」という名称ではあるが、前二者から踏襲されているのは茶色い犬を連れているところのみである。

このキティの乗っているスクーターは、イタリア製の〝Ｖｅｓｐａ〟（ベスパ）もしくは〝Ｌａｍｂｒｅｔｔａ〟（ランブレッタ）であるように見える。ベスパは、一九五三年公開の映画『ローマの休日』の中で、グレゴリー・ペックが演じる新聞記者と、オードリー・ヘプバーンが演じるアン王女がイタリアのローマ市内で二人乗りをするシーンがあり、映画の人気に応じて、日本でも愛好家が増えたスクーターである。一九七八年には、テレビ・ドラマ『探偵物語』で松田優作が乗り、人気が再燃し、現在でもアニメ、ドラマ、映画等の登場人物が愛用するバイクとして登場する、お洒落なスクーターとして人気がある。ランブレッタはブリティッシュスタイルのファッションブランドであり、マルイ等でショップ展開している。いずれのスクーターも、一九六〇年代にイギリスで流行したモッズ・ファッションの若者達の間で移動手段としてよく用いられていたものである。特に、多数のミラーで装飾されたこれらのスクーターは、モッズファッションの象徴でもあった。したがって、ベスパもランブレッタも、現在に至るまで、お洒落なスクーター、ファッションに関係する特別なスクーターという認識がもたれている。

つまり、「渋谷キティ物語」が表象しているのは、渋谷の具体的な事物をデザイン化したのではなく、渋谷の持つ時代の先端性やファッション性を表象したものであり、渋谷を舞台にキティを主人公にして作られる物語だったのであろうと考えられるのである。その中にあって、ハチ公のみが渋谷の事物として取り入れられたと言えよう。

写真１　渋谷キティ ハチ公
©1976,2010 SANRIO CO.,LTD,APPROVAL NO.S.

（２）渋谷のキティ

渋谷の「ご当地キティ」には、二〇〇四年六月に製造された「渋谷キティ　ハチ公」（限定品）、「渋谷キティ　モヤイ」と、二〇〇七年二月に製造された「与謝野晶子キティ」がある。「渋谷キティ　ハチ公」（写真１）は、右耳にハイビスカスを飾り、ピンクの襟飾りのついた白いノースリーブの上着に、ハイビスカス柄のピンクのミニス

表3　二頭身半のキティ　（注：着色部分は渋谷キティ。不明部分は空欄）

製造年	製造月	地域・限定キティ種類	名称	本体	頭の飾り	持ち物・手	体の色	目	鼻	連れ	足・履物	備考
		東京都渋谷区	渋谷キティ物語パート3	キティ	左耳にピンクのリボン	スクーターのハンドルを両手で握っている	白	黒	黄	茶色い子犬	ピンクのブーツを履いている	ピンク色のスタジャンを着て、ピンク色のスクーターに乗っている。後ろには茶色い子犬を乗せている
2004	4	東京都渋谷区	原宿キティ	キティ	両耳に青い薔薇の飾り。細かい縦ロールに巻いた黒髪	左手に青い薔薇を持つ	白	青	黄	なし	黒いブーツを履いて直立している	原宿や明治神宮前の付近で見かける、ゴスロリの衣装。袖の膨らんだ黒いドレス
2004	4	東京都渋谷区	原宿ミミィ	ミミィ	右耳に赤い薔薇の飾り。前髪を右側に流す髪型にした黒髪	左手に赤い薔薇を持つ	白	緑	黄	なし	黒いラメ入りのブーツを履いて直立している	原宿や明治神宮前の付近で見かける、ゴスロリの衣装。男装。透けた黒いマント（金色のラメ入り）、黒いリボンの付いた青いシャツに、黒いズボン
2004	7	東京都千代田区	有楽町キティ	キティ	スカーフを頭から被って首で巻き、左耳に緋色のリボン	両手を前に持ってきて、左手にボルドーのハンドバッグを持つ	白	黒	黄	なし	左足を一歩踏み出す形で立っている。緋色のハイヒールを履く	数寄屋橋を背景にしたパッケージに入っている。緋色のスーツの上下を着ていて、スカートは膝丈
2004	7	東京都港区	六本木キティ	キティ	左耳に黒い薔薇	左手に黒いハンドバッグを持つ	パール	黒	黄	なし	右足に重心をかけて立つ。黒いブーツを履く	黒いトリミングの入った白いスーツの上下。上着は金ボタン、下はミニスカート
2004	7	東京都渋谷区	原宿表参道キティ	キティ	左耳にピンク色の薔薇	左手を頬に当て右手にフューシャピンクのハンドバッグを持つ	白	黒	黄	なし	左足に重心をかけて立つ。ベージュ色のブーツを履く	ピンク地にグレーの千鳥格子のノースリーブワンピースを着ている
2005	3	北海道札幌	すすきのキティ	キティ	左耳に黒い薔薇	右手にピンク色のハンドバッグを持ち、左手に金の腕輪	白	黒　左目をウィンク	黄	なし	左足に重心をかけて立つ。焦げ茶色のブーツを履く	黒のノースリーブに、大きなピンクのラインストーンを一つつけて、金の鎖を描いてネックレスにし、白地に黒の千鳥格子のミニスカートを履いている
2005	4	神奈川県横浜	横浜元町キティ	キティ	左耳にネイビーブルーの花飾り（中心は水色）	左手に、ネイビーブルーと白のツートンカラーのバッグを持っている	白	黒	黄	なし	左足に重心をかけて立つ。ネイビーブルーのサンダルを履く	ネイビーブルーの襟の、白いノースリーブワンピースで、ウェストと裾に赤いラインが入り、スカート部分はフレアになっている

2006	3	兵庫県神戸	神戸岡本女子大生キティ	キティ	左耳にピンクの花飾り二つ（中心は、一つがラインストーン、一つが黄色）	右手にピンク色の携帯電話、左手に、柄が銀色のパステルイエローのハンドバッグ	白	黒	黄	なし	左足を後ろに軽く上げて立つ。ピンク色のミュール（底が銀色）を履く	襟と袖にピンクのラインの入ったパステルピンクのノースリーブ（胸元にハートマーク）、銀色のベルト、膝に星のマークの入ったスリムジーンズを履いている
2006	3	兵庫県神戸	神戸北野坂キティ	キティ	パールピンクのベレー帽を被る。左耳に赤いリボン	右手に白いティーカップ、左手は上にあげる	白	黒	黄	なし	左足を右足の上に乗せて組む。黒いワンストラップの靴を履く	「ＫＯＢＥ 北野坂」と書かれた黒い椅子に腰掛けている。スリムジーンズを履き、パールピンクとパールホワイトのボーダーのカットソーに、パールイエローのスカーフを巻いて、パールホワイトの四葉のクローバーのモチーフをつけている
2006	3	兵庫県神戸	芦屋キティ	キティ	おでこに黒いサングラス、左耳に赤いリボン	右手に黄土色のトイプードルを抱き、左手に銀色の腕時計をして「asiya」と書かれた、白と黒の紙袋を持つ	白	黒	黄	トイプードル	左足を前に出して前進をする姿勢。黒いハイヒールと、黒と白のストライプのズボンを履く	黒のノースリーブに、大きな水色のラインストーンを一つつけて銀の鎖を描いてネックレスにし、白地に黒の千鳥格子のミニスカートを履いている
2007	4	北海道札幌	すすきのキティｖｏｌ．２	キティ	左耳に黒い薔薇	右手に茶色いミニチュアダックスフントを抱いて、左手に銀色の腕時計をし、水色のハンドバッグを持つ	白	黒	黄	ミニチュアダックスフント	左足を前に出して前進をする姿勢。黒いブーツを履く	赤のノースリーブに、大きな水色のラインストーンを一つつけて銀の鎖を描いてネックレスにし、白地に黒の千鳥格子のミニスカートを履いている
		限定キティ　動物パーティ	子犬キティ　ダックスフント	キティ	赤い帽子を被る。左耳にマゼンタのリボン	左手に犬のマゼンタのリードを持つ	白	黒	黄	茶色いダックスフント	右足を前に出して前進をする姿勢。赤いハイヒールを履く	上体を捻って、首だけ正面を向いている。ドイツ生まれの狩猟犬であるダックスフントの散歩をしているところ。赤いチェックのコートとスリムジーンズを履いている
		限定キティ　動物パーティ	子犬キティ　プードル	キティ	両耳にピンクの花の飾り（左耳に３つ、右耳に１つ）	左手に犬の赤いリードを持つ	白	黒	黄	パールホワイトのプードル	左足を前に出して前進をする姿勢。ベビーピンクのファーのついたピンクのブーツを履く	上体を捻って、首だけ正面を向いている。プードルの散歩をしているところ。裾に赤い花の飾りのついた、パールホワイトとピンクのストライプのフレアワンピースを着ている

		限定キティ　動物パーティ	子犬キティ　パピヨン	キティ	黄色いカウボーイハットを被り、左耳に赤いリボン	左手に犬の水色のリードを持つ	白	黒	黄	パールホワイトのパピヨン（黄土色の耳）	左足を前に出して前進をする姿勢。オレンジ色のウェスタンブーツを履いている	上体を捻って、首だけ正面を向いている。パピヨンの散歩をしているところ。西部劇の保安官のような服装
		限定キティ　動物パーティ	子犬キティ　シーズー	キティ	ショッキングピンクの帽子を被る。左耳にピンクのリボン	左手に犬のショッキングピンクリードを持つ	白	黒	黄	パールホワイトのシーズー（茶色の耳）	左足を前に出して前進をする姿勢。青い靴を履いている	上体を捻って、首だけ正面を向いている。シーズーの散歩をしているところ。ピンク色のシャツに黄色いネクタイを締め、ショッキングピンクのズボンを履いている
		限定キティ　動物パーティ	子犬キティ　柴犬	キティ	左耳に赤いリボン	左手に犬の黄緑のリードを持つ	白	黒	黄	黄土色の柴犬	左足を前に出して前進をする姿勢。赤い草履を履く	上体を捻って、首だけ正面を向いている。日本犬である柴犬の散歩をしているところ。朱色の着物に赤い帯をしている
		限定キティ　動物パーティ	子犬キティ　ダルメシアン	キティ	赤い飾りのあるダルメシアン柄の帽子を被り、左耳にダルメシアン柄のリボン	左手に犬の赤いリードを持つ	白	黒	黄	ダルメシアン	左足を前に出して前進をする姿勢。赤いブーツを履いている	上体を捻って、首だけ正面を向いている。クロアチア原産のダルメシアンの散歩をしているところ。黒い襟のダルメシアン柄のコートを着ている
		限定キティ　動物パーティ	子犬キティ　スカイテリア	キティ	左耳にモスグリーンのリボン	左手に犬のショッキングピンクのリードを持つ	白	黒	黄	スカイテリア	左足を前に出して前進をする姿勢。モスグリーンのハイソックスに赤い靴を履いている	上体を捻って、首だけ正面を向いている。スコットランド、スカイ島生まれの狩猟犬であるスカイテリアの散歩をしているところ。パールホワイトのシャツに赤いベストを着て、モスグリーンの箱襞のスカートを履いている
		限定キティ　動物パーティ	子犬キティ　ホワイトテリア	キティ	左耳に黄緑のリボン	左手に犬の黄緑のリードを持つ	白	黒	黄	パールホワイトのホワイトテリア	左足を前に出して前進をする姿勢。赤いサンダルを履いている	上体を捻って、首だけ正面を向いている。ホワイトテリアの散歩をしているところ。丸い幾何学模様の黄緑色のキャミソールに、黄色いズボンを履いている

		限定キティ　動物パーティ	子犬キティ　マルチーズ	キティ	水色のつばの青い帽子の左側に青いリボンがついている	左手に犬の水色のリードを持つ	白	黒	黄	パールホワイトのマルチーズ（両耳に水色のリボン）	左足を前に出して前進をする姿勢。青いハイヒールを履いている	上体を捻って、首だけ正面を向いている。マルチーズの散歩をしているところ。青い襟と袖口とボタンのついた水色のブラウスに、青地に白い水玉模様のフレアスカートを履いている
		限定キティ　動物パーティ	子犬キティ　ワイアーフォックステリア	キティ	左耳に赤いリボン	左手に犬の朱色のリードを持つ	白	黒	黄	ワイアーフォックステリア	左足を前に出して前進をする姿勢。黄色いヒールの赤いショートブーツを履いている	上体を捻って、首だけ正面を向いている。ワイアーフォックステリアの散歩をしているところ。黄色い地の赤いチェックのワンピースを着ている
		限定キティ　動物パーティ	子犬キティ　オールドイングリッシュシープドッグ	キティ	左耳に黄緑のリボン	左手で犬に触れている	白	黒	黄	パールホワイトのオールドイングリッシュシープドッグ	左足を前に出して前進をする姿勢。青い靴を履いている	上体を捻って、首だけ正面を向いている。オールドイングリッシュシープドッグの散歩をしているところ。黄緑色のパーカーに、黒いズボンを履いている
		限定キティ　動物パーティ	子犬キティ　アメリカンブルドッグ	キティ	青い警官帽を被り、左耳に赤いリボン	左手に犬の青いリードを持つ	白	黒	黄	アメリカンブルドッグ	左足を前に出して前進をする姿勢。青いハイヒールを履いている	上体を捻って、首だけ正面を向いている。アメリカンブルドッグの散歩をしているところ。アメリカの婦人警官の青い制服を着ている
		限定キティ　動物パーティ	子犬キティ　ゴールデンレトリバー	キティ	左耳に青いリボン	左手に犬の青いリードを持つ	白	黒	黄	ゴールデンレトリバー	左足を前に出して前進をする姿勢。赤い靴を履いている	上体を捻って、首だけ正面を向いている。ゴールデンレトリバーの散歩をしているところ。青い長袖カットソーに黄色い半袖Tシャツを重ね着して、青いオーバーオールを着ている
		限定キティ　動物パーティ	子犬キティ　ジャーマンシェパード	キティ	左耳に、ショッキングピンク地の迷彩柄のリボン	左手に犬のピンクのリードを持つ	白	黒	黄	ジャーマンシェパード	左足を前に出して前進をする姿勢。ピンクのブーツを履いている	上体を捻って、首だけ正面を向いている。ジャーマンシェパードの散歩をしているところ。リボンと同じ柄のワンピースに、ピンク色のウェストポーチをつけている

		限定キティ　動物パーティ	子犬キティ　アメリカンコッカスパニエル	キティ	左耳に、パールブラウン地に、丸い幾何学模様のリボン	左手に犬の朱色のリードを持つ	白	黒	黄	アメリカンコッカスパニエル	左足を前に出して前進をする姿勢。クリーム色のスニーカーを履いている	上体を捻って、首だけ正面を向いている。アメリカンコッカスパニエルの散歩をしているところ。袖が茶色、胴の部分がクリーム色のカットソーに、リボンと同じ柄のミニスカートを履いている
2005		限定キティ　コラボパーティ	NANA キティ 大崎ナナ	キティ	左耳に赤い薔薇	両手で赤いギターを持ち、右手に刺のある銀色の腕輪をしている	白	黒	黄	なし	黒いブーツを履いて開脚して立っている	映画『NANA』の登場人物・大崎ナナの服装を表現したパンクファッション。黒いノースリーブに、赤と黒のチェックのミニのプリーツスカートを履いている
2005		限定キティ　コラボパーティ	NANA キティ 小松奈々	キティ	左耳にピンクの薔薇	右手でピンクのハンドバッグを持っている	白	黒	黄	なし	右足を一歩出して立つ。パールホワイトのブーツ（底が黄色）を履く	映画『NANA』の登場人物・小松奈々の服装を表現している。襟のあるピンクのノースリーブワンピースを着て、ベルト代わりに白いリボンを前で蝶々結びにしている
		限定キティ　コラボパーティ	パラキスキティ	キティ	左耳に赤いリボン	なし	白	黒	黄	なし	黒いブーツを履いて開脚して立っている	漫画『Paradise Kiss』の登場人物・早坂紫の服装を表現している。赤い襟に金のトリミングのある紫色のワンピースに、金色の蝶のベルトをしている
		限定キティ　コラボパーティ	下妻物語キティ 桃子	キティ	両耳にピンク色の薔薇の飾り。細かい縦ロールに巻いた金髪	左手にピンクの薔薇を持つ	白	黒	黄	なし	マゼンタのリボンの付いたピンクのブーツ（底は白と黄色のツートンカラー）を履いて直立している	原宿や明治神宮前の付近で見かける、ゴスロリの衣装。袖の膨らんだピンクのドレス。映画『下妻物語』の登場する、ロリータ少女・桃子の服装を表現している
2005		限定キティ　コラボパーティ	T.M.R. キティ　#1	キティ	左耳に赤いリボン	両手に黒い手袋をはめている	白	黒	黄	なし	右足に重心をかけて立つ。パールホワイトの靴を履く	ミュージシャンのT. M. R. の舞台衣装を表現している。
2005		限定キティ　コラボパーティ	T.M.R. キティ　#2	キティ	左耳に赤いリボン	両手を拳にしてファイティングポーズをとっている	白	黒	黄	なし	左足を高く前方に蹴り上げている。黄土色のハイソックスに、焦げ茶色の靴	ミュージシャンのT. M. R. の舞台衣装を表現している。

2005		限定キティ　コラボパーティ	T.M.R. キティ　#3	キティ	左耳に赤いリボン	右手に金色のマイクを持ち、左手を挙げている	白	黒	黄	なし	右足に重心をかけて立つ。黒い靴を履く	ミュージシャンのT. M. R. の舞台衣装を表現している。黄色と赤の火炎の模様の入った、黒いジャンパーを着て、黒いズボンを履いている
2005		限定キティ　コラボパーティ	T.M.R. キティ　#4	キティ	左耳に赤いリボン	両手を上に挙げている	白	黒	黄	なし	右足に重心をかけて立つ。黒い靴を履く	ミュージシャンのT. M. R. の舞台衣装を表現している。
2005		限定キティ　コラボパーティ	T.M.R. キティ　#5	キティ	白い羽飾りと四つの赤い薔薇の飾りのついた帽子の左側に、ラメの入った赤いリボン	左手に金色の剣を持っている	白	黒	黄	なし	左足を曲げて立つ。黒い靴を履く	ミュージシャンのT. M. R. の舞台衣装を表現している。赤いマントを着て赤い上下の服を着ている
2005		限定キティ　トレンドパーティ	フルールキティ	キティ	左耳に花を二つ、パールピンクのカチューシャをし、アップのヘアスタイルに花をたくさん挿している	右手に大輪の赤い花を二輪持つ	白	睫毛が描かれて、星が入っている	黄	なし	足を揃えて直立する。赤い、花飾りのついたサンダルを履く	1960年代に流行した、つけ睫毛にアップヘア、ミニスカートの衣装を着ている。パールピンクのスリップワンピースに、パステルグリーンの真珠の首飾りをしている。

表4　四頭身のキティ　　（注：着色部分は渋谷キティ。不明部分は空欄）

製造年	製造月	地域・限定キティ種類	名称	本体	頭の飾り	持ち物・手	体の色	目	鼻	連れ	足・履物	備考
2004	6	渋谷区	渋谷キティハチ公	キティ	左耳にピンクのハイビスカスの花	両手に茶色い犬を抱いている	白	黒	黄	茶色い犬	揃えて直立　パールホワイトのブーツを履く	109を背景にしたパッケージに入っている。ミニスカートで腰にチェーンベルトを巻いたギャルの姿。限定品
		限定キティトレンドパーティ	キティ＆ミミィ　ポップキティ	キティ	左耳にピンクのリボン（表面にシルバーのラメ）	左手をジーンズのポケットに入れている	白	青　右目をウィンク	黄	なし	揃えて直立マゼンタのスニーカーを履く	ピンク色の半袖のTシャツに、ベルボトムのパープルのジーンズとマゼンタのスニーカーを履く。衣装とリボンの表面にシルバーのラメがついている

		限定キティトレンドパーティ	キティ&ミミィ ポップミミィ	ミミィ	右耳に水色のリボン（表面にシルバーのラメ）	右手に黄緑とピンクのツートンカラーのリストバンドをはめている	白	青 左目をウィンク	黄	なし	左足を曲げて立つ 水色（底が金色）のミュールを履く	水色のタンクトップに、ピンク色のパンタロン（裾に黄緑の鋲の飾り）と水色のミュールを履く。衣装とリボンの表面にシルバーのラメがついている
		限定キティトレンドパーティ	ピンキーキティ	キティ	左耳にピンクのリボン（表面にシルバーのラメ）	右手を頭の後ろに当てている。左手に金の腕輪	白	星が入っている	黄	なし	マゼンタのレースアップハイヒールを履く。左太股にハートマークの付いたガーターをつける	金色の大きなハイヒールの中に座って、真珠の首飾りをつけ、マゼンタのボンテージを着ている。衣装とリボンの表面に金色のラメがついている
		限定キティトレンドパーティ	オネエサンキティ ＰＯＰ８６	キティ	左耳にピンクのリボン	右手に白いリストバンドをし、左手にピンク色のバッグを持って肩に置いている	薄茶	黒	黄	なし	右足を曲げて、前進する姿勢。素足に水色のスニーカーを履く	上体を捻って、首だけ正面を見る形になっている。1970年代後半～80年代前半に流行したニュートラ、ハマトラ（横浜ニュートラディショナル）ファッションをしている
		限定キティトレンドパーティ	オネエサンキティ 女子高生	キティ	左耳に赤いリボン	右手で赤い携帯電話を持ち耳にあて、左手に紺色のバッグを持って肩に掛けている	白	黒	黄	なし	右足を曲げて、前進する姿勢。紺色のハイソックスに黒いローファーを履く	上体を捻って、首だけ正面を見る形になっている。ベージュのチェックのプリーツスカートに、紺色のリボンの制服の上から灰色のカーディガンを着ている
		限定キティトレンドパーティ	オネエサンキティ バニー	キティ	耳のたれたベビーピンクのウサギの着ぐるみの頭の部分だけ被る。左耳に白い薔薇の飾り	両手首にベビーピンクの腕輪。右手の肘を曲げて、白い薔薇のロゴの入ったベビーピンクのバッグを持っている	白	黒	黄	なし	内股で立つ。ベビーピンクのショートブーツを履く	耳のたれたベビーピンクのウサギの着ぐるみの頭の部分だけ被り、同じ色のミニスカート、ノースリーブを着て、へそ出しルックになっている
		限定キティトレンドパーティ	オネエサンキティ ＯＬ	キティ	左耳にグレイッシュグリーンのリボン	左手の肘を曲げて、バンブーの柄の水玉模様のビニールバッグを持つ	白	黒	黄	なし	右足に重心をかけて立つ。黒いサンダルを履く。	グレイッシュグリーンのスカーフを巻いて、紺色のノースリーブ、ストライプのスカートを履く
		限定キティトレンドパーティ	オネエサンキティ BLACK BAG	キティ	左耳に赤いリボン	左手に、赤い柄で白い花のロゴの入った黒いバッグを持つ。	白	黒	黄	なし	左足を軽く曲げて立つ。黒いサンダルを履く	黒地に、赤と白の花柄の入ったノースリーブワンピースを着て、ウェストに白いベルトを巻いている

カートを着て、腰に銀色のチェーンベルトを巻いている、パールホワイトのブーツを履いた、足の長いキティが、ハチ公と思われる茶色い犬を抱いている。おそらく渋谷のギャルとハチ公を組み合わせたデザインであると思われるが、注目すべきはその足である。キティのほとんどが二頭身くらいであるのにも関わらず、「渋谷キティ　ハチ公」は、四頭身程で、体の約半分が足であり、非常にスタイルが良い。モデル体型と言っても良いであろう。

足の長いキティには、二頭身半くらいのものと、四頭身のものの二つのパターンがある（表3・4）。「限定キティ」の中には、スポーツキティというシリーズがあり、スノーボードやフィギュアスケート等、スポーツの躍動感を表象したと考えられるものがあるが、これらは通常通り、二頭身に作られている。躍動感等を表現する時は、手足、腰といった、体のしなりを使うことはかなり有効である。にもかかわらず、通常の二頭身で作られているのである。また、「限定キティ」の子犬キティシリーズでは、二頭身半のキティが足を一歩踏み出しており、子犬を散歩させている動きが表現されていはいるが、それぞれ子犬の原産国のイ

写真２－１　渋谷キティ モヤイ
ⓒ1976,2010 SANRIO CO.,LTD,APPROVAL NO.S.

写真２－２　渋谷キティ モヤイ パッケージ
ⓒ1976,2010 SANRIO CO.,LTD,APPROVAL NO.S.

写真３　与謝野晶子キティ
©1976,2010 SANRIO CO.,LTD,APPROVAL NO.S.

メージに合った衣装が目立ち、その動きよりもファッションに重点が置かれている。

　これら、足の長いキティに共通するのは、衣装のデザインのディティールの細かさとスタイルの良さであり、渋谷以外にも、神戸、六本木、芦屋、薄野といった高級感のある場所、人気の高い繁華街で使われるデザインなのである。つまり、足の長いキティとは、ファッション性が強調されたデザインであって、スポーツの躍動感、体の柔軟性の表象には用いられていないことが分かるのである。

　一方、「渋谷キティ　モヤイ」（写真２）は、渋谷駅の待ち合わせ場所として有名なモヤイ像の着ぐるみを被り、赤い携帯電話を耳にあて、開脚して座っているキティである。赤いリボンは着ぐるみの下に隠れている形になっている。おそらく混雑している渋谷駅周辺でよく見受けられる、待ち合わせ相手と会うために、携帯電話によって通話をしている姿であろう。携帯電話が普及し始めた頃から目立ち始めた姿で、その様子と待ち合わせ場所自体であるモヤイ像を組み合わせたデザインである。「渋谷キティ　ハチ公」と「モヤイ」は、パッケージにも１０９が描かれ、渋谷駅周辺の様子が背景とされているのである。

　この両者と趣を異にしたのが「与謝野晶子キティ」（写真３）である。耳には赤いリボン、クリーム色の薔薇が沢山飾られたベージュ色の帽子に、ベージュ色のドレスを着て、真珠の首飾りを身につけ、赤いミュールを履いている。名称から察するに、キティに与謝野晶子をイメージした扮装をさせているのであろう。左手には、与謝野晶子の著作『乱れ髪』を持ち、その本の表には「東京」と書いてある。与謝野晶子は、渋谷を拠点とする東京新詩社の雑誌『明星』を代表する歌人であり、歴史上の人物を使用した「ご当地キティ」の中の一つであると言える。

（3）原宿・表参道のキティ

「原宿キティ」は、キティと双子の妹ミミィが、原宿や明治神宮前の付近でよく目にする、全体的に黒と薔薇を基調としたゴシック・アンド・ロリータ（ゴスロリ）の扮装をしたもので、二〇〇二年二月に製造された。青い目、両耳に青い薔薇の飾り、頭には後ろの髪の毛を全て、細かい縦ロールに巻いた黒髪があり、直立して、黒いブーツを履き、袖の膨らんだ黒いドレスに、三層になったフレアスカートの部分にだけ、金色のラメが入っている。左手には青い薔薇を持ち、その香りを嗅ぐようにして、花を口元に持ってきている。

一方、ミミィは緑色の目、左耳に赤い薔薇の飾りをつけ、頭には前髪を右側に流す髪型にした黒髪があり、透けた金色のラメの入った黒いマントを被り、直立して、黒いブーツを履き、黒いリボンのついた青いシャツ、黒いズボンを着て、左手には赤い薔薇を持ち、顔の横に添えている。男装の麗人のようである。通常、キティにおいては男性にダニエルがいるのだが、あえて双子の妹のミミィと合わせて「原宿キティ・原宿ミミィ」としたのは、ゴスロリが若い女の子を中心としたファッションであるためであろう。

「ご当地キティ」ではなく、「限定キティ」においても、ゴスロリを扱ったキティが見られる。「下妻物語キティ　桃子」「嶽本のばらゴスロリキティ」「嶽本のばらロリータキティ」「嶽本のばらゴスロリキティVOL．2」「嶽本のばらロリータキティVOL．2」「嶽本のばらゴスロリキティVOL．3」「嶽本のばらロリータキティVOL．3」である。これらは、全て『下妻物語』の原作者・嶽本のばらとのコラボレーションで生まれた。この中で、「下妻物語キティ　桃子」は原宿キティのほぼ色違いである。

写真4の「原宿表参道キティ」は二〇〇四年七月に製造された。耳にピンク色の薔薇をつけ、ピンク地にグレーの千鳥格子のノースリーブのワンピースを着て、フューシャピンクのハンドバッグを持ち、ベージュ色のブーツを履いたキティである。「渋谷キティ　ハチ公」でも述べたように、二頭身半に作られている。地理的に近い原宿と同じく、服

写真４　原宿表参道キティ
©1976,2010 SANRIO CO.,LTD,APPROVAL NO.S.

写真５　原宿竹下通りキティ
©1976,2010 SANRIO CO.,LTD,APPROVAL NO.S.

がディテールまで凝ってはいるが、表参道はスタイルの良さ、高級感が演出されている。これは原宿駅周辺と表参道駅周辺のイメージの違いでもある。

「原宿クレープキティ」は二〇〇五年七月に製造された。赤いリボンを耳につけたキティが、苺と一緒に「原宿」と赤い字で書かれたピンク入りのチェックの紙で包まれたクレープの中にいるものである。原宿の竹下通りで売っているクレープは有名であり、地域の名物や特産品を使用した「ご当地キティ」である。

写真５は二〇〇七年八月に製造された「原宿竹下通りキティ」である。「原宿クレープキティ」から、竹下通りを強調して作り直したデザインである。赤いリボンを耳につけ、頭にだけ苺とバナナとクリームのクレープの着ぐるみを被ったキティが、信号機にしがみ付いているものである。信号機の下には「原宿竹下通り」と書かれている。また、目に星が入っている。これは「東京タワーキティ」（東京タワーにカメラを向けて目を輝かせているもの）にも見られ、憧れ・期待感・陶酔感を可愛らしく表現したと考えられるが、「原宿竹下通りキティ」は、それらの感情表現というよりも可

愛らしさの強調であろう。「原宿クレープキティ」の約二年後の改作であり、「原宿クレープキティ」が買い手に支持されたことが推測される。

（4）キティにおける渋谷らしさ

通常の「ご当地キティ」は、体型は二頭身が基本であるが、服のディティールやスタイルの良さを強調する場合には二頭身半、四頭身になる。また、体色は基本的に白であるが、パールがかったもの、クリアタイプのもの、日焼けしたキティというヴァリエーションも存在する。顔の基本は、口は無く、黒い目が二つ、黄色い鼻、顔の両側に猫のヒゲ、左耳に赤いリボンをつけている。目は、瞳に星が入るものや、緑・紫・青などのさまざまなヴァリエーションの色もある。鼻は、ほとんどの場合は黄色であるが、パールやスケルトンの素材で作られる時は、目と同じく、パールがかった紫やピンクになる。リボンは、基本は赤であるが、扮装に合わせて様々な色になったり、ハイビスカスや薔薇といった花に変わったりする。また、着ぐるみを被る場合、着ぐるみの下にリボンの部分が隠れてしまっている場合もある。

このように見ていくと、キティには変化する部分と変化しない部分があり、変化できる部分で渋谷らしさを作り出しているのである。一方の変化しない部分は、キティの「キティ」たる由縁の部分、つまり、キティそのものであり、この場合は、顔、特にヒゲだけである。この変化できる部分から、さらに「ご当地キティ」を大別すると、その「ご当地」の風景を背景として人物等の扮装をしているものと、着ぐるみをかぶって、特産品や建物、観光名所そのものになっているものになる。

しかし、キティだけではその「ご当地」を表現しきれないことがある。その場合は、「ハローキティ」の中の別のキャラクターを使う。二人の場合は双子の妹のミミィと一緒であり、男女の組み合わせが良い場合はボーイフレンドであるダニエルと組み合わされる。これは、飽くまでも組み合わせる必要がある場合にかぎられるのであって、歴史上の人物等で男性を表現する場合は、キティはそれになりきり、ダニエルが代わりに用いられることはない。ただし、北海道の「ラベンダーチャーミー」等では、飼い猫のチャーミーが単独で用いられている。

以上から、渋谷区の「ご当地キティ」の特徴を八点あげることができる。

①ご当地キティ全体の中では、「渋谷」は比較的製造されている種類が多い。

②「渋谷キティ」の体色は全て白であり、瞳には「原宿竹下通りキティ」にのみ星が入り、鼻は全て黄色である。

③「原宿ミミィ」を除いてはキティ自身が素材になっている。

④ハチ公を表現するために犬を連れているものが多い。

⑤「渋谷キティ　モヤイ」「原宿クレープキティ」「原宿竹下通りキティ」以外は、「ご当地」風景を背景に、人物等の扮装をしている。

⑥二〇〇四年の六月~十一月に集中して作られている。

⑦名物がデザインされているものは「原宿クレープキティ」「原宿竹下通りキティ」であり、歴史・伝説等に関わる扮装をしているものは「与謝野晶子キティ」だけで、他は渋谷区を訪れる人々のファッションや待ち合わせ場所がデザインされている。

⑧ファッション、服のディティールやスタイルの良さを強調するものが多い。また、意図的に「時代の最先端」「大流行」「お洒落」といった表象をつけられている。

三　他の区の「ご当地キティ」

（1）台東区のご当地キティ

台東区で一番多い「ご当地キティ」のデザインは、浅草の三社祭に参加している半被姿である。「東京キティ」（水色、青、ピンク、紺、赤、黄、ピンク（青襟））、「浅草キティ」（ピンク、黄、青、緑）、「浅草三社祭キティ」（ピンク、赤）、「浅草江戸前キティ　雷門」の一四体がある。二番目に多いのは、吉原の花魁や芸者、吉原で売られていた浮世絵の中の人物である。「浅草時代姫キティ」（金、銀、淡ピンク、ピンク、赤、黄）、「江戸姫キティ」（青、ＶＯＬ．２赤、ＶＯＬ．２黄、ＶＯＬ．２ピンク）、「浅草芸妓キティ」（ピンク、黒）の一二体がある。三番目は、日本最大のサンバカーニバルのコンテスト、浅草サンバカーニバルで踊る人物である。「浅草サンバカーニバルキティ」（オレンジ、紫、緑、ピンク、水色）の五体がある。他には、「上野パンダキティ」（黒、ピンク、ＶＯＬ．２）の三体、「浅草雷門キティ」（ピンク、水色）二体、さらに「ほおずき市キティ」「御徒町キティ」「鶯谷キティ」「浅草人力車キティ」「合羽橋キティ」「東京キッドキティ」が一体ずつ、計四三体である。

台東区は、東京都で「ご当地キティ」が一番多く製造されている区である。その中でも、浅草三社祭・吉原の花魁・浅草の芸者・雷門・浅草人力車等がデザインに用いられていることが多く、また、和服姿のキティが多い。体色はほとんどが白であるが、「浅草江戸前キティ　雷門」はパールホワイト、「浅草サンバカーニバルキティ」はブラジル人をイメージする茶色である。

また、台東区の「ご当地キティ」は目に特徴のあるものが多い。「浅草時代姫キティ」のシリーズには全て瞳に星が入っており、「江戸姫キティ」のＶＯＬ．２になると、さらにそこに睫毛が加わり、頬が紅潮している。前述したように、このような目は憧れ・期待感・陶酔感を可愛らしく表現したものである。一方、「ほおずき市キティ」と「上野パンダキティ」ＶＯＬ．２は、眠っているようにまぶたを閉じていて、やはりそこにも睫毛が描かれている。このような目である場合は自然物と同化したキティであり、キティに陶酔感が感じられる。

これらを整理すると、渋谷区と同じように、人物の扮装をしているキティと名所・名物の扮装しているキティに分けられる。人物の扮装は、浅草三社祭や浅草サンバカーニバルといった行事の参加者、花魁・芸者や浮世絵の中の人物といった歴史的な存在、浅草の劇場を舞台にして美空ひばりが一三歳の時に出演した映画をイメージした「東京キッドキティ」のような著名人、「御徒町キティ」のような街にいる一般の人の四種類がある。名所・名物には「ほおずき市キティ」「雷門キティ」「浅草人力車キティ」「上野パンダキティ」がある。その他に、「鶯谷キティ」「合羽橋キティ」のように、鶯・河童といった地名から発想した動物の着ぐるみを着た姿もある。

このように、台東区のご当地キティは、キティを本体として、浅草を中心に、上野付近が場所として選ばれ、時代の最先端のファッションではなく、祭りや歴史に関わって、和服を着た「伝統」「江戸」をイメージするものが多いという特徴がある。そして、それらに対するロマン・期待感・陶酔感が表現されているのである。

（２）　豊島区と新宿区の「ご当地キティ」

豊島区では合計一一体の「ご当地キティ」があり、それら全ての体色は白である。その内訳は、「巣鴨かもキティ」「池袋キティ」（ふくろう）、「目白キティ」の三体が、地名から発想された鳥の姿の着ぐるみを着ている。池袋では、土産品の着ぐるみを着た「池袋　鬼子母神キティ」（ススキミミズク）一体と、「乙女ロード」（アニメや同人誌関係の店が多く、それらの愛好家の女性が多く集う）をイメージした「池袋乙女ロードキティ」一体がある。また、「おばあちゃんの原宿」と言われている巣鴨には「巣鴨のおばあちゃんキティ」（長寿、守護、安全、幸福、開運、健康）の六体がある。

これは、豊島区の「ご当地キティ」の中で、唯一の人物等に扮装をしているキティであるが、これのみが、他と目のデザインが異なり、まぶたを閉じて微笑み、黒縁の眼鏡をかけていて、キティの祖母マーガレットと同じデザインになっている。名所・名物に関わる扮装には「池袋　鬼子母神キティ」「池袋乙女ロードキティ」があり、歴史・伝説等に関わる扮装をしているものはない。

このように、豊島区の「ご当地キティ」は池袋・目白・巣鴨を対象としているが、池袋においては、「池袋乙女ロードキティ」のみが繁華街と関係しているものの、地名から発想されたふくろう姿であったり、土産品の姿であったりと、繁華街であることは強調されていない。むしろ、そのような当該地域以外から人が訪れる街として取り上げられているのは巣鴨だと言えよう。

写真６　秋葉原めがねっこキティ

一方の新宿区の「ご当地キティ」は、「早稲田キティ」「東京都庁キティ」「神楽坂キティ」「小田急ロマンスカーキティ」「小田急新型ロマンスカーキティ」「都バスキティ　はろうきてぃ&みんくる」（都営バスのマスコットキャラクター）の、計六体である。白い体色、黒い目、黄色い鼻は全てに共通している。

ここでは、その地域を背景として人物等の扮装をしているものや名所・名物に関係した扮装はない。歴史・伝説等に関わる扮装をしているものとして、黒い羽織と紋付袴を着て昔の早稲田大学の学生を表現している「早稲田キティ」や、芸者の服装をした「神楽坂キティ」がある。新宿区においても、繁華街のイメージは強調されず、現代というより、昔の学生や芸者が題材とされている。また、現代的なものとして取り上げられるのは、都庁や電車といった無機物なのである。

（3）　強調されない繁華街らしさ

台東区・豊島区・新宿区は、いずれも大繁華街を抱えている。しかし、そこにおける「ご当地キティ」は、渋谷のように流行の先端性やファッション性は強調されていない。台東区では、祭りや歴史に関わり、和服を着て、伝統・江戸が表現されているものが多く、上野動物園を題材としたキティは、現代の事物を取り上げてはいるものの、現代性が表現されてはいない。豊島区や新宿区においても、右記のように、繁華街であることは強調されていない。渋谷の「ご当地キティ」と同種のものに「秋葉原めがねっこキティ」（写真6）もあるが、流行の先端性やファッション性は渋谷の「ご当地キティ」の特徴であると言えよう。

四　日常性と非日常性

渋谷区の中で、オフィス街・住宅街・学生街・公園などの千駄ヶ谷・代官山・神泉町・松濤・神山町・南平台町・広尾・代々木・富ヶ谷・上原・宇田川町・円山町・青山・幡ヶ谷・本町・笹塚等では、「ご当地キティ」は製造されていない。これは、流行の最先端、ファッションの街であることを強調しており、「ご当地キティ」の購買層と関係があると推測される。「渋谷キティ」で唯一歴史上の人物がデザインされた「与謝野晶子キティ」に、それがよく表れている。

渋谷を拠点として活動した文学者は数多くいるが、そのほとんどは男性である。そこで、恋をうたった女性として選出されたのが与謝野晶子なのではないだろうか。近年では、女子高生などによって、ヘアスタイルがくずれたときに

「ヨサノる」という言葉も使われており、親近感もわいているようである。これにおいては、与謝野晶子が普段取り上げられる和服姿ではなく、ドレスと花飾りのついた派手な帽子、真珠の首飾りを身に着け、小道具として『乱れ髪』の本を持たされ、知的かつ可愛らしく演出されているのである。

また、名物がデザイン化された渋谷区の「ご当地キティ」は、「原宿クレープキティ」「原宿竹下通りキティ」だけであり、後者は前者の改良版と考えられるが、原宿とクレープという要素は踏襲されている。これは、クレープを食べる層、その近辺で買い物をする年代、クレープを「可愛い」と感じる層が「ご当地キティ」の購買層であることを示唆している。これらのことから、渋谷の「ご当地キティ」は、購買層である若い女性の持つ「渋谷」のイメージに合致する点が多い、あるいは、完全に合致せずとも、可愛いというイメージがくずれないようにデザイン化されたものであるということがわかる。したがって、この場合の「渋谷らしさ」とは、購買層の認識が意識されているのであり、ファッションの街として現実に存在する場所がデザインに取り上げられているのである。

このことは、キティの体色からも推測される。渋谷以外では、たとえば、パールがかった体色の場合は植物や雪といった幻想的な自然物と同化したものが多い。同様に、海の生き物（「クリオネキティ」等）や天使、妖精をイメージしている場合は、透明の体色、クリアタイプのものが多い。また、日焼けしたキティのほとんどは、サーフィン等の海辺がイメージされている。「浅草サンバカーニバルキティ」のような例でも、実際の浅草のサンバカーニバルに参加している人の肌というより、ブラジル人がイメージされて、日に焼けた肌の色になっている。

しかし、「渋谷キティ」の体色は全て白であり、目は黒、鼻は黄色と、ほぼ基本形なのである。体色が白であるということは、多くの場合、自然物との同化、すなわち、幻想的である必要がないことを示している。渋谷は買い物をしに行く実在する都会でなければならない。鼻の色は体色に合わせて変化する場合がほとんどなので、体色が全て白ならば、鼻の色は全て黄色である。目のデザインにおいても、渋谷に対する憧れ・期待感・陶酔感ではなく、日常であることが表現されている。また、「渋谷キティ　モヤイ」「原宿クレープキティ」「原宿竹下通りキティ」以外は、その地域を背景として人物等の扮装をしているものであるというのも、ハチ公やモヤイ像といった現実によく使われる待ち合わせ場所が取り上げられるのも、そのためである。その一方で、「与謝野晶子キティ」のように、購買層がいだく渋谷に対する興味と多少外れるものでは、可愛らしさが強調されているのである。

したがって、ファッション性、とりわけ服のディティールやスタイルの良さを強調するものが必然的に多くなっていくのである。渋谷区の「ご当地キティ」を見るだけでも、渋谷駅周辺、原宿、表参道などの場所によって系統の違うファッションが存在することがわかる。さまざまなファッションの発信地であることが、渋谷区の特徴になっているのである。

これは、右記のような日常の表現だけではなく、虚構性の強い「渋谷キティ物語」においても確認できる。宇宙服やUFOで近未来・時代の最先端を、インラインスケートやスクーターでファッション性が強調されているのである。現実の渋谷には、おそらくUFOはいない。また、インラインスケートを履いたウエイトレスを見ることはないし、ベスパやランブレッタのようなスクーターが渋谷周辺を目立つほどには走っていない。この点が台東区・豊島区・新宿区などの大繁華街のある地域と一線を画す点である。渋谷は、非現実的に流行の最先端性とファッション性が強調されつつも、その一方で、それらは日常的な現実なのである。

参考文献等

『ハローキティBOXご当地キティ完全カタログ』（限定キティ保護者会編、講談社、二〇〇五年十二月発行）

『ハローキティBOXご当地キティ完全カタログ 通常版』（限定キティ保護者会編、講談社、二〇〇五年十二月発行）

『ハローキティBOX〈2〉限定キティパーティブック』（限定キティ保護者会編、講談社、二〇〇六年十二月発行）

フリー百科事典『ウィキペディア（Wikipedia）』（http://ja.wikipedia.org/wiki/）

ご当地キティ　あすなろ舎　子猫屋　website（http://gotochikitty.com/）

なお、本稿の執筆にあたっては、「株式会社サンリオ」「株式会社あるなろ舎」には格別のご配慮をいただいた。記して感謝の意を表わす。

第四節　渋谷の地名認識

長野　隆之

一　目的と調査方法

民俗学による「都市」の概念規定はともかくも、それに空間的側面と文化的側面のあることは認めてもよいであろう。これは、「都市」の概念規定という抽象的レベルのみならず、具体的に一地域を取り上げる際にも認められることである。

渋谷の民俗誌を作成することを目的に、一九九九年から活動をはじめた渋谷研究会において、その活動当初からの疑問がそのままに残されているものも数多くある。そのうちの一つに、「渋谷」とは何なのか、「渋谷」とはどこなのか、という問題である。今や「渋谷」は日本を代表する「都市」であり、盛り場である。したがって、一度もここを訪れたことがなくとも、この地名から、何かを想起することのできる人は少なくないであろう。しかし、それが同時に、一地域としての「渋谷」の把握を困難にさせている要因にもなっているのである。

確かに、東京都渋谷区や渋谷一～四丁目といった、地図上にはっきりと線を引くことのできる行政区分としての渋谷はある。しかし、これをもって「渋谷」を確定することはできない。渋カジ・シブヤ系音楽・シブヤ系映画などの文化概念としてのシブヤをあげることができようし、また、空間概念としても、盛り場としての「渋谷」は、行政区分としての渋谷とすべてにおいて重なるとは考えられないのである。

　渋谷で遊んでないなんて、地方ってカンジ。東京近辺に住んでて、渋谷に来ていないコなんていないんじゃないの。今の中・高校生なら、みんな渋谷で遊ぶでしょ。遊ばなくても、洋服とか買いにきてるだろーし。なんとなく渋谷は遊ぶとこだって、子どもン時から思っちゃってた。これって全然特別なことじゃないよ。

これは、「終電もなくなった平日の深夜一時頃」、渋谷の「センター街にあるゲームセンター近くの道端に座り込んで、大声で笑い合いながら話に興じていた」一九九二年当時に「私立女子高校に通う十五歳」のN子の言葉である。(1)彼女の言葉からすると、彼女は「渋谷」にいたのであろうし、インタビュアーも「渋谷」にいたコに声をかけたのであろう。そう考えるならば、少なくともこの場合の「渋谷」はセンター街付近が範囲に含まれていることになる。

　現在、テレビ番組で現代的若者に意見を聞くときに街頭インタビューがなされる場所は、ハチ公前や１０９、センター街周辺などの道玄坂付近がほとんどである。ここは、平日の昼間から、私服・制服を問わず、たくさんの若者たちが徘徊しており、この周辺こそ「遊ぶとこ」としての「渋谷」であるという印象を受ける。この状況は、そこから渋谷駅を挟んで東側の渋谷一～四丁目と対照的である。つまり、「渋谷」は行政区分としての渋谷と隣接してはいるが、ほとんど重っていないように見受けられるのである。しかし、これだけでは筆者の印象の域を出ることはできない。本節の目的は、このような地図上に線引きされていない「渋谷」とはどこなのかを考察することにある。

　そこで、「渋谷○○」「○○渋谷」などの形で、名称に「渋谷（しぶや・シブヤ・SHIBUYA）」をもつ店・企業、ならびに「渋谷支店」「渋谷校」「渋谷営業所」という支店・営業所などのある位置に着目した。上記のN子の言う「渋谷」は明確ではないが、どこを示しているのかが、まったく不明というわけでもない。「渋谷」と言ったときに、話し手と聞き手の間に共通の認識はあるはずである。ただ、一般の生活において、その範囲を明確にしなければならない場面に出会うことはほとんどなく、それは漠然としたままなのである。しかし、「店」[2]名に「渋谷」を用いようとしたとき、そこが「渋谷」と言ってよいか否か、その理由とともに意識されるはずであり、あまりにかけ離れた位置にある地名を看板にすることはほとんどないと考えられるのである。

　ただし、こういった「店」名に着目する方法には限界がある。「店」のある場所はかぎられているということである。空き地には存在しないし、一戸建て中心の住宅街にもほとんどないであろう。これは、飽くまで盛り場としての「渋谷」を空間的に規定するための方法なのである。

　また、これらを取り出すために用いた資料の問題もある。今回は渋谷区内については『ハローページ　東京都渋谷区版』（NTT番号情報株式会社編　東日本電信電話株式会社　二〇〇一年三月）、渋谷区に隣接する新宿区・中野区・杉並区・世田谷区・目黒区・品川区・港区は、NTT東京のホームページ内にある「インターネットタウンページ」で「しぶや」をキーワードとして検索したが、すべての「店」が電話番号をこれに掲載するわけではない。その意味では、本節で浮かび上がらせる「渋谷」は目安にすぎないと言えるだろう。

　しかし、本節は「渋谷」を民俗学的に把握し、民俗誌を作成するための一通過点であって、到達点ではない。したがって、本節では、今後民俗誌を作成するための作業仮説として、以上の方法と問題意識によって作製した渋谷の地図の提示、ならびに、それに対する若干の考察を行なうこととする。なお、本節で用いた方法には、他にも問題点があるが、それらは、以降、その都度、説明を加えていく。

二　「店」から見た「渋谷」の範囲

本節では、「渋谷」の下位区分に相当する町名、例えば、「渋谷道玄坂店」といった場合も「渋谷」の範囲内に入れている。ただし、「道玄坂」は渋谷において有名な地名ではあるが、単に「道玄坂店」といった場合には、そこに「渋谷」の意識が含まれているか判断が困難であるため、考察を別にした。また、名称に「渋谷区」が用いられている「店」も地図上からは除外した。「渋谷区」の場合には、区という単位で範囲があらかじめ限定されており、「渋谷」とはレベルが異なると考えたためである。

「渋谷」を名のる「店」名を見ていくと、その意味が一様ではないことに気づかされる。大別すると二つである。まず、「店」の位置を示すため、というのをあげることができ、これがほとんどを占めている。この場合には、

①「渋谷」・「しぶや」・「シブヤ」

②「渋谷区」＋地名（道玄坂・宇田川町などの町名）

③「渋谷」＋地名（道玄坂・宇田川町などの町名）

④「渋谷」＋位置・方角（東西南北・中・中央など）

⑤「渋谷」＋道路名・商店街名（渋谷センター街店・渋谷246店など）

⑥「渋谷」＋橋名（渋谷並木橋店など）

⑦「渋谷」＋建造物名（渋谷プライム店など）

⑧「渋谷駅」＋「前」・出入口名（渋谷駅前店・渋谷駅ハチ公口店など）

がある。②は公的機関に多い。③～⑧は郵便局・新聞販売所・コンビニエンスストア・フランチャイズチェーン店など、

狭い地域に同一の名称をもつ「店」が、他との区別するために細かく地名を用いている例が多い。

ただし、④においては、「店」が独自の地域区分をもっている場合がある。「渋谷中央」というときに、位置的に渋谷区の中央でも「渋谷」の中央でもなく、一見すると何が中央なのか判断がつかない例があった。これが、大別した「渋谷」の「店」名のもつ意味の二つ目である。すなわち、地名が「店」の所在地のみならず、空間的な広がりをもって使用され、しかも、その範囲が現実の地名とズレている場合があるのである。

例えば、明治二十二年（一八八九）に、現在の渋谷区内には渋谷、代々幡、千駄ヶ谷の各村が成立した。その範囲は現在の警察署の所轄となっており、この場合の渋谷・代々木・原宿の各警察署がそれぞれの旧村の範囲を意味するのであり、その範囲は現在の一般的な認識と異なるのである。

警察署だけではなく、民間の「店」には、渋谷区外に「渋谷店」を置いているものもある。例えば、保険会社は営業上の理由からか、「渋谷」が「店」のある場所を意味していないことが多い。「渋谷支社」の下に、渋谷区を越えて、営業所が広範囲に位置しており、世田谷・三軒茶屋・下北沢・奥沢・成城・二子玉川・目黒・都立大・祐天寺・自由が丘・青山のすべてを、「渋谷支社」が統括している保険会社も認められる。これらも名称上は「渋谷」なのである。また、渋谷区外の「渋谷店」という意味では、運送業や家庭教師派遣業など、客が直接店舗に訪れずに電話で応対する業種もいくつかあった。

したがって、ドットを単純に落としただけでは「渋谷」の範囲は拡散してしまうため、密集度も考慮することにした。小さいドットから大きいドットに向かって順に、一件、二～五件、六～九件、一〇～一九件、二〇件以上の五段階に設定をした。

一件というドットを設けたのは、盛り場としての「渋谷」とは関わりなくある「しぶや店」、すなわち、渋谷という苗字が「店」名に使われている場合などが想定され、それを避けるために設けた。一〇～一九件、二〇件以上は、地

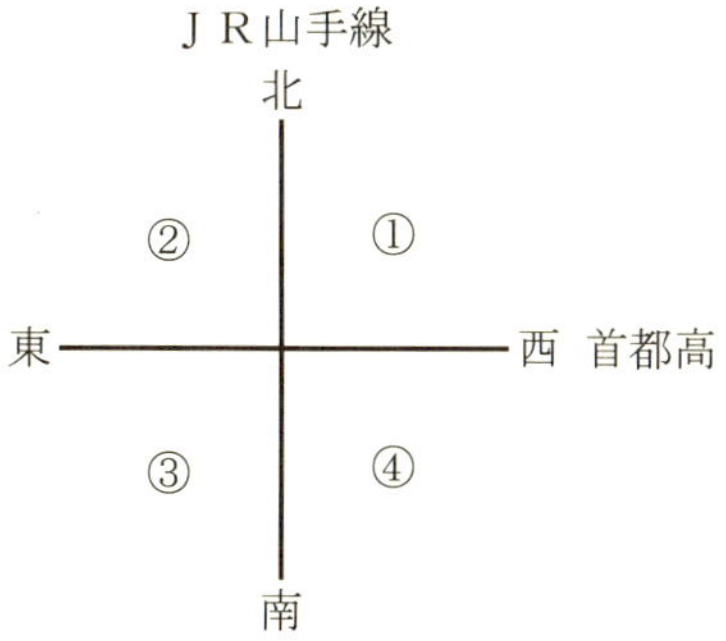

モデル図

図で確認してみると、ビル内に「店」が入っているものであり、ドットの大きさで区別するようにした。二～五件、六～九件は、ビル内の「店」とビル外の「店」が混在しているが、密集度を表す意味においては、二件と九件では大きく異なるため、このように設定した。また、ドットを落とす際に、住所の枝番単位で落としていくと非常に煩雑になるため、それは切り捨て、番地ごとに「店」の数をまとめた。以上から作製したのが地図2である。

このドットが示す圏域は、渋谷駅を中心に見ると、モデル図[3]の②（道玄坂方面）がもっとも面積的に広く、また、密度も濃い。モデル図の②③（桜丘方面）は①（宮益坂方面）④（東方面）と比較して、東西にも南北にも狭い。この駅をはさんだ東西における範囲の大きさの違いは、渋谷区の都市計画によるものと考えられる。地図に示した駅周辺にあるドットの範囲は、渋谷区が設定した商業地域とほぼ一致しているのである。

渋谷区内の商業地域は、いくつかの幹線道路沿いを除けば、この渋谷駅周辺を含めて、新宿駅南口・代々木駅周辺と恵比寿駅周辺の三カ所である。同じ渋谷区内にあっても、新宿駅南口・代々木駅周辺と恵比寿駅周辺には、「渋谷店」は点在しているにすぎない。したがって、「店」名から見た「渋谷」は、渋谷駅周辺の商業地域としてよいであろう。ただし、山手線を挟んだ東西、ならびに、首都高速道路を挟んだ南北では、明らかに密度に濃淡が認められ、地図2で示した範囲内のすべてが「渋谷」であることにはならない可能性を残している。

地図１　渋谷区

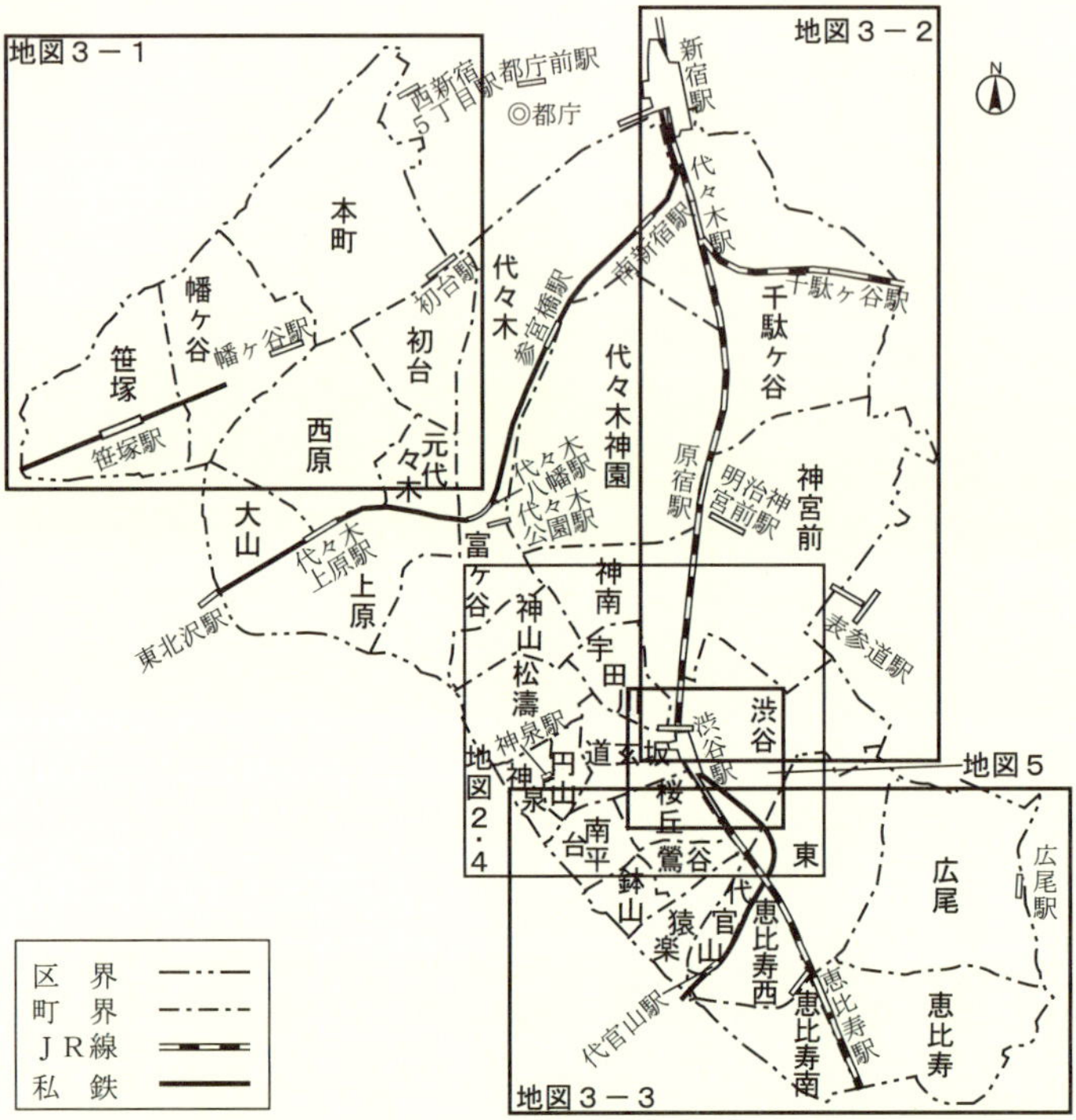

地図２　渋谷駅周辺「渋谷店」分布図

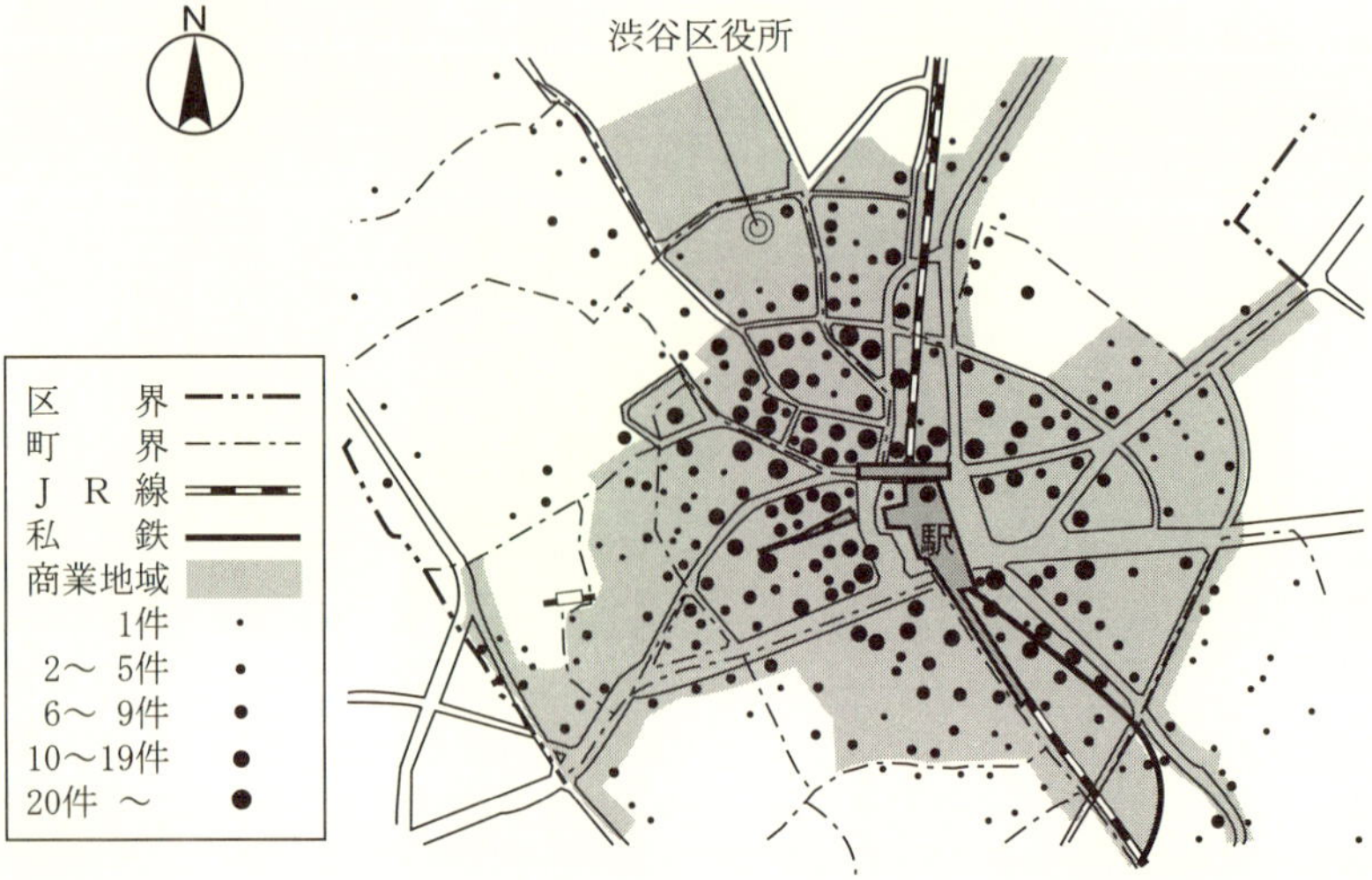

三　「タウン」の認識

ムラの場合、初めて訪れた場所でも、家と家との疎密が比較的はっきりしているため、集落を景観から判断することは容易であるが、都市は建物が切れ目なくあり、住居表示でもなければ、判断が難しい。新宿駅南口付近は、行政的には渋谷区代々木、あるいは渋谷区千駄ヶ谷であるにもかかわらず、「新宿」とも認識されている。ここだけではなく、新宿区と境を接する渋谷区の北側には、「新宿店」が散在している。このあたりでは、買い物や遊びに行くのは「新宿」であり、「渋谷」よりも関係が密である。これは住民だけではない。例えば、初台に勤務している人たちも、身近なマチは「新宿」である。また、小田急線を利用して、新宿にある新都庁付近に通う人たちにとっては、代々木四丁目の参宮橋も最寄り駅の一つであり、その周辺も「新宿」圏内なのである。これは、地名を認識するにあたって、それを認識させるものが、住所といった行政的区分のみによらず、駅や都庁などがランドマークになっているということである。

地図３－１は、京王線沿線であり、この辺りは住宅地が大部分を占めている。「渋谷」の範囲を見たときと同じように「店」名からドットを落とし、その外枠を地図に書いた。ただし、この場合は、サンプル数が少ないため、一件しかなくとも、範囲を決める際には切り捨てなかった。「渋谷」が、行政区分、盛り場、文化概念として用いられ、その範囲が地名認識に拠らないことも想定しうるのに対して、地図３－１に取り上げた地名は、そこの地名認識から逸脱していないのである。

西から順に見ていくと、「笹塚」において笹塚から幡ヶ谷へ突出しているところを除けば、渋谷区においては、住所と「店」名はほぼ一致していると言えよう。すなわち、「笹塚」は笹塚なのである。同様に、「幡ヶ谷」は幡ヶ谷であり、「初台」は初台なのであるが、「幡ヶ谷」は西原と本町五、六丁目に、「初台」は本町一、二丁目に越境している。これ

地図３－１　「笹塚」「幡ヶ谷」「初台」「本町」「西原」範囲図

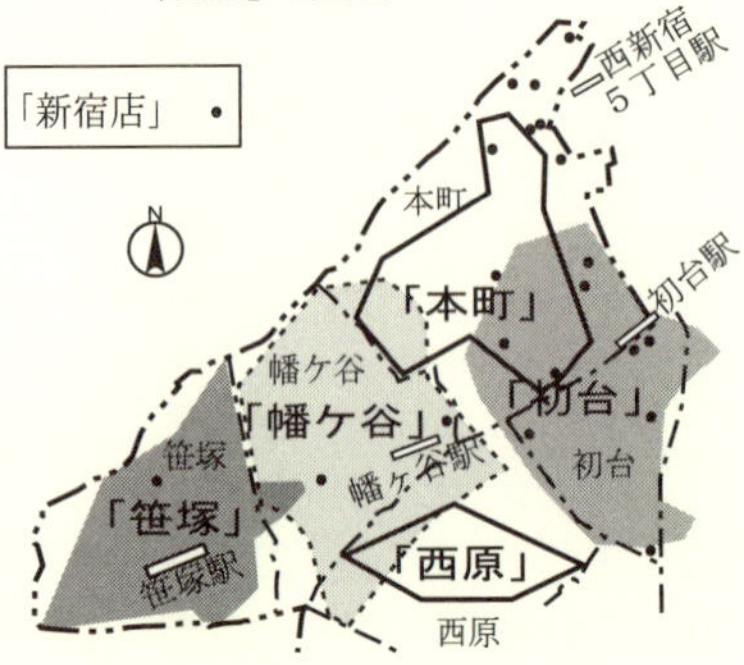

地図３－２　「千駄ヶ谷」「原宿」「表参道」範囲図

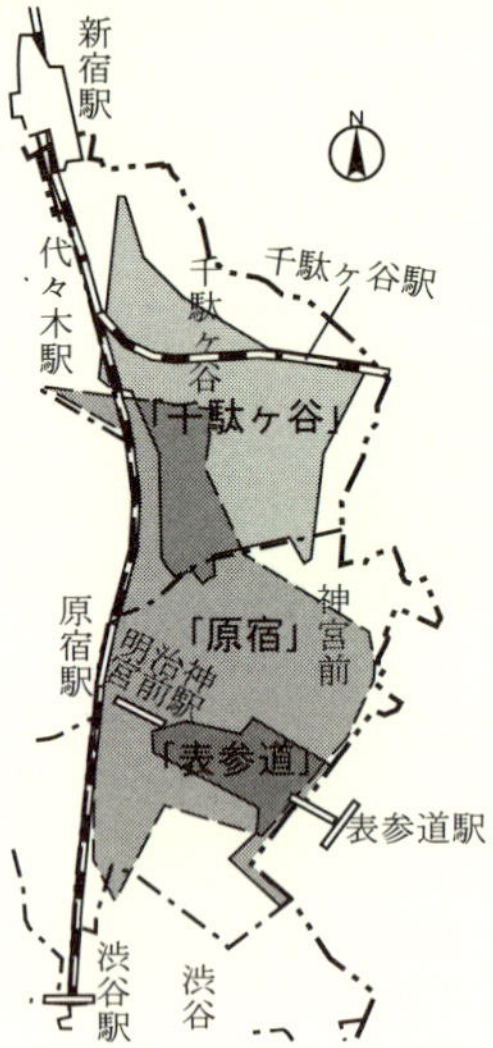

地図３－３　「代官山」「恵比寿」「広尾」範囲図

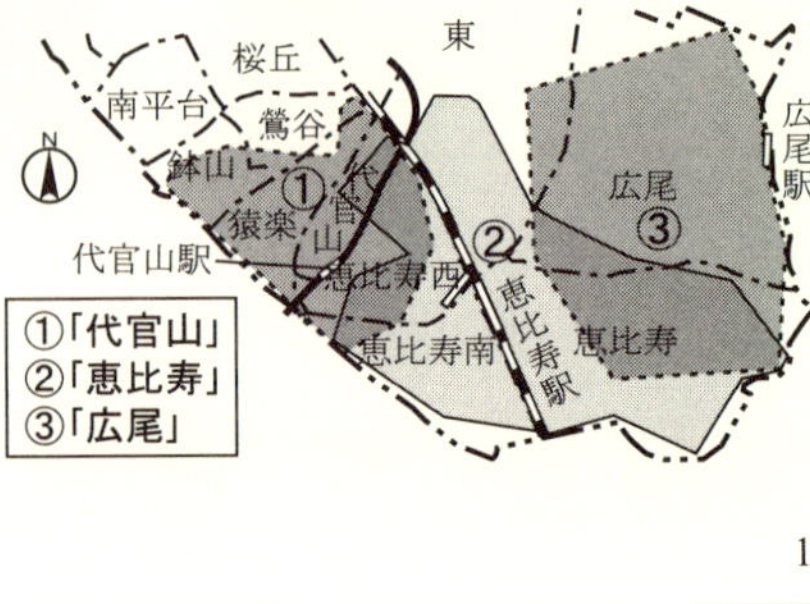

については、西原と本町それぞれに「西原店」「本町店」も認められるものの、住所と同じ名称の駅がないためであり、駅をランドマークとした認識と混在していると言えよう。地図３－１には「新宿店」が点在しているが、比較的本町の北に集中しているのは、都営地下鉄大江戸線の西新宿五丁目駅に由来していると考えられるのである。

これらの地域では、住所に基づく地名認識と駅名に基づく地名認識が混在してはいるが、住所同士、ならびに、駅名同士は、ほぼ越境することがない。そして、それらの境界となっているのは、笹塚と幡ヶ谷の間、西原と初台の間というように、行政区分に基づいているのであり、こういった傾向は、代々木公園の西側、すなわち、住宅街が大部分を占めている地域に見られるのである。

ただし、地図に載せてはいないが、同じ代々木公園の西側には、広い範囲で「代々木」が分布している。これは、

地図４　「ストリート」範囲図

代々木一～五丁目・元代々木町という行政区分、広大な敷地をもつ代々木公園、あるいは、代々木八幡・代々木上原・代々木公園の各駅が広範囲にわたってあることが要因と考えられる。いずれにしても、地図３－１の渋谷区北側の住宅地域と、地名認識の際の論理に異同はない。この意味では千駄ヶ谷も同様である。

一方、渋谷区の残りの地域に目を転ずると状況は一変する。「原宿」「表参道」「広尾」「恵比寿」「代官山」は、駅をランドマークとしている点では「笹塚」「幡ヶ谷」「初台」と同じである。しかし、「原宿」「表参道」「広尾」「恵比寿」「代官山」それぞれが、行政区分を逸脱し、なおかつ、隣接するそれらと重なり合っているのである。これらの地域は、渋谷区の都市計画上は商業地域ではないが、「遊ぶとこ」であり、「洋服とか買いに」来る「タウン」としてマス・メディアに頻繁に取り上げられる地域である。

なお、ここにおける「タウン」は術語として使用している。同類の語に「マチ」があるが、これには「ムラ」の対概念という側面がある。また、「盛り場」も類語であるが、すでにある種のイメージが付帯している。たとえば、倉石忠彦は、都市を行動モデルから、居住地空間・職域空間・盛り場空間・文化空間・境界空間の五種類に整理し、さらにそれらを結ぶ空間として移動空間を設定している。この場合の空間は、居住地ならば家、職域空間ならば会社などの勤め先のある空間をイメージしている。[4]「タウン」はこれらのモデルと異なり、倉石の設定した六種類の空間すべてが存在しうる可能性があり、なおかつ、その存在自体が人を惹きつける「マチ」なのである。そして、それを本節の主旨にそって換言するならば、ランドマークの名称が行政区分を越えて認識される地名の範囲ということになる。こういった「タウン」は、ランドマークを中心に、隣接する「タウン」を越境し、他の「タウン」とせめぎ合うことによって境界を曖昧にし、地名の認識を重層的にしていくのである。

これは、上記においては、駅がランドマークとなっているのだが、渋谷区には、行政上の名称が「タウン」化している地域が一カ所だけある。住宅地であるところの「松濤」である（地図4）。戸塚ひろみの「キリンのいる街」[5]によって、民俗学でも有名なこの高級住宅街は、「渋谷」に飲み込まれることなく、その範囲を広げているのである。

四　「ストリート」と「駅前」――「タウン」の下位概念

本節二項で、「渋谷」を名のる「店」名の意味の一様ではないことは述べた。その際に「渋谷」を名のらない「渋谷」内の地名は保留にしていた。それを示したものが地図4である。ここにおいても、渋谷区の「タウン」を見てきたときと同様に、住所から逸脱しない地名と、住所から逸脱する地名、ならびに、住所にはない地名の認識が認められる。

そのうち、後二者には、公園通り・センター街・文化村通り・道玄坂・宮益坂がある。これらは名称として単独で用いられるだけではなく、それぞれ「渋谷公園通り」「渋谷センター街」などというように、「渋谷」＋地名、「渋谷」＋道路名・商店街名という形が併存している。また、すべてが空間的に地図2の「渋谷」内におさまっている。したがって、「渋谷」の下位に位置する地名認識と考えられるのである。

道玄坂は町名であり、センター街は商店街の名前であるが、公園通り・文化村通り・宮益坂と同じように、通りの名称としても認知されているため、本節では、便宜的にこれらを「ストリート」と総称する。同じものは、「原宿」においても「竹下通り」が認められる。

この「ストリート」の中には、通りに名前を付けることによって、ストリート・アイデンティティを高めるという企業や街作りにおける戦略があるにせよ、地図4で確認できるように、認識される地名としても機能している。そして、「ストリート」として認識されている地域は、「渋谷店」の密度の濃い地域とほぼ重なり、「店」名の分布から見ると、もっとも「渋谷」が意識されている地域は、同時に「ストリート」としても認識されているのである。

一方で、その渋谷駅を挟んだ東側にある地域は、「宮益坂」駅にごく近い地域を除けば、「渋谷店」の分布の密度が薄い。このことは、「青山」を地図上で確認すると、その要因の一端が見えてこよう。現在では、青山は港区の地名であるが、一九三二年の渋谷区成立以前は、現在の渋谷区に属する神宮前五丁目や渋谷四丁目の一部は、それぞれ青山北町七丁目と青山南町七丁目であった。その辺りには、いまも青山子どもの城や青山学院大学があり、「青山」の認識を残している。しかし、「青山店」を地図に落としてみると、山手線のすぐ東側まで「青山」と認識されていることがわかる。渋谷区において、唯一住所においても渋谷とされている付近は「青山」が混在しているのである。つまり、渋谷駅東側は、「渋谷店」の密度、「タウン」の重層性の両面において、「渋谷」である認識が西側に比べて希薄であると言えよう。

このように、渋谷駅はランドマークとして機能し、「渋谷」の中心になっている一方で、「渋谷」の東西を分割するその空間的境界にもなっており、これは「店」名にもあらわれている。渋谷駅の周辺には、渋谷駅前・東口・南口・新南口・北口・ハチ公口を名称に用いている「店」がある。それを地図に落としたものが地図5である。ここからわかるように、「渋谷駅前」はほぼ駅の西側を示しており、出入り口と同じ名称をもつ「店」名は、位置的にも対応している。

地図５　「駅前」と「青山店」

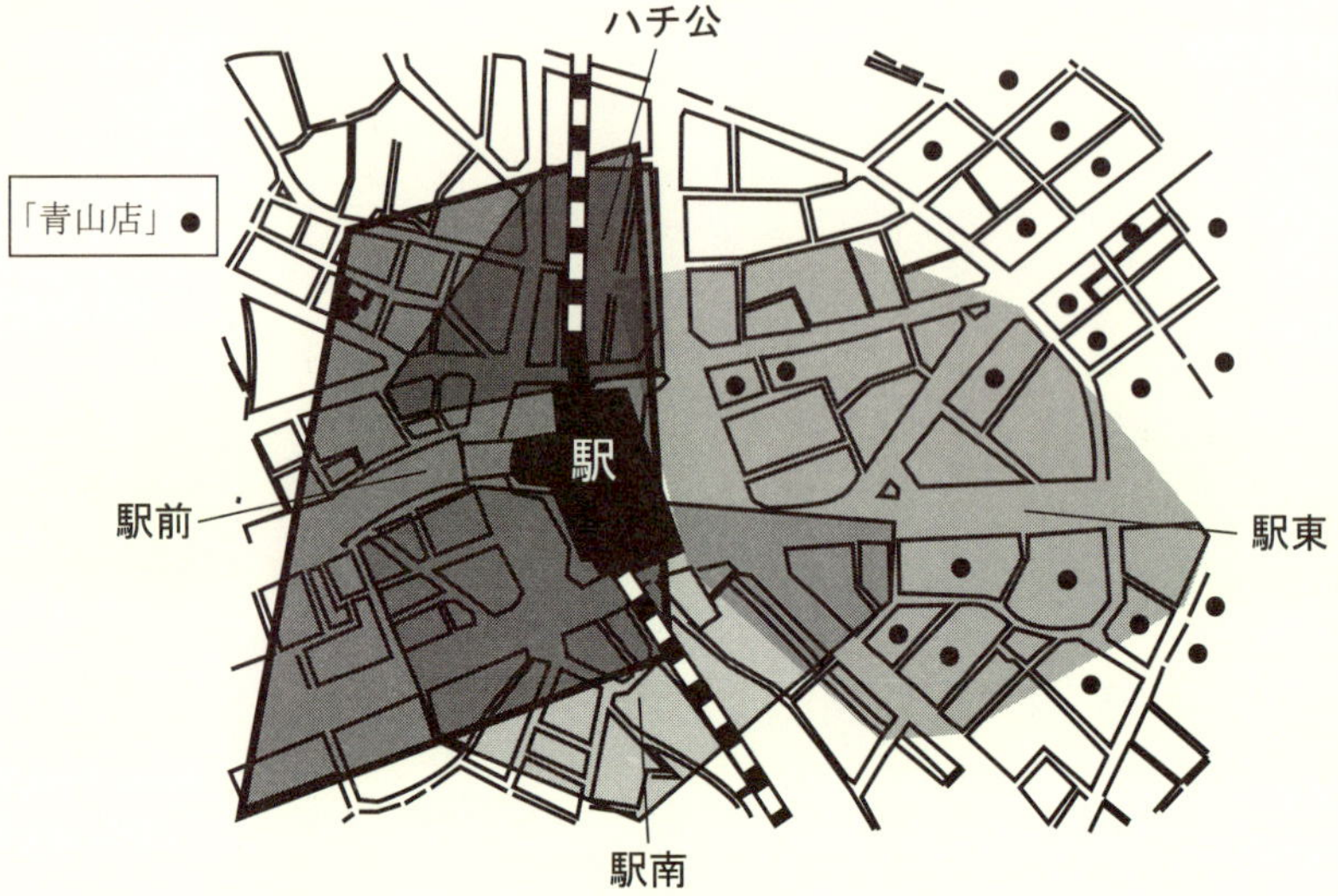

その中にあって、「渋谷駅東口店」は、駅の東側の「渋谷店」の希薄な地域とかなりの部分で重なっており、この辺りが「駅前」ではなく、「渋谷」であると同時に「渋谷駅東」であることがわかる。

つまり、「渋谷」だけに限定して空間認識を見た場合、行政区分としての渋谷区・渋谷一～四丁目があり、その他に、渋谷駅をランドマークとした「タウン」としての「渋谷」、さらにその下位概念である「ストリート」があり、「ストリート」の集合体としての「渋谷」が認められる。駅の東側は、分布上これらが希薄であり、「渋谷」であると同時に、「渋谷駅東」であり、「青山」であるとも認識されているのである。「渋谷」内にもいくつかの「渋谷」が重層的に存在しているのである。そして、それらは重なり合い、また、他の「タウン」との関係性の中で、境界が決められ、あるいは、境界がぼかされていくのである。

こういった状況は「原宿」と「渋谷」の関係に見ることができる。地図に載せてはいないが、渋谷区内の山手線の駅である新宿・代々木・恵比寿は、渋谷駅と同様に、駅の西側、すなわち、山手線の外側に「駅前」がある。[6] しかし、原宿駅だけはその東側にあり、なおかつ、「駅前店」は一件しか認められない。原宿駅の西側は明治神宮と代々木公園がある。ここからすると、西側に「タウン」を形成することができず、原宿駅は「駅前」という意識をもった空間が、ほとんど形成されなかったと考えられるのである。この「原宿」を明治神宮と代々木公園が押さえこんでいることは、さらなる「原宿」の形成に影響を及ぼし、西に延びていけない分が南北にはみ出し、「原宿」の北側にある「タウン」の認識が希薄である「千駄ヶ谷」と、南側にある「渋谷駅東」を浸食していったと見ることができるのである。

以上、「渋谷」とはどこなのかという問いを契機に、住所などにあらわれる行政区分としての渋谷とは異なった空間認識を見てきた。その中には、「タウン」「ストリート」「駅前」があり、これらは重層的に存在し、その関係性の中で形成されていると推論した。

冒頭で述べたように、本節は「渋谷」の民俗誌を作成するための作業仮説を提示したにすぎない。資料を電話帳に限定し、聞き書きにはまったく依拠していない。地名の認識は、世代差やインフォーマントの生活してきた環境によっても異なってくると考えられ、資料の補充の方法によって、まったく異なる範囲が作り出される可能性もある。

また、その一方で、本節と同じ方法をもって考察を進めていくことも可能である。たとえば「恵比寿」は、ガーデンプレイスが現在の「タウン」形成に大きな影響を及ぼしている。したがって、それ以前とは「恵比寿」の範囲に変化のあったことが推測され、資料を時間的にさかのぼってサンプリングすることによって、渋谷区内における「タウン」の範囲の動態を明らかにしていくことのできる可能性をもっているのである。

註

(1)　田島麻名生「渋谷の夜は誘惑と冒険のディズニーランド!」石井慎二編『あぶない少女たち』(別冊宝島158)ＪＩＣＣ出版局　一九九二年　九五頁

（2）店・企業・支店・企業など、以下、煩雑さをさけるため、便宜的に総称として「店」と呼称するが、ここにおいては業種は問わない。したがって、区役所、および区の施設の他、事務所や病院など、通常は「店」と呼ばない業種もすべて含めている。

（3）車塚洋が作成したモデル図（本書二一頁）とほぼ同じで、ＪＲ山手線の線路と首都高速が渋谷を空間的に分離しているという印象が強い。

（4）倉石忠彦『民俗都市の人びと』吉川弘文館　一九九七年　七〇―七四頁

（5）戸塚ひろみ「キリンのいる街」　岩本通弥・倉石忠彦・小林忠雄編『都市民俗学へのいざない　Ⅰ　混沌と生成』雄山閣出版　一九八九年

（6）この視点は倉石忠彦氏にご教示いただいた。

第三章　渋谷の光と影

第一節　渋谷の色

―都市の色と四季の色―

倉石　美都

一　調査方法及び資料

人は季節をどのように感じるのだろうか。それは、気温であり、天気であり、暦の上の変化であるかもしれない。ハウスで作る食べ物が出回っている今、夏の野菜、春や秋の果物が食卓に上ることで季節を感じることも少なくなっている。しかし、外出した時に天気や気温以外で季節を感じることがある。半袖の人が増えてきた、明るい色の服を着る人が増えてきた、と夏を感じたり、冬の初めにもうマフラーが必要か、もう厚めのコートを着ている人がいる、それほど寒くなってきたのかなど、道行く人の服装で季節を感じたりすることがある。また、そこには暖かそうな色、涼しそうな色というイメージからの感覚も入ってくる。

ファッションが季節を表す役割の一端を担っているように、もしもファッションにある傾向があるとしたら、人の多く集まる場所の色を決める役割ももっていると考えられないだろうか。海辺の色が青いように、山の色が緑のように、その場に多くある色がその場の色を決めるなら、そこに集まる人を個人としてみるのではなく、塊としてみた時に、その場の色を決める要素として考えることが可能ではないか。ここではそうした観点から渋谷をみてみたい。

調査方法としては、渋谷駅の井の頭線改札出口、セルリアンタワーのエレベーター下、東急プラザ前を撮影した写真資料を使った。東急プラザのショーウィンドーも参考資料として使用した。

特に初夏と初冬のセルリアンタワーのエレベーター下からハチ公前交差点にかけての歩道を定点観測した写真資料を用い、そこに写っている服装の色を中心にまとめ、撮影時期と照らし合わせ分析した。

色は、黒、白・クリーム色、グレー、青、水色、赤、ピンク、オレンジ、茶、ベージュ、緑、黄色(黄緑)、カーキ色、ジーンズ、その他の一六種類に分類した。その他には、単色として分類しにくい色、柄物などを分類した。

定点観測した写真の画面に写っている人の数と、それぞれの色の人数で比率を出し、比較した。

今回使用する資料は、二〇〇六年五月から二〇〇七年十二月にかけて行った定点観測による。セルリアンタワーのエレベーターの下からハチ公前交差点にかけての歩道を地点A、井の頭線改札出口を地点B、東急プラザ前を地点Cと表記する。

二　分析

調査の結果を表に表した。表1~3は写真に写っているそれぞれの色の数、表4~6は全体の数に対する色の比率を示している。また、表1、4は地点A、表2、5は地点B、表3、6は地点Cの数と比率を表す表である。

表1　地点Aにおける色別の数

日時	2006年5月22日	5月25日	6月8日	6月22日	10月19日	11月9日	11月16日	11月30日	12月7日	12月14日	2007年1月18日	4月12日	4月26日	11月8日	12月20日
場所	上														
合計	90	121	43	38	70	61	45	65	45	93	58	59	70	42	77
黒	23	50	17	15	24	39	14	47	29	57	34	22	20	16	35
白・クリーム	23	46	19	18	15	13	4	5	8	3	5	11	12	2	6
グレー	0	12	3	6	1	2	4	0	2	9	3	3	5	1	3
青	2	6	2	3	2	3	0	5	1	1	2	2	2	1	1
水色	0	3	0	3	1	1	0	0	1	0	0	1	2	0	0
赤	0	7	1	0	0	0	2	0	1	3	1	0	2	0	1
ピンク	1	2	3	4	0	0	0	0	0	0	0	1	3	0	0
オレンジ	0	2	3	0	0	2	1	0	0	1	3	1	2	0	5
茶	0	2	0	0	2	3	3	0	6	0	0	1	3	3	4
ベージュ	0	12	1	2	2	1	2	2	4	11	3	2	1	2	1
緑	0	0	0	0	0	1	0	0	0	1	12	0	1	0	0
黄緑/黄	1	1	0	1	4	0	0	1	1	0	0	0	0	0	0
カーキ	2	2	1	0	0	0	0	0	0	1	1	0	1	0	0
紫	0	0	0	0	0	1	1	1	0	0	2	0	0	0	0
ジーンズ	0	0	0	0	8	14	4	7	5	7	0	11	9	5	9
その他	2	23	11	13	2	0	1	1	0	2	6	2	2	1	0

表2　地点Bにおける色別の数

日時	2006年11月9日	11月16日	11月30日	12月7日	12月14日	2007年1月18日	4月12日	4月26日	11月8日	12月20日
場所	改札前									
合計	59	46	63	46	48	62	51	42	51	77
黒	18	13	22	24	16	41	26	9	19	25
白・クリーム	3	5	9	6	2	4	8	15	7	6
グレー	2	4	3	3	4	5	4	2	1	3
青	0	0	0	0	2	1	1	1	1	1
水色	0	0	0	0	0	0	1	1	0	0
赤	0	0	1	0	1	2	0	0	0	1
ピンク	0	1	0	0	1	0	1	2	0	0
オレンジ	0	0	0	0	0	0	0	0	0	5
茶	2	1	0	0	0	1	0	0	0	4
ベージュ	2	3	1	3	3	2	0	3	0	1
緑	0	0	1	0	0	0	1	0	0	0
黄緑	0	0	0	1	0	0	1	0	0	0
カーキ	0	0	1	0	0	0	0	0	0	0
紫	0	0	0	1	0	0	0	0	0	0
ジーンズ	2	2	4	6	3	1	6	3	1	9
その他	2	3	0	1	2	0	0	1	1	0

表3　　地点Cにおける色別の数

日時	2006年 11月30日	12月7日	12月14日	2007年 1月11日	1月18日	4月12日	4月26日
場所	プラザ前						
合計	11	37	34	30	38	30	77
黒	7	24	14	14	18	11	13
白・クリーム	2	4	1	4	1	9	11
グレー	0	1	1	1	1	0	0
青	0	1	1	1	1	1	0
水色	0	2	0	0	0	0	0
赤	0	0	0	0	0	1	1
ピンク	0	1	0	0	0	0	1
オレンジ	0	0	0	0	0	2	0
茶	2	1	4	1	1	0	0
ベージュ	1	4	6	3	4	1	1
緑	0	0	1	0	0	0	0
黄緑	0	0	0	0	0	1	0
カーキ	0	0	0	1	1	0	0
紫	0	0	0	0	0	0	0
ジーンズ	2	0	3	1	0	4	2
その他	0	0	2	1	0	1	1

表4　　地点Aにおける色別の比率

日時	2006年 5月 22日	5月 25日	6月 8日	6月 22日	10月 19日	11月 9日	11月 16日	11月 30日	12月 7日	12月 14日	2007年 1月 18日	4月 12日	4月 26日	11月 8日	12月 20日
場所	上														
合計	90	121	43	38	70	61	45	65	45	93	58	59	70	42	77
黒	25.60%	41.30	39.5	39.5	34.3	64	31.1	72.3	64.4	61.3	58.6	37.3	28.6	38.1	45.5
白・	クリーム	38	44.1	47.4	21.4	21.3	8.9	7.7	17.8	3.2	8.6	18.6	17.1	4.8	7.8
グレー	0	9.9	7	15.8	1.4	3.3	8.9	0	4.4	9.7	5.2	5.1	7.1	2.4	3.9
青	2.2	5	4.7	7.9	2.9	4.9	0	7.7	2.2	1.1	3.4	3.4	2.9	2.4	1.3
水色	0	2.5	0	7.9	1.4	1.6	0	0	2.2	0	0	1.7	2.9	0	0
赤	0	5.8	2.3	0	0	0	4.4	0	2.2	3.2	1.7	0	2.9	0	1.3
ピンク	1.1	1.7	7	10.5	0	0	0	0	0	0	0	1.7	4.3	0	0
オレンジ	0	1.7	7	0	0	3.3	2.2	0	0	1.1	5.2	1.7	2.9	0	6.5
茶	0	1.7	0	0	2.9	4.9	6.7	0	13.3	0	0	1.7	4.3	7.1	5.2
ベージュ	0	9.9	2.3	5.3	2.9	1.6	4.4	3.1	8.9	11.8	5.2	3.4	1.4	4.8	1.3
緑	0	0	0	0	0	1.6	0	0	0	1.1	20.7	0	1.4	0	0
黄緑／黄	1.1	0.8	0	2.6	5.7	0	0	1.5	2.2	0	0	0	0	0	0
カーキ	2.2	1.7	2.3	0	0	0	0	0	0	1.1	1.7	0	1.4	0	0
紫	0	0	0	0	0	1.6	2.2	1.5	0	0	3.4	0	0	0	0
ジーンズ	0	0	0	0	11.4	23	8.9	10.8	11.1	7.5	0	18.6	12.9	12	11.7
その他	2.2	19	25.6	34.2	2.9	0	2.2	1.5	0	2.1	10.3	3.4	2.9	2.4	0

表5　地点Bにおける色別の比率

日時	2006年11月9日	11月16日	11月30日	12月7日	12月14日	2007年1月18日	4月12日	4月26日	11月8日	12月20日
場所	改札前									
合計	59	46	63	46	48	62	51	42	51	77
黒	30.5%	28.3	34.9	52.1	2.1	66.1	51	21.4	37.3	32.5
白・クリーム	5.1	10.9	14.3	13	4.2	6.5	15.7	35.7	13.7	7.8
グレー	3.4	8.7	4.8	6.5	8.3	8.1	7.8	4.8	2	3.9
青	0	0	0	0	4.2	1.6	2	2.4	2	1.3
水色	0	0	0	0	0	0	2	2.4	0	0
赤	0	0	1.6	0	2.1	3.2	0	0	0	1.3
ピンク	0	2.2	0	0	2.1	0	2	4.8	0	0
オレンジ	0	0	0	0	0	0	0	0	0	6.5
茶	3.4	2.2	0	0	0	1.6	0	0	0	5.2
ベージュ	3.4	6.5	1.6	6.5	6.3	3.2	0	7.1	0	1.3
緑	0	0	1.6	0	0	0	2	0	0	0
黄緑	0	0	0	2.2	0	0	2	0	0	0
カーキ	0	0	1.6	0	0	0	0	0	0	0
紫	0	0	0	2.2	0	0	0	0	0	0
ジーンズ	3.4	4.3	6.3	13	6.3	1.6	11.8	7.1	2	11.7
その他	3.4	6.5	0	2.2	4.2	0	0	2.4	2	0

表6　地点Bにおける色別の比率

日時	2006年11月30日	12月7日	12月14日	2007年1月11日	1月18日	4月12日	4月26日
場所	プラザ前						
合計	11	37	34	30	38	30	77
黒	63.6%	64.9	14.2	46.7	47.4	36.7	16.9
白・クリーム	18.2	10.8	2.9	13.3	2.6	30	14.3
グレー	0	2.7	2.9	3.3	2.6	0	0
青	0	2.7	2.9	3.3	2.6	3.3	0
水色	0	5.4	0	0	0	0	0
赤	0	0	0	0	0	3.3	1.3
ピンク	0	2.7	0	0	0	0	1.3
オレンジ	0	0	0	0	0	6.7	0
茶	18.2	2.7	11.8	3.3	2.6	0	0
ベージュ	9.1	10.8	17.6	10	10.5	3.3	1.3
緑	0	0	2.9	0	0	0	0
黄緑	0	0	0	0	0	3.3	0
カーキ	0	0	0	3.3	2.6	0	0
紫	0	0	0	0	0	0	0
ジーンズ	18.2	0	8.8	3.3	0	13.3	2.6
その他	0	0	5.9	3.3	0	3.3	1.3

（1）地点別にみる色

〝渋谷〟がどの範囲を意味するのか、明確にはわからない。もちろん、行政区画としての渋谷は明確に範囲が示されている。しかし、一般的にただ〝渋谷〟といったときには、とても曖昧であるが、渋谷駅周辺は東急グループや、旧セゾングループの拠点であり、東横百貨店・東急百貨店、西武百貨店、丸井などの百貨店やファッション専門店が集まっている。その付近を〝渋谷〟と呼ぶことが多いのではないか。

一九八〇年代後半に渋カジというファッション形態があった。ジーンズにTシャツ、金ボタンのブレザーをカジュアルに着こなすスタイルのものである。渋谷周辺に集まる若者のファッションとして注目された。

また、ギャルの集まる街としての機能もある。流行を作り出すギャルがよく行くファッションビルの１０９や丸井が渋谷にあるためである。さまざまな流行が渋谷から生まれており、ファッションリーダーが注目する街の一つにもなっている。

そうした渋谷の色を、そこに集まる人々の着ている色から見ていく。

まず、地点別に色の比率を見ていく。地点Aでは黒と白・クリーム色の割合が二五％ずつとほぼ同じである。しかし、六月に入ると黒が四〇％、白・クリーム色が四五％と白っぽい色が増加し始める。六月末にはさらに増加し、白っぽい色は五〇％近くになる。また、五月の時点ではっきりと分類できない柄物などが二％に対して、六月末の時点では三五％に増えている。五月末から六月に入ると、その他の分類が二五％から三五％と飛躍的に増えることも特徴として挙げられる。

しかし、これが十月中旬になると、黒が三四％、白・クリーム色が二一％と再び黒が増えてくる。二〇〇七年一月まで黒が一番多い状態が続く。また、十一月に入ると、茶やベージュといった色が増えてくるのも特徴である。それがまた、二〇〇七年四月になると再び黒っぽい色が減り、白っぽい色が増え、色のバリエーションも増える。

黒は二六％↓四一％↓四〇％↓三四％↓六四％↓七二％↓六四％↓五八％↓三七％↓二八％↓三八％↓四五％と推移するのに対し、白は二五％↓三八％↓四四％↓二一％↓二一％↓七％↓一七％↓三％↓八％↓一八％↓一七％↓五％↓八％と逆に推移する。（表4）

では、地点Bの井の頭線の改札前はどうだろうか。二〇〇六年十一月から二〇〇七年十二月までを比べると、十一月は黒が三〇％に対して白・クリーム色は五％、その他の色も茶、ベージュ、グレーなどの暗い色が約五％ほどと、全体の色は黒っぽくなっている。十二月に入ると黒の割合は一層増し、五〇％を超えるが、それに対して白・クリーム色は一三％である。ほかは、グレー、ベージュなどの暗い色がみられる。しかし、四月になると、白・クリーム色が再び増え始め、四月二十六日は黒二一％、白・クリーム色が三六％となる。その他の色も増え、青、ピンクといった明るい色、その他の柄物が見られるようになる。この白・クリーム色は、二〇〇七年十二月時点と比べると、約四倍である。

地点Cの東急プラザ前でも、やはり同じ現象がみられる。冬は暗い色が多く、暖かくなるにつれて明るい色がふえる。

しかし、黒は年間通して、二五％以上の割合で推移している。これは、スーツの影響である。ビジネスマンの制服ともいえるスーツは、夏になっても一定の数を保っている。冬は様々な色がコートの下に隠れ、暖かくなりコートを脱いだときに色のバリエーションがふえるのだが、このスーツに関してだけはあまり変動がない。暑くて上着を脱ぐ人がいたとしても、暖かくなりかけている時点では大きな変化がないのである。

真夏の資料がないため、真夏になるとこのスーツの色の割合がどのように変化するのか断定できないが、十二月と四月を比べると多少の変動はあっても大きな変動がないことが予想できる。

また、地点Aと地点Cでは黒の率が違う。地点Cは四〇％前後の率で推移している。多いときには六〇％を越える。これは、渋谷駅を挟んで渋谷の街の性格をよく表しているといえる。地点Aの方面は百貨店、ファッションビル、飲食店などの遊興施設や繁華街がある。しかし地点C側は主にオフィスが集まっており、集まる人の性格が自ずと変わってきている。地点A側は、雑多で、働くだけでなく、遊びに行く人、学生、サラリーマン、ビラ配りなどの人がいる。そのため、一概にスーツが多いとも言えない。しかし、地点C側は、スーツを着ていたり、オフィスで無難な色を着ていたりする女性などが多いことがわかる。そうした地点Cでも、四月になると、色のバリエーションが増え、青、赤、オレンジといった明るい色が見られるようになる。

この資料では、持ち物の色まではカウントしていないが、地点A側でみかける学生の着ている制服も地味な色ではあるが、学生の所持品に明るい色が多いため、影響があるかもしれない。

流行色に関して言えば、財団法人日本ファッション協会流行色情報センター[1]によると、流行色は作られるもので、実シーズンの二年前に色彩動向調査をし、一年半前に流行色を選定、ＪＡＦＣＡ（流行色情報センター）の会員に発表するという。これは世界共通の認識によって流行カラーを選定するもので、世界のファッションカラーに大きな影響を与えているらしい。

では、流行の発信地の一つとされている渋谷も、その流行色に左右されているのか、資料をもとにみてみたい。

ＪＡＦＣＡによる二〇〇六年の流行色は、「深みのあるニュアンスの色」がテーマで、淑やかな赤系カラー、微妙なグレーニュアンス、精神的なブルー、元気のよいアクセントカラーとある。深い赤、グレーの色調を持った色、深みのある青、オレンジ・モスグリーン・イエローのアクセントカラーが流行色で、黒はベースカラーとして継続して使われていくとしている。

二〇〇六年五月の地点Aでは、少しその傾向がみられる。黒に続いて、白がおおいが、その次に、グレー、赤、青と続いている。それが六月になると黄色も目につくようになる。それが十月くらいまで続く。

地点Bでも、十月十一月とその傾向がみられる。

地点Cでは、十一月にはその傾向がみられないが、十二月に入ると青が目立ち、少しその傾向がみられるといえなくもないが、地点Aほどはっきりとはしていない。

では、二〇〇七年の流行色はどうか。ＪＡＦＣＡによると、二〇〇七年春夏の流行色は、青、コーラルピンクと赤、イエロー、シックなベージュ・ブラウン、そして白である。

二〇〇七年四月の資料で、地点Aは、今まであまり見られなかったピンクが登場し、赤もみられる。また、暖かくなりつつあるのに、ベージュや茶も十一月と同じくらいの確率でみられる。

地点Bも同様で、ピンクが多くみられ、ベージュも七％と十二月と同じくらいの比率である。また白も三五％を越える量で、流行色の傾向がみられるといってもよい。

地点Cに関しても、あまりみられなかった赤が二〇〇七年四月の資料には三％ほどみられ、赤と同じ量で青がみられる。黒いスーツに混じっても流行色をみることができる。オフィスが多いといっても、男性だけが働いているのではなく、女性も働いており、女性は、男性のように色のバリエーションが少ないスーツではなく、私服で通勤する。そのため、流行に左右された色がみられると思われる。

（2）ショーウィンドー

色ではないが、ショーウィンドーもその街の雰囲気を決める機能を持っているのではないかと考えられるので、少し触れてみたい。百貨店やファッションビルなどには、たいていショーウィンドーがあり、季節を先取りしたディスプレイをみせている。前述したように、渋谷には百貨店やファッションビルが多いため、ショーウィンドーを見て季節を感じることもあるだろう。ショーウィンドーは人のように動かないので、街全体の色を決めるとはいえないが、雰囲気を作り出すことはある。

地点Aであるセルリアンタワーのエスカレーター横に、十二月に入ると早々にクリスマスツリーが飾られる。大きなクリスマスツリーなので、地点Bの改札から出るとクリスマスの雰囲気が伝わってくる。

地点Cには、半円形のショーウィンドーがあり、季節毎にディスプレイを変える。二〇〇六年十月のディスプレイは、〝Boots & Bag Collection〟として、落ち葉の中にブーツとバッグをディスプレイしたものである。まだコートを着る人も少なく、半袖もちらほら見えるくらい暖かい時期にすでにブーツとバッグをディスプレイしている。

それが十一月に入ると、コートのディスプレイに変わる。黒、グレー、ベージュなどのコートを着たマネキンが何体か立っているというものである。その頃になると、コートを着ている人も出てくるので、あまり違和感はないが、素材が厚手なので、まだ少し早い感がある。コートのディスプレイが十一月中旬まで続くと、十一月二十日頃にはXmas Plazaとして、赤いプレゼントの大きな包みのディスプレイの前に雪をかぶったクリスマスツリーが四本立っているものに変わる。印象としては、俗にクリスマスカラーと呼ばれる、赤と緑で構成されているので、十一月なのにすっかりクリスマスの装いである。その頃には、セルリアンタワーの一階にも大きなクリスマスツリーが登場し、クリスマスと電飾のイメージである。ちなみに、二〇〇七年は十一月八日にはクリスマスツリーが登場している。

年が明けると、お正月のディスプレイではなく、〝PLAZA-BARGAIN〟のポスターが貼られる。ポスターには、赤い背景に多数の雪だるまが並んでいて、冬の雰囲気ではある。それも、一月中旬になると、今度は黄色地のポスターに変わり、〝Plaza-Clearance〟である。

色として季節を感じられるものと、感じられないものがあるが、バーゲンやクリアランスの文字で、年末や新年を感じることも、ファッションの街としては大いにありえることである。

三　色を変える街

ファッションによって、人の集まる場の色が決まるのではないかという仮定のもとに、渋谷の色をみてきた。現段階では資料が不足しており、まだ渋谷の色をはっきりと確定することはできない。また、今回は素材までは調査できなかった。素材によっても印象は変わる。例えば、同じ黒でも生地が薄いか厚いかによって季節の感じ方は変わるように、それぞれの素材と色による変化もみていく必要があるかもしれない。

しかし、現在ある資料からは、渋谷駅周辺のどの地点をみても、暖かい季節と寒い季節では、使う色に変化があることがわかる。寒い季節には、黒や茶といった暗い色が多く、色のバリエーションも少ない。一方、暖かい季節になると明るい色が増え、色のバリエーションもぐっと増える。

また、その年の流行色が反映されることもわかった。ファッションの街として、一定の色があるのではなく、その年によって色を変える街であるともいえる。

これが〝渋谷〟の特徴であるかどうか、今後、調査地点を広げ新宿や銀座などの街とも比較することでより明らかになると思われる。今回調査できなかった渋谷駅南口やスクランブル交差点も調査対象にすることで、〝渋谷〟の色がより見えてくるだろう。

ファッションをリードする街の一つとしての〝渋谷〟のウィンドーのディスプレイは、今後も注目すべき対象ではないかと思う。ウィンドーのディスプレイと、実際の色の間にギャップはあるのか。

また、変化する色があるなら、変化しない色もあるはずであり、変化しない色からも〝渋谷〟ならではの季節を感じ、〝渋谷〟としての色を見つけることができると思われる。

註

（1）財団法人日本ファッション協会　流行色情報センター（http://www.jafca.org/trendcolor/ladieswear/2007jafca-2.php）

第二節　渋谷・鹿児島おはら祭

―マツリに行なわれる「芸能」の類型―

長野　隆之

一　マツリと信仰

マツリと芸能は必ずしも対になるものではない。芸能のないマツリは数多くあるし、また、マツリ以外の場で行われる芸能の方が、現在では大多数を占めているであろう。

渋谷で芸能を見ようと思うとき、マツリの日を待つことはまずないであろう。演劇や舞踊を見たければ劇場に行き、音楽が聴きたければライブ・ハウスに行く。あるいは、そのような専門の空間に足を運ばなくとも、夜になれば渋谷駅周辺のあちらこちらで、音楽演奏を中心にした路上パフォーマンスが行われるし、閉館時の渋谷公会堂前や夜の氷川神社あたりは、パラパラなどといったチームで行われるダンスの恰好の練習場所となる。渋谷には数多くの芸能空間があるといえよう。

しかし、そういった芸能をいくら集めても、渋谷らしさはほとんど浮かび上がってはこない。たとえば、一九九〇年代のポップ・ミュージックにおいて、「シブヤ系」という言葉がさかんに使われていたが、これは「シブヤ系」とくくられたミュージシャンの支持層が渋谷を中心に広がっていたのであって、この音楽を聴いたところで渋谷らしさは抽出できないのである。

こういった中にあって、あえて渋谷のマツリや芸能を考察の対象にするのは、渋谷らしさが抽出されないからこそ、地域に限定されない類型を見いださせるのではないかという作業仮説によるものである。渋谷らしさは抽出されなくとも、多くの人間によって営まれる行事において、それを行う主体者やその観客らの間で共有されているものが必ずあるはずである。その共有されているであろう何ものか(1)を言及し、そこから「芸能」の類型化を行い、さらには、マツリ・「芸能」・地域社会の関係を考察するのが本節の目的である。したがって、題目にいう「芸能」とは芸能一般を意味するものではなく、芸能界とか芸能人などというときの芸能は含まない。かといって、民俗芸能に限定するわけではなく、演じられる意義が地域社会の中に位置づけられている芸能といった程度に規定しておく。

民俗学における芸能研究は、民俗芸能研究の会／第一民俗芸能学会の活動が大きな契機となり、一九九〇年頃から意識が変革されたといってよいだろう。かつて信仰とのかかわりに考察が偏重されていたこの分野を、「神」から解き放つことによって、その後の研究の可能性を大きく広げたのである。無論、「神」なき芸能が地域社会にある一方で、「神」＝信仰と不可分の芸能もあるのだから、信仰は芸能を行う目的の一つであることは否定できないが、かといって、信仰だけでは説明もできないということである。自動説明ボタンとしての「神」は封印されつつ(2)、地域社会の中で芸能を行う目的があらためて問い直されることとなったのである。

このような、かつては目的が信仰にありながら、現在は「神」不在という現象は祭に顕著であろう。日本の祭が信仰と不可分であることは、少なくとも民俗学においては定説であり、たとえば、『日本民俗大辞典』（下巻　福田アジオ他編　吉川弘文館　二〇〇〇年）では、「祭」は「神霊を招き迎え供物や歌舞を捧げて歓待・饗応し、祈願や感謝をして慰撫すること」と規定されている。しかしながら、現在の日本において「マツリ」と呼称される事象に、必ずしも信仰がかかわらないものがあることもまた、事実である。したがって、術語においては、信仰＝「神」のあるマツリが「祭」や「祭礼」であるのに対して、信仰＝「神」なきマツリは「都市祭礼」「イベント」などと呼称されてきた。マツリにおける信仰＝「神」の存在の有無が重要視されてきたのである。しかしながら、信仰＝「神」が、マツリを行う目的の中の一つでしかないのならば、あえてそこにのみ焦点をあてる必要はなく、むしろ何を目的にマツリを行っているのかを明らかにしなければならないことは、今さら言うまでもないことである。

二　渋谷・鹿児島おはら祭

渋谷・鹿児島おはら祭は、一九九八年から四月もしくは五月に、渋谷道玄坂・文化村通りなどを会場に行われ、二〇〇五年で八回目を数える。当初、大会運営委員会が組織されていたが、現在の運営は二〇〇三年に発足した渋谷・鹿児島文化等交流促進協議会という特定非営利活動法人が行っている。このマツリを端的にいうならば、「おはら節」や「ハンヤ節」を中心とした踊りパレード、代々木公園で行う創作舞踊・「伝統芸能」・歌謡ショー、物産展が行われるマツリと規定することができる。

渋谷・鹿児島おはら祭の「企画の基本コンセプト」に関して、会場で配布されていた『第八回渋谷・鹿児島おはら祭ガイドブック』には、以下のように書かれている。

ミッションは社会貢献

当協議会の目的・使命は、渋谷や鹿児島の市民の皆様に対して〝渋谷・鹿児島おはら祭〟やその他の文化事業の開催を通じて、日本の伝統的文化の継承、渋谷の先端的文化の紹介、鹿児島の豊かな自然環境の保護紹介、さらには災害対策の啓蒙活動に参加するなどして、社会貢献することです。／中核の事業である「おはら祭り」については、郷土芸能の継承振興を図るとともに、見る人を魅了する踊りで祭りに多数の観客を集めて、渋谷の町の更なる活性化につなげたいと思います。／また、ユニークな渋谷と鹿児島の文化の交流を図って、お互いをよく知りその長所を取り入れ活かす目的で、渋谷・鹿児島ビジネスコラボレーション、鹿児島の観光物産展、伝統芸能である薩摩琵琶の披露など文化交流事業を行います。

キーワードは〝世代を超えて〟

祭のキャッチコピーは、〝おはらの波は、世代を超えて〟です。／おはら祭りを、子供さんからお年寄りまで、勿論若者を含めてすべての世代の人々が参加できる楽しい祭にしたいとの願いを表しました。／昨年に引き続きまして、本年も、道玄坂、文化村通りの会場では、お子さんからお年寄りまで参加して、伝統的な南国のゆったりした調子の〝おはら節〟等の踊りを披露し、一方代々木公園会場での踊りイベントでは、自由な編曲・振り付けによる、若者好みのアップテンポの創造的な踊りに挑戦し、観客の評価を待ちます。（五五頁）

つまり、芸能を通して、渋谷の活性化と渋谷と鹿児島の文化交流を行うことが、このマツリの目的とされているのである。また、「鹿児島の豊かな自然環境の保護紹介」「災害対策の啓蒙活動」といった社会的目的、「見る人を魅了する踊りで祭りに多数の観客を集めて、渋谷の町の更なる活性化」という経済的目的、「郷土芸能の継承振興」「渋谷と鹿児島の文化の交流」という文化的な目的などが掲げられていることが読み取られるのである。

したがって、踊りパレードは鹿児島市のおはら祭のスタイルが用いられ、踊り連方式がとられている。鹿児島市のおはら祭は一九四九年から行われ、一九五二年から婦人会を中心に踊りパレードを行っていたが、一九六一年より徳島の阿波踊りを手本として、踊りのための任意のグループである踊り連方式を採用することによって、参加者を増加させた。渋谷・鹿児島おはら祭に参加した連は、鹿児島出身者を中心に結成された関東在住の連、鹿児島から参加する連、そして、渋谷区民による連などである。多い年で八〇連、少ない年でも四〇以上の連が参加している。

こういった連によって踊られる曲目は、鹿児島民謡として有名な「おはら節」や「ハンヤ節」だけではなく、「渋谷音頭」や二〇〇四年に発表された「Ｔｏｋｙｏオハラ」といった、東京や渋谷が意識されたものも使われている。

このおはら祭を渋谷で行うようになった理由については、前掲の『ガイドブック』には書かれていないが、「渋谷・鹿児島おはら祭公式サイト」中の「渋谷と鹿児島」(http://www.e-asu.com/ohara/ayumi4.html)には、「渋谷と鹿児島―一見、何の関係もなさそうなこの2つの土地が、実は古くから強い結びつきがあったことはほとんど知られていない」という書き出しで、渋谷と鹿児島をつなぐエピソードが紹介されている。それらは東郷平八郎、大山巌、徳富蘆花、西郷隆盛・従道兄弟、安藤照、岩松松平、林芙美子、新居善太郎、小倉基といった著名人にかかわるもので、たとえば、東郷平八郎ならば、鹿児島生まれの東郷平八郎のルーツの地は渋谷であり、先祖の地に東郷神社が建てられたことや、広尾小学校の校長室には東郷直筆の『自疆不息』の額が今も掛けられていること、本町一丁目の『洗旗池』の記念碑の文字も東郷の書であることなどが記されている。

つまり、ここに紹介されている渋谷と鹿児島の結びつきとは、渋谷に住んでいた鹿児島出身者、鹿児島に住んだことのある渋谷出身者、出身ではないが双方に住んだことがあるといったものや、馬車で中央官庁に通うときに渋谷を通っていた西郷兄弟であったり、忠犬ハチ公像を造った鹿児島出身の安藤照であったりといったものであって、地域社会としての渋谷と鹿児島の関係ではないのである。さらに、林芙美子の場合にいたっては、「桜島の古里温泉（鹿児島市古里町）に文学碑の建つ作家・林芙美子が渋谷道玄坂に夜店を出したのは、大正12年のこと」とあって、林芙美子個人は鹿児島市と関係がないように読めてしまうのである。

これらは、おはら祭を渋谷で行う理由にしがたく、無理矢理に渋谷と鹿児島の結びつきをひねり出してきたとしか思えないのであるが、ここにこそ、特定地域社会に新たなマツリや芸能が取り入れられるときの方法がみとめられるのである。すなわち、浸透するかどうかはともかくも、マツリの背景となる「歴史」を、人びとに認識、共有させようという意図が見えるということである。

三　渋谷のマツリ

渋谷区にも地域住民によって行われている神社祭礼がある。渋谷区の場合、神社の氏子域は町会に対応する。一つの神社に対して、その周辺の複数の町会が氏子となっているのである。したがって、神社祭礼は地域と直結するのであるが、マンションに住む一人暮らしの学生などは町会には加入していないことが多く、氏子域のすべての住民が氏子であるとはかぎらない。

祭礼は神社によって異なるが、金王八幡神社を例にすると、氏子域は渋谷駅を中心に広がり、例大祭の当日に、各町会の神輿は渋谷１０９前に集合し、修祓の後に各町内へ戻る。そこでは、それぞれ神社とは別の行事が行われる。たとえば、桜丘では、かつては大和田とともにその行事を行っていたが、首都高速道路によって両者が分断されたために、別々に行うようになり、現在では、桜丘町会と桜丘の商店や会社の人びとによって組織されている共栄会から祭礼実行委員を選出し、運営している。このマツリでは、当該地域の人びとが金魚すくい・ヨーヨー釣り・ゲーム・綿菓子・ポップコーンなどの夜店を出す。しかし、家業を継がず会社に勤めたりする人が多く、また、二〇歳～三〇歳代の人がほとんどいないため、規模が縮小していくかもしれないといわれている。

この金王八幡神社の例大祭において行われる芸能は神楽である。境内にある神楽殿で出雲系の神楽が奉納されるのであるが、氏子によって舞われるのではなく、外部に依頼をしている。

こういった神社の祭礼以外に、渋谷区ではかなりの数のイベントが行われている。渋谷区役所のホームページ（http://www.city.shibuya.tokyo.jp/）では「イベントカレンダー」が公開されており、次頁の表は、二〇〇四年度の「イベントカレンダー」を参照し、名称だけでは内容がわかりづらいものには簡単な説明を付して作成した。ここには神社祭礼や地域行事、企業によるイベントが掲載されていないため、区内のマツリの全貌を把握することはできないが、渋谷区という行政組織が意図するイベントの概要を捉えることはできる。

一見してわかるように、日本民俗学が対象としてきた年中行事とは異なり、四月の「「春の小川」合唱祭」と一月の「冬の風物詩　長野県飯山市の雪燈籠」を除けば、たとえ周期的に行われるものであるにせよ、そこに季節性が感じられるイベントはない。こういったイベントが定着することによって、それが季節感を作り出すことは将来的にあるかもしれないが、現状では、少なくとも自然暦とはまったく対応していないといえるだろう。

また、ここで行われるイベントには渋谷という地域性が希薄である。講座・講演会、外国・外国人や他県などとの交流、あるいは物産展などといった経済効果を期待しているものが中心であり、渋谷区民だけを対象にせずに、区外にベクトルを向けているものが多いように思われる。渋谷区民を対象にしたイベントには外国人を対象にしたものが多く、また、六月の「青年国際交流ボランティア入門」や十月の東京国際映画祭など、国際色ゆたかなイベントが目立つことにその一因があると考えられる。ここから、渋谷が国際的であると読み取ることもできるが、仮に渋谷区以外の場所で行ったとしても、さして印象の変わらないものばかりなのである。これは、こうしたイベントのほとんどが渋谷区の歴史やイメージとかかわりなく行われていることによるものであろう。

こういった中で、十一月に行われている「ふるさと渋谷フェスティバル」は、渋谷の文化と歴史を継承し、渋谷区民に渋谷を故郷として意識してもらうことを目的に行われているマツリであり、地域性が希薄なイベントが並ぶ中に

表　渋谷区のイベント・スケジュール（2004年）

月	名称：内容等
4	にほんごひろば：楽しく日本語を勉強する会
	アースデー東京2004：市民による自然派・環境イベント
	「春の小川」合唱祭：唱歌「春の小川」が代々木地区を流れていた河骨川のイメージで作られたことにちなんで
5	第5回タイフードフェスティバル：料理・雑貨・舞踊など、タイの文化を楽しむことができる
	あなたが創る国際協力：ミニコンサートやJICAの海外長期研修員・留学生との懇親会を通じて、「国際協力」を身近に感じてもらう
	第7回渋谷・鹿児島おはら祭：道玄坂・文化村通り・代々木公園を舞台にパレード・物産展
	にほんごひろば：楽しく日本語を勉強する会
	平和国際都市渋谷・憲法記念行事：講演と映画の会
6	ショートショートフィルムフェスティバル2004
	青年国際交流ボランティア入門：国際交流プログラムを企画・運営の方法を、体験を交えながら学ぶ
	国連大学公開講座　国際平和と国際貢献
	日本語ボランティア入門：外国人を支援する日本語ボランティアについて学ぶ
7	タイ大使館主催 タイクッキングクラス：パッタイ（タイ風焼そば）の作り方とタイの文化の紹介
	にほんごひろば：楽しく日本語を勉強する会
	「平和・国際都市　渋谷」絵画（ポスター）コンクール
	こども国際理解教室 地球たんけん隊 vol.6: 外国の文化・生活等を知ろうというプログラム
8	原宿表参道元気祭　スーパーよさこい2004
9	日本料理入門教室：外国籍の人を対象とした日本料理教室
10	平和国際都市渋谷の日記念事業:10月1日平和国際都市渋谷の日を記念し、リフレッシュ氷川で講演会や環境写真展等
	第17回東京国際映画祭
	平和国際都市渋谷の日記念事業「平和祈念の集い」
	渋谷区・トルコ共和国友好講演会
	スリランカフェスティバル：「スリランカの自然とともに」というテーマで、スリランカの音楽と舞踊、ファッションショー、フードショー
	第6回野外伝承遊び国際大会：野外伝承遊び国際競技大会と、世界21カ国の野外伝承遊び教室
11	ふるさと渋谷フェスティバル2004　第27回渋谷区くみんの広場：渋谷ゆかりの各国大使館や市町村も参加、踊りや歌、物産展
	山形県秋果実チャリティーフェア：渋谷区と交流が深い山形県のラ・フランスやリンゴのチャリティーフェア
1	第11回在日留学生音楽コンクール：留学生が民族衣装をまとい、母国の民族音楽や日本の歌・楽器を演奏
	忠犬ハチ公のふるさと・秋田大館フェア：秋田県大館市の特産品紹介や、ハチ公写真展
	冬の風物詩　長野県飯山市の雪燈籠：渋谷区と交流の深い飯山市より雪を運搬し、初台緑道に雪燈籠を設置
2	第5回地域伝統芸能まつり：ＮＨＫホールで日本各地の祭りと伝統の古典芸能
3	JICA草の根技術協力事業報告会：国際協力ＮＧＯ「ケア・ジャパン」がカンボジアで試みているプロジェクトについての報告会
	第14回セント・パトリックス・デー・パレード東京：アイルランドの祭日であるセント・パトリックス・デーを祝うパレード（原宿表参道）

あって、明確に渋谷を打ちだしているものである。この意味では渋谷・鹿児島おはら祭も同様であり、渋谷の歴史という地域性を踏まえた上でのマツリを作ろうという意識が認められるのである。また、八月に原宿・表参道で行われる「スーパーよさこい」も、同じ地域にある明治神宮の協力により、原宿・表参道が明治神宮に奉納する祭という形になっている。

しかし、こういったマツリに特徴的なのは、渋谷であったり、原宿・表参道であったり、それぞれの地域との緊密な関係性が意図されていながらも、そこで行われる芸能は、何らその地域社会と無関係のものが選ばれているということである。

四　「歴史」からの「芸能」の類型化

原宿・表参道でも行われているが、近年、よさこい系の踊りが急速に日本を席捲した。これは札幌のＹＯＳＡＫＯＩソーラン祭りがきっかけとなったもので、ＹＯＳＡＫＯＩソーラン祭りは、その仕掛け人の「兄のいる高知で、自分と同じ大勢の若者が、よさこい節をアレンジした曲にのって自由に踊る姿を見て感動し、北大の大学祭でもやってみたいと周囲の友人や先輩に相談したことがきっかけとなっ(3)」たものである。

これが行われる以前の札幌のマツリといえば、神社祭礼や夏まつり、雪まつりといったものであった。生まれてから高校卒業までを札幌で過ごした筆者にとっては、旧官幣大社である北海道神宮祭といえば山車の巡行とサーカスであり、さっぽろ夏まつりはビヤガーデンと盆踊りであり、雪まつりは雪像を見るだけのものであり、いずれも参加するという印象はない。

確かに夏まつりにおける盆踊りは自由参加だが、踊っているのは揃いの浴衣を着込んだ民謡教室に通っていそうなオトナであったし、雪まつりにも一般参加の雪像コンクールもあったが、参加する気もなければ、もしその気があったとしても、何倍もの競争率の抽選を経なければならなかった。この時期に合わせて、小学校や子供会が学校のグランドに雪像を作ることもあったが、マツリに参加しているという意識は希薄であった。これらのマツリは、夜店で買い食いしたり遊んだりしながら、見るものであった。

ただ、筆者も二度ばかり参加したことのあるマツリもある。夏に繁華街すすきので行われるすすきのまつりである。このマツリではミコシの渡御が行われ、それの担ぎ手として参加したことがあった。しかし、これも高校生のアルバイトであり、サンバ・カーニバルなどとともに練り歩くパレードの一部であり、マツリの主体としての参加者にはなり得なかった。その後、筆者が東京に移り住んでから、ＹＯＳＡＫＯＩソーラン祭りがはじめられ、うらやましい思いでニュース映像をながめた記憶がある。

ＹＯＳＡＫＯＩソーランが札幌に受け入れられたのは、もうすでにかなり指摘されていることであるが、高知の「よさこい」をそのまま持ち込んだのではなく、「ソーラン節」を用いたことにその一因があるであろう。本来「ソーラン節」は漁にうたわれる仕事歌であり、札幌とはまったく関係がない。しかし、札幌の小学校では、ＹＯＳＡＫＯＩソーラン祭り以前から、民踊の延長線上にある「ソーラン節」の踊りを小学校で習い、運動会などで披露をさせられていた。このときの「ソーラン節」は北海道の歌であり、郷土の歌であり、自分たちの歌であるから、ＹＯＳＡＫＯＩソーランを受け入れる下地ができていたと考えられる。

ＹＯＳＡＫＯＩソーランの基となった「よさこい」で踊り歌として用いられる「よさこい節」は、もともと高知県を代表する座敷歌であった。高知城下で実際にあった恋愛事件がうたいこまれた「土佐の高知の播磨屋橋で坊さん簪買うを見た　ハア　ヨサコイ　ヨサコイ」という有名な詞章からもわかるように、高知ではかつて噂歌としても機能し親しまれている歌である。したがって、高知のマツリに選ばれる必然性を持った民謡ということができよう。このような当該地域に元からあった歌謡や芸能を利用して、市民レベルの大きなマツリを作ることは、徳島の阿波踊りや盛岡のさんさ踊りなど各地にみとめられる。

図[4]は、そのような関係を示したものである。右の高知のよさこい祭りは行われる芸能と行われる場に「歴史」的関連性が認められるものであり、図中の2型に相当する。徳島の阿波踊り・盛岡のさんさ踊りなどもこの型である。これが札幌に伝播しただけでは「よさこい」が行われる「歴史」的関連性はない。しかし、札幌の人びとにとっての郷土の歌である「ソーラン節」と結びついたことによって芸能的な関連性ができる。図中の3型である。このような視点で見ると、すすきのまつりで行われるサンバ・カーニバルは地域社会とも芸能とも「歴史」的関連性のないもの、図中の4型である。各地で行われる大多数の阿波踊りがこれに相当する。また、岩手県水沢市では、「よさこい」は高知のを意味し、「ＹＯＳＡＫＯＩ」と表記された場合には、札幌のＹＯＳＡＫＯＩソーランを意味するという解釈が行われている。全国各地のよさこい系の踊りは3型である場合が多いが、水沢市でＹＯＳＡＫＯＩソーランが行われると4型になる。

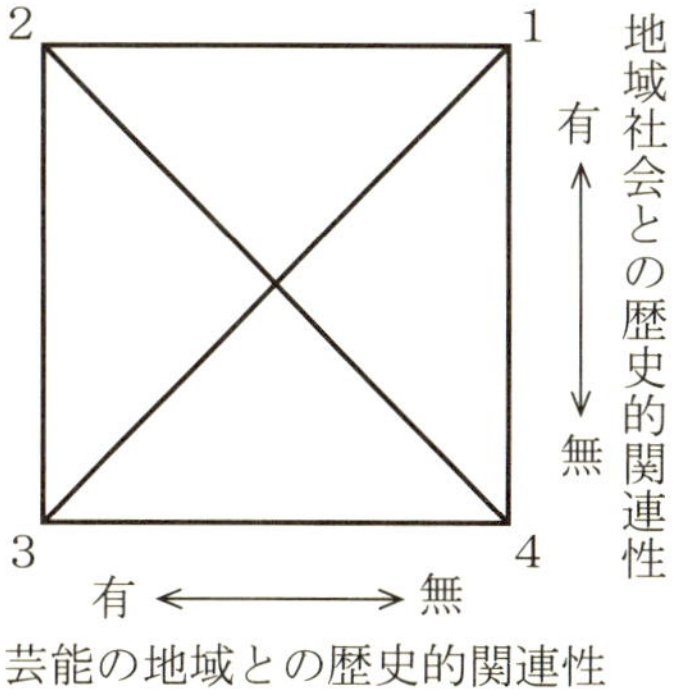

図　マツリに行われる芸能の類型

このような視点で渋谷・鹿児島おはら祭を見ると、おはら節やそれにともなう踊りは渋谷とまったく関係がない。しかし、「歴史」的関連性を掘り起こし、渋谷と鹿児島の関連性を見いだそうとするのは1型といえよう。ただし、渋谷の歌として以前から作られていた「渋谷音頭」や、渋谷で踊る「おはら節」という志向性をもつ「Ｔｏｋｙｏオハラ」などは3型になるであろう。したがって、そこでの定着の状態、展開の状態によって、この類型は流動的となる。それが図における対角線の持つ意味である。

これらから、どのような型を行えば、そのマツリは地域に定着するのかを導き出すことはできないが、民俗芸能における流行とは、かつての阿波踊りや現在のよさこいのような1型を、4型として各地域が受容するということと言えよう。

これを受容者側から見ると、多くのよさこいの受容のされ方や、渋谷・鹿児島おはら祭の「渋谷音頭」「Ｔｏｋｙｏオハラ」からすると、３型が現在支持されている受容形態ということができる。そして、ここにおいて受容者が共有するのは、芸能を行う場とその芸能だということである。運営者がいろいろな意味づけをし、共有すべき何ものかを用意したとしても、そういった文脈から切り離されるのである。

註

（1）阿南透はマツリを「周期的な行事であること、集団で行うこと、人々の関心を一か所に集めるシンボルがあること、シンボルを用いて参加者に非日常的な意識を作り出していること」（「伝統的な祭りの変貌と新たな祭りの創造」小松和彦編『祭りとイベント』（現代の世相5）小学館　一九九七年二月　六八頁）と規定しているが、本節におけるマツリで共有される何ものかとは、この規定における「シンボル」に通ずるものである。

（2）上野誠「〈神〉という自動説明ボタンに封印をせよ―あまりにも、巨大な風流獅子の話―」民俗芸能研究の会／第一民俗芸能学会編『正しい民俗芸能研究』第〇号　ひつじ書房　一九九一年十二月

（3）森雅人「たった一人が仕掛けた祭り―札幌「ＹＯＳＡＫＯＩソーラン祭り」―」内田忠賢編『よさこい／ＹＯＳＡＫＯＩリーディングス』開成出版　二〇〇三年十二月　二一一頁

（4）守屋毅「芸能とは何か」（芸能史研究会編『日本芸能史』第一巻　法政大学出版局　一九八一年六月　七二頁）を参考にした。

第三節　小説『凶気の桜』が描きだす「渋谷」

細沼　辰郎

一　序として

小説、映画、コミックなどの創作物のなかには時として実在の場所を舞台として設定したものが存在する。ここで取り上げるヒキタクニオによる小説『凶気の桜』[1]も「渋谷」[2]を舞台として暴力に酔いしれる「ネオ・トージョー」を名乗る三人の若者と彼らをとりまく人々を描く物語である。

小説に限らずおよそクリエイターと称される人々が創作する作品はその個人の内面の発露であり、その意味において小説における「渋谷」は必ずしも現実の「渋谷」と合致する描写を与えられる必要性はないといえる。しかし彼ら（書き手）の内面の発露の形としての作品は常に彼らの外部、つまり作品を受容する不特定多数の人々（読み手）に対して発信されるものでもある。書き手がどれほど荒唐無稽な物語でどれほど現実と乖離した「渋谷」を描こうとも、そこに書き手と読み手とが共感し得るものが存在すればそれは「渋谷」を舞台にした作品として認識されるのである。そうであるならば純然たる創作物である小説にも民俗誌的な読みは展開可能なのではないか。「文学と民俗との関係は、常に緊密性と乖離性を内包する。文学は個の自覚の上に成立すると言われるが、その個は民俗土壌において形成されてきたからである」[3]とは野本寛一が『近代文学とフォークロア』の冒頭に記した言葉であるが、この言葉は、あらゆる文学に民俗誌としての読みがなされうることを示唆するものでもある。もちろん小説は創作性を肯定することを前提とするテクストであり、民俗誌はインフォーマントを通して情報収集可能な事実の記述であることを尊ぶのがその基本姿勢であることを筆者は否定するものではない。だが、書き手と読み手の関係性に留意したとき、民俗誌と小説の間には通底するものがあるのではないだろうか。

私見を端的に述べると、民俗誌とは文字媒体（映像資料、図等を含むものもある）を用いて特定の地域社会の民俗を読み手の中に再構成させるものである。つまりAという地域について編まれた民俗誌であるなら、読み手にAという地域の民俗を、その民俗誌を読むことによって追体験させるという意図が存在するはずである。その意図に対して、読み手側は読み手自身の育ってきた民俗的土壌を用いて、あるいは読み手が研究者であるのなら、これまでに蓄えてきた知識・情報も併用して応え、民俗の追体験に臨むのである。言い換えるならば、Aという地域は民俗誌を通して書き手と読み手の両者に共有されるのである。そしてこの構造は小説においても同様の展開を見せる。書き手が自らの育ってきた民俗的土壌（それでは狭義に過ぎるというならば文化的土壌と言い換えてもかまわない）に基づき構築した創作の世界は、小説という媒体を通して読み手の中で書き手の作り上げた世界を再構成させるという目論見を持って世に送り出される。書き手の作り上げた世界を読み手が共有することで書き手と読み手の関係ははじめて成立するのである。「渋谷」を舞台とした小説を「渋谷」の民俗誌として読むという試みはこの点に依拠するのである。

本節においては前述したように小説『凶気の桜』をテクストとし、そこに記述される「渋谷」を検証することで、『凶気の桜』における「渋谷」をとらえることをその目的とする。この作業そのものは、一作品の分析以上のものではありえない。しかし、幸いにして「渋谷」を舞台に設定した小説は数多く存在し[4]、それらを対象に同様の作業を積み重ねることで、イメージとしての「渋谷」を普遍化させていくことが可能であると考える。

二　「渋谷」の描写

ここでは『凶気の桜』の作品内において「渋谷」がどのように評されているのかを検討する。もちろん作品中の登場人物の言説は、その人物の性格付けによってそれらしく扁形させられたものではあるだろうが、その根底は作者の「渋谷」に対する意識、理解を反映しているものであり、また、作品中の空間が「渋谷」であるという理解を読み手のなかに成立させるための装置であるともいえる。

恣意的に過ぎるかもしれないが作品中に見られる「渋谷」に対する言説を確認してみることにする。先ず取上げるのは暴力団の若衆頭である兵藤が、本作品の主人公である「ネオ・トージョー」の山口に語る内容である。

「するかもしれねえな。でもよう、俺がここに来たからには儲けさせてやる。これからの渋谷は、やっぱりクスリなんだ。外道の仕事だよな。おまえならわかるよな、山口」

（中略）

何年もしないうちに強烈な薬物汚染の嵐が渋谷を中心に吹き荒れる。俺には見える。ここでうちはクスリをやっとかないと潰れちまうか、ほかの組に喰い潰されんだ。組が生き残るためにはやらなきゃいけねんだよ……。ちくしょう、渋谷は博打じゃないんだ。債権でもないし、やっぱクスリなんだ。（三一頁〜三二頁）

ここで展開されるのは「渋谷」で暴力団が利潤を得る方法として最適なのは薬物売買であるという兵藤の認識である。そしてこの認識に従い兵藤は薬物売買の準備を推し進めていく。そしてその薬物売買の計画説明の場においても兵藤の「渋谷」観は饒舌に語られることになる。

「なんだこれは、子供のおもちゃみたいだな」

青田はガラス製のパイプをもてあそびながら言った。

「会長、そこなんですよ、うちの今回の売りは。渋谷はガキの街なんです。そして、いま金を持ってるのはガキです。ガキに薄利多売するんです。シャブのようにオヤジ臭い注射器を使うわけでもなく、透明で可愛らしいおもちゃのような道具が受けるんですよ、ガキには。シャブをスピード、マリファナをガンジャ、ＬＳＤをエルやアシッドと名前をいじるだけでガキは飛びつきます。私も最初は最先端の流行モノで強烈なやつを考えたんですが、メガトン級にはまる根性はないんです、渋谷という街のガキには」

（中略）

「捌けるのか」

「はい、渋谷の流行は全国に伝わります」（一三九頁～一四七頁）

「渋谷はガキの街」であるという認識は多くの人が現実に抱いているものである。また薬物に関していうならばごく最近までセンター街のアクセサリー店や露店には「合法ドラッグ」や「マジックマッシュルーム」と銘打ったものが違法性のないことを強調され販売されていた。「渋谷」に集まる若者たちの嗜好がファッション性を帯びた薬物に傾倒しやすいものであることを踏まえた一節であろう。薬物に限らず「渋谷」の若者たちがあらゆる面において表面的なファッション性を重視しているという認識は次の部分でもうかがえる。

「俺も街歩いてて、そんな奴ら見ると、どうしようもなく腹が立つんだ。（中略）格好だけは悪ぶってるけど、そんな奴らって筋肉なんてぷよぷよでショボイんだ。そのくせナイフなんか持ってたりするから、またムカつく。（一三八頁～一三九頁）

社会の規範に従わない「悪」が、それでも自らの論理を押し通そうとするに際して最も有効に働くのが暴力であろう。その暴力という方法を用いるには優れた身体能力が不可欠である。しかし「渋谷」の若者たちにはその身体能力を獲得するための研鑽が欠けている。ただナイフやある種の服装という「悪」を示す記号をファッションとして纏うだけの存在である。倉石忠彦が高校生、大学生を対象に二〇〇二年に行った「「渋谷」のイメージアンケート」（本書一二～一七頁）の集計を見ると「犯罪」や「危険」という印象を「渋谷」に抱くという意見が目に付く。つまり「渋谷」は暴力の溢れた都市であるという認識である。こうした認識は『凶気の桜』の以下の引用と発想の源を一にすると言える。

　三郎は渋谷の雑踏の中を硝煙と血の臭いを振りまきながら早足で歩いた。渋谷の街は血の臭いも硝煙の臭いも掻き消す。雑誌で紹介された新しいコロンや誰もが欲しがるように広告された商品の新品の匂いでないと振り向かれることはなかった。（二五二頁）

　渋谷に遊びに流れ込む人間達にとっては、昼の殺人事件は『１０９』の大看板が替わったことほどにも気にかけられていなかった。（二九四頁）

つまり、本作の「渋谷」において暴力は、ファッションの一つとして存在するのであり、その存在は凡庸であるがゆえに高い訴求力を有しているとは言い難い状況にあるのである。

　このように暴力すらファッションのなかに埋め込んでしまう文脈のなかで創作の「渋谷」は「ファッションの街」という性質を遺憾なく発揮してくる。

　渋谷駅周辺は、今月号の雑誌に載っているすべての洋服、すべての匂い、すべての言葉が折り重なり、膨らみ迫ってくる。ネオンの輝きよりも、若者達の吐き出す熱い息が目に突き刺さる。週末の渋谷は、その場所で生計をたてている者以外の無秩序な足音で埋め尽くされていた。（一〇〇頁）

最新の情報が体現される空間が「渋谷」であり、その体現化の担い手は「渋谷」を生活の拠り所としない若者であること。ただしそれは統一性を欠いた集合でしかないことがこの一節により示される。光岡健二郎は「渋谷の変身」において次のような話を記している。

例えばぼくの友人で、昔、芸能記者をやっていてそのあと、もう二十年もアパレルファッションのPR誌や月刊誌の編集責任者を歴任して今なお現役のM氏に言わせると、渋谷は10秒台ファッションの消費地で、「渋谷みたいに10秒台ファッションを安定的に続けている大消費タウンは、日本のどこを探してもない」という。

（中略）

M氏の仕事仲間に、ファッション雑誌やアパレルメーカーのコマーシャルフォトを取り続けている女性カメラマンがいる。彼女はM氏の口調に合わせるように「渋谷は、今日出たばかりのファッション雑誌が、明日はもう歩いている街だ」という。(5)

女性カメラマンの発言と『凶気の桜』における「渋谷」の表現の類似性が確認できるだろう。『凶気の桜』における「渋谷」への言説は「渋谷」を舞台にしたと評されながら実はそれほど多いとはいえない。むしろ数少ないこれらの言説とここで引用した女性カメラマンの発言の類似で分かるように、現実の「渋谷」のイメージと強烈にリンクしていることで創作の「渋谷」にリアリティーを付与しているのである。

同様の仕掛けは「渋谷」のクラブを素材に用いても行われている。

渋谷の深部のクラブに狙いをつけた二人は、やっとの思いでたどり着いた。

（中略）

フロアーのドアを開けると、尿意を催しそうになるような重い振動がたえまなく下腹部に襲いかかる。渋谷の駅を出た時に感じた塊を何十倍にも濃密にしたものに包まれ、景子は強烈な違和感を感じた。

（中略）

景子は流行とされるリズムの中に単純で原始的な粗野な臭いを嗅いだ。それは、この空間に充満した柔らかい塊の根本であった。それは発情した動物が発する臭いであり温度であり鼓動であった。

（中略）

自分は発情していない。

渋谷という街に気後れしていた自分を景子は笑うことができた。（一〇一頁〜一〇四頁）

次に引用するのは景子と山口の会話である。

「ボノボだ！　私も似たようなこと思った、それって、ボノボだって」

「なんだ、それ」

「知らないかなあ，人間に染色体が一番近い猿のこと。一年中発情してるのって動物の中で人間とボノボだけなんだって。

（中略）

「悪い悪い、ボノボ症候群ってことか。渋谷中ボノボだらけだな。（後略）（二三九頁〜二四〇頁）

クラブといえば現在の「渋谷」を象徴するものの一つであり、週末ともなれば点在するクラブで夜通し過ごすことを目的に最終電車の終了間際に多くの若者が渋谷駅から街へと流れ込んでくる光景は当たり前のものとなっている。「渋谷」に限定したことではないが、クラブには音楽を軸に据えたイベントの場としての側面と同時に、異性との交流の場という側面も存在する。そのクラブを、そしてクラブが象徴する「渋谷」という街の性質を「発情」というキーワードで表すものである。これは一方で「渋谷」という街に対する嫌悪感と直結する側面を持っている。前に触れたアンケート調査の集計を見ると「渋谷」には「賑やか」「華やか」「楽しい」などの肯定的なイメージが存在し、そうした肯定的なイメージと表裏一体の形で「うるさい」「汚い」「危険」などの否定的なイメージが常に付きまとっていることがうかがえる。本作品においてクラブはこうした肯定・否定のイメージを併せ持つ両義的な空間であり、またその理解は「渋谷」そのものへと拡大されていくことで、「発情」した街という位置づけを「渋谷」に与えるのである。

ここまで見てきたように『凶気の桜』において「渋谷」は「ガキの街」であり、それは表面的な要素を重視するという意味で、「ファッションの街」という感覚と非常に密接な関係にあることを前面に押し出して描かれている。先に触れたアンケートからも分かるように現実に「渋谷」は「若者の街」であるという認識の非常に強い都市であり、その認識に付随する形で「危険」「流行の先端／発信地」「遊ぶところ」という意識が存在するのである。このことからも『凶気の桜』における「渋谷」は現実に抱かれている「渋谷」のイメージを反映したものであることが分かる。ところがその一方でこの作品にはこうしたイメージには合致しないものが現れてくる。それはいうなれば「渋谷」の大人とでもいうべき存在である。

様々な人間が擦れ違う。渋谷に巣食う茶髪のチンピラは小西が軽く挨拶すると逃げるように消えていく。老舗の商店主は小西を見ると楽しそうに言葉をかける。二人が会話する姿は若者に占拠される前の渋谷の光景だった。（二四八頁）

「兵藤も言ってたよ、渋谷はガキの街だって。でも、ガキだろうがオヤジだろうが関係ない。時代の流れをじっと見て、動いている奴が渋谷という街を把握できるんだ。若いと見えない動きもあるんだぜ。渋谷は急激に動いている。兵藤はその動きに連動できる珍しい筋者なんだ」（二七七頁）

松尾羊一は次のように言う。

渋谷地区商店街活性化協議会では「有識者の描く渋谷像」としてアンケート調査をしたことがあった（昭和六三年三月）。

若者対象の調査やレポートの類いは掃いて捨てる程あるが、ここではいわゆるオトナへの調査である点が注目される。

（中略）

つまり、かつての渋谷と今日の渋谷との落差に反発し、しかし全体としては若者のイメージの定着をあきらめ顔で追認しようという姿勢が感じられる。(6)

「渋谷」のイメージとして定着した「若者の街」という言葉は一般的な理解としては確かに成立するものである。しかし「渋谷」に大人が存在しないわけではない。むしろ「渋谷」における大人の存在は我々が想像するよりは、はるかに大きいとさえいえる。光岡は「渋谷」を歩く人々のカウントから「渋谷」が決して若者だけで成立する都市ではなく「大人と若者の二つの表情を持った複合シティ」であるという指摘を行っている。(7) これは「渋谷」が大人を拒絶していないことを示している。ただし大人の存在は「若者の街」と言うイメージに隠れるように表面には浮かび上がってこないのである。

ここまで『凶気の桜』における「渋谷」の描写の内容が現実の「渋谷」と合致し得るものであることを確認してきた。その上で『凶気の桜』における「渋谷」とはどのような都市であるかをまとめると次のようにいえるだろう。

・積極的に薬物を受け入れる空間である。
・最新の情報に呼応した人間の集まる空間である。
・「渋谷」を生計をたてる場としない者たちの集まる空間である。
・「発情」した街である。
・「若者に占拠され」た「ガキの街」である。
・「渋谷の流行は全国に」伝わるという性質を持つ。
・「おもちゃのような」「名前」を変えただけの表面的な「格好だけ」の嗜好を持つ。

・暴力がありふれている。
・「時代」の動きに応じて「急激に動」く。

三　描きだされる「渋谷」の性質

前項で指摘した作品内における「渋谷」の描写はおそらく私たちが「渋谷」という言葉をキーワードに連想するステレオタイプな「渋谷」のイメージと合致するものであるといえる。「渋谷で生きてきた俺には、この本がまるでドキュメンタリーのようにも読めた」(8)とは文庫の解説にある薗田賢次の言葉であるが、こうしたものが一種のリアリティーを持って受け止められる文脈のうえに成り立っていることは事実である。

「ネオ・トージョー」を名乗る三人の若者は渋谷においてこうしたステレオタイプな「渋谷」を象徴する若者・外国人をその暴力を向ける対象とする。短く刈り込んだ頭髪、白い詰襟の「戦闘服」を身に纏い、「ナショナリスト」を標榜する彼らは、そのスタイルが表す記号の上ではアナクロな印象を与える。つまりこのレヴェルにおいて彼らは上記のような「渋谷」とは相容れない存在であり、また彼らの言葉に現れる憤りも「渋谷」が象徴するものへと向けられている。

しかし彼らが「渋谷」から乖離した形では存在できないことも、この物語は同時に示唆している。彼らの弁によれば、「ネオ・トージョー」は「上も下もない水平思考」であり、「地位を作ると政治が始ま」るのだという。またこうもいう。自分たちは「右翼」ではなく「ナショナリスト」であると。これに従うなら彼らは「水平思考のナショナリスト」という、階級社会の否定と共産主義、ナショナリズムと右派をひきつけて考える、従来の感覚で捉えると非常に据わりの悪い存在となる。実はこの据わりの悪さこそが「渋谷」が彼らを受け入れた要因ではないのかと考える。

　再度言及するが彼らのスタイル、その表面的な表出はアナクロそのものである。アメリカを否定し、「渋谷」らしい若者を否定し、それを暴力で排斥する。だが彼らの「ナショナリスト」ぶりは実はそれ以上の深層に踏み込んでゆくことはないのである。その証拠に彼らの口からは「国家」についても「天皇」についても語られることは物語の終焉までないのである。ただ自分たちを取り巻く状況への漠然とした憤りを、「ナショナリスト」という記号で表される行動に変換してゆくのみである。(9) つまり彼らは「おもちゃのような」＝《形のみ本物を真似たフェイクである》「ナショナリスト」であり続けることで、彼らが憤りを向ける「渋谷」らしい若者たちと同様に、「渋谷」に許容されていたのだといえる。

　だがこの不安定さゆえに「渋谷」に許容されるという奇妙な安定は当然、先細りの閉塞感を伴うものである。それはこの作品で描かれる「渋谷」が「ガキの街」であり、「ネオ・トージョー」の三人の若者がその「おもちゃのような」「ガキ」であること、そして「ガキ」はいずれ大人にならねばならないという真理に基づく閉塞感である。三人の「ナショナリスト」の一人である小菅が暴力団という組織に組み込まれ、そのなかで上昇してゆくことを望み、市川が殺人を生業とする三郎の生き方に憧れを抱いたとき、つまり彼らが目指すべき大人のかたちを得たとき彼らは半身不随、殺人容疑での逮捕というかたちで「ガキの街」である「渋谷」から退場させられてしまう。「渋谷」の「ガキ」の全てが、そのまま「渋谷」の大人になれるわけではないのだ。「渋谷」が大人の存在を許容するために割く空間は、決して広くはない。「渋谷」において「ガキ」であった者が大人になろうとすること、それは「渋谷」から排除されるかもしれないという危険を孕む行為である。そしてまた、「渋谷」において大人は表面へは浮かび上がってくることのない存在である。

　「渋谷」は表面的にはどこまでも大人不在の「フェイクの街」なのである。

四　未完成の街

そうしたなか、山口もまたその物語の終焉に臨んで大人への変貌を渇望する。

山口はネオ・トージョーの戦闘服のジッパーをゆっくりと引き降ろした。冬の外気が流れ込み、汗だくの肌を冷やす。山口は一気に戦闘服を脱ぎ捨てた。

（中略）

「畜生！」

山口は大きく吠えた。

耳を塞いでしゃがんでいた景子が驚いて、山口を見た。

「小僧じゃねえぞ。畜生！」

脱ぎ捨てられたネオ・トージョーの戦闘服は、まるで抜け殻のように見えた。（三六六頁）

脱ぎ捨てられた「戦闘服」が「抜け殻」に喩えられたことで、山口が大人への脱皮を試みたことが明確になる。だが、その山口の大人への変貌もまた完全なものではない。それは「ガキ」で居続けることへの決別という段階でしかない。

「似たようなもんですけど、まだまだ修行中です。だからまだ小僧です」（一五三頁）

と言い、自らが子どもであることを肯定していた山口が、初めて自分が子どもであることを否定した刹那、物語は終わりを迎えるのである。それはそこから先、子どもが大人になるための物語を「渋谷」が紡ぎ出せないことを意味するのではないか。「有識者の描く渋谷像」アンケートには「今日の渋谷のイメージ」について四九歳の男性の次のような感想が挙げられていた。「雑踏。いつまでたっても完成しない街。おとなのいない街[10]」。まさにこの物語の「渋谷」そのものである。成熟しきれない未完成の街は大人の物語を紡ぎ出せずにいる。それゆえに「渋谷」の大人たちは存在するにも拘らず、まるで透明であるかのように私たちの目に留まることがない。二〇〇〇年にオープンした「渋谷マークシティー」のキャッチコピーは「シブヤがおとなになる日」であった[11]。少なくとも「渋谷」自身、大人になろうという意思表示は示したようであるが、大人になろうとする「渋谷」は、果たして「渋谷」から弾き出されずにいられるのだろうか。

以上、「渋谷」を舞台とした小説である『凶気の桜』をテクストとして「渋谷」のイメージを把握することを試みた。繰り返すが、この作業自体は作品の分析という以上の意味を持つことはない。結果としてはおよそ民俗学的考察とは程遠いものとなってしまった感は否めない。ただ、移ろいやすく変化の激しい都市という空間にあってこうした創作物が時として雄弁に語ってくれる話者になるのではないかという想いが筆者の中にあるのみである。都市民俗誌の作成という課題に臨むに際して、これまでの民俗誌作成とは異なるアプローチを模索してみる必要性はあるのではないか。本稿はそうした提案の一つの形を企てたものである。

註

（1）ヒキタクニオ『凶気の桜』新潮社　二〇〇二年。なお初版は二〇〇〇年に出版された。

（2）本稿においては「渋谷」と表記する。これは、ここで扱う「渋谷」が行政区分上の渋谷区とは異なることを意味する。

（3）野本寛一『近代文学とフォークロア』白地社　一九九七年、一〇頁

（4）一例として、中川五郎『渋谷公園通り』ＫＳＳ出版　一九九九年

（5）光岡健二郎「渋谷の変身」『ザ・渋谷研究』東急エージェンシー出版部　一九八九年　一二頁～一三頁

(6) 松尾羊一「渋谷の課題」『ザ・渋谷研究』東急エージェンシー出版部　一九八九年　一四九頁〜一五七頁
(7) 前掲註(5)一七頁〜一九頁
(8) 前掲註(1)三六九頁。なお薗田は本作品の映画化である『凶気の桜』の監督である。
(9) 平凡社『世界大百科事典』17(一九六七年)では「ナショナリズム」の項目で「それは一方では自由や独立への動きをあらわし、他方では侵略、相克、抑圧等の傾向を示し、又激情的な集団的暴力の契機としてもとらえられている。」(一〇頁)とある。
(10) 前掲註(6)一五三頁
(11) 渋谷経済新聞『シブヤ系スタイル徹底研究』東急エージェンシー出版部　二〇〇一年　四四頁

第四章　渋谷の日々

第一節　鉢山町聞き書き

沼崎　麻矢

一　鉢山町《はちやまちょう》概要

鉢山町は渋谷区の南東に位置し、渋谷駅からは直線にして約五〇〇メートルの距離にある。『住民基本台帳による東京都の世帯と人口（町丁別・年齢別）』[1]によると、平成十四年一月現在五五九世帯、一〇三八人が住んでいる。

ＪＲ渋谷駅南口を出ると東名高速道路と国道二四六号線が並行に走る道が目に入る。歩道橋を渡り、高層ビルに見下ろされた道を歩き続けること五分、坂を登りきったところで少し左に折れると、もうそこは閑静な住宅街が広がっている。ひっそりとした雰囲気に包み込まれ、先ほどまでの激しい車の騒音が嘘のようである。渋谷という大都会にありながら穏やかな時間と空気が漂う街、それが鉢山町である。鉢山町周辺はかつて、皇族や華族・政治家や著名人のお屋敷が多く見られたところで、教会や大使館もある。

鉢山町という名前は昭和三年から現在の大字名・町名として使用されている。もとは渋谷町の大字で、豊多摩郡渋谷町大字中渋谷字鉢山・南平台、大字下渋谷字猿楽の各一部であった。その後、昭和七年から渋谷区の町名となる。「鉢山」という地名の由来は『江戸砂子』、『新編武蔵風土記稿』に記述が見られるが、はっきりとは伝わっていないようである。

昭和十二（一九三七）年の渋谷の様子を見てみたい（地図1）[2]。鉢山町は地図南部に位置している。周囲には土地の起伏を示す等高線や針葉樹の記号がところどころに見られ、住宅はそれほど密集していない。ところが、北部にある渋谷駅周辺から大和田町・円山町・神泉町にかけては、そのほとんどが商業地を示す斜線で塗りつぶされている。びっしりと建物が並んでいることを示しており、商業地は特に厚木大山街道沿いに敷かれた路面電車の線路沿いに広がっていた。

次に平成六（一九九五）年の渋谷を見てみたい（地図2）[3]。鉢山町周辺は大規模な区画整理は見られず、古い道路が残っている。しかしながら住宅で埋めつくされ、大きく様変わりした。渋谷駅周辺は路面電車がなくなり、地下を通る東急田園都市線となった。またかつての大和田町があった辺りは、東急プラザが建ち、首都高速道路のために分断されている。商業地を見ると、道玄坂二丁目から宇田川町の辺りへ広がるようになった。二つの地図を比べると、渋谷の商業地が、西部から北部へと移動していっている様子がわかる。

二　子どもの頃の思い出

（1）私の家と家で働く人々

私は大正十三年に大和田横丁にあった飲食店の長女として生まれました。私の先祖は明治維新後に東京に来ました。それ以前は大きな倉庫業をやっていました。代々その家の娘たちは遊芸・お茶・お花を習い、そのうちの何人かは宮家に御奉公にあがりました。叔母（しづ）は鍋島家へご奉公へあがりました。曾祖母（かね）は徳川家にご奉公へあがりました。勤めを終えるときに、錦の袋を二個もらうそうです。その上、婚家先を世話してくれます。曾祖母かねは実業家であった酒井長兵衛に嫁ぎました。晩年は荒川区に地所を寄付したと、石碑に書いてあるそうです。ヒルズ、丘の方に行くと「お屋敷町」と呼んでいたところがありました。武家屋敷のようなたたずまいで、お金持ちが住んでいました。時々ピアノの音が聞こえたりしました。日本舞踊の出稽古場もそこにありました。

先祖は明治維新のことを「ごいっしん＝御一新」と言いました。大和田横町にあった家は昭和二十年の大空襲で焼失しました。間口三間半、奥行き八間の二階建てでした。この当時は長屋が多く、一戸建ちは少なかったようです。祖父が大金をはたいて、コンクリートを床下にはって建てたものです。そのコンクリートは関東大震災の時にも、第二次大戦の戦災の時にも健在でした。建物の一階は椅子席で、二階は貸し座敷（お茶会・宴会用）、それに客間・座敷・床の間がありました。部屋には違い棚に植木・盆栽・骨董品・掛軸などがあり、出窓までありました。この出窓は戦前に有名な軍人さんのパレードがあったときに、見物に夢中になっていた母と女中が二階から落ちたというエピソードが伝えられています。

昭和十年頃、家族は七人でした。祖父・祖母と父・母、孫である私と弟、叔父（母の弟）です。三世代一緒に住んでいました。うちは母が婿取りで、母の代以前から裕福な商人の家でした。他に雇い人として、座敷をやる中居・板前・出前持ち・小僧・子守もいました。

物心ついたときには家にガス・水道・電気・電話がありました。井戸は戦争で水が枯れるまでありました。井戸はこの家専用の汲み井戸で、手押しポンプ式でした。先がパイプになっていて、汲んだ水はそのままお店の台所に入ります。子どもの頃に家の者から「百回やっとくれ」と頼まれ、水を汲む手伝いをしたものです。井戸は、主に夏に冷たい水が必要なとき使います。水道の水はぬるいからです。水道のない家は冬でも井戸の水を使っていました。

地図１　昭和12（1937）年

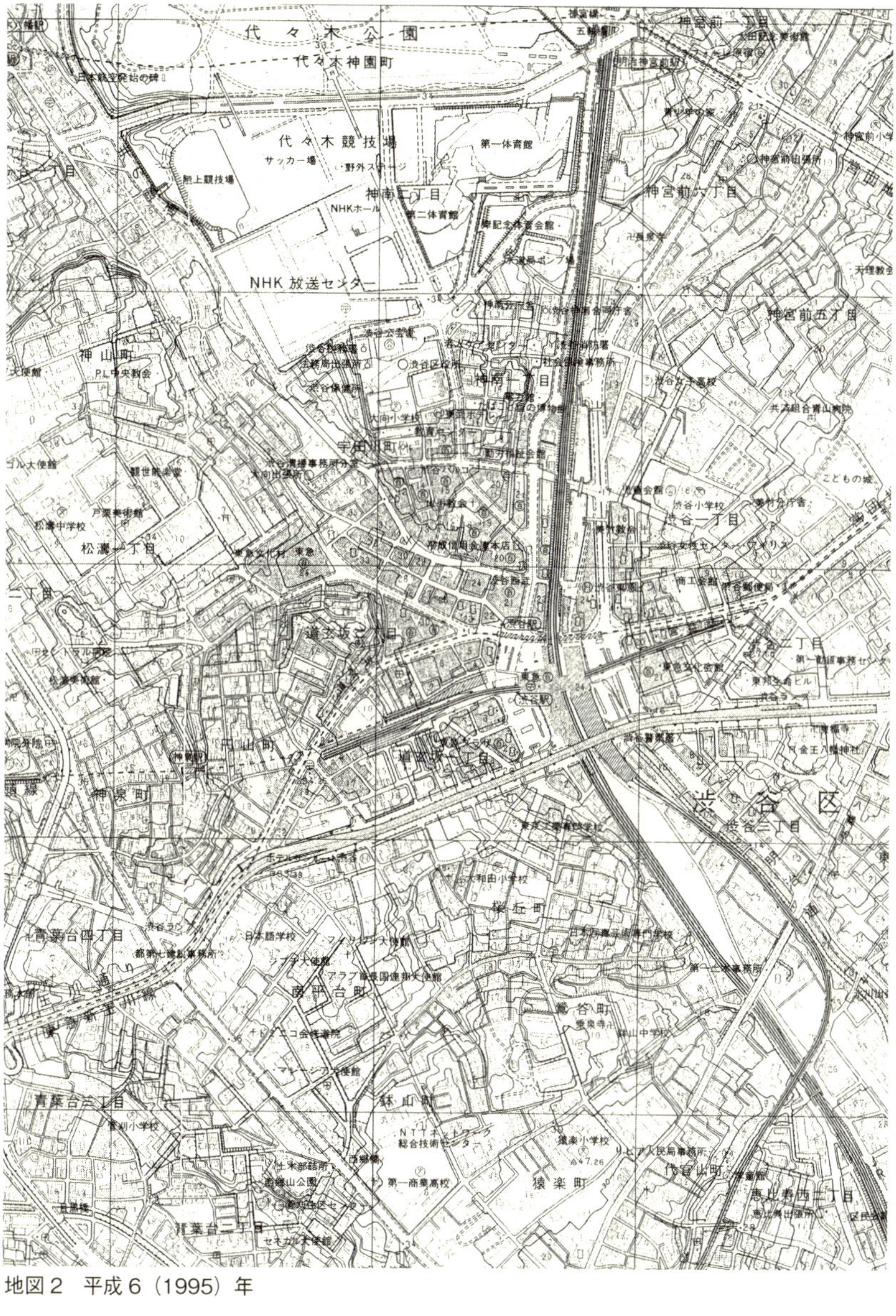

地図２　平成６（1995）年

近隣に電話のある家は少ない時代でしたから、呼び出しと、取次ぎと電話のお世話をするお手伝いがありました。電話のかけ方を知らない人が来ると、かけ方を教えてあげたりしました。

家では、ご飯も白米を食べていました。お店ではお客さんに白い米を出すために、ご飯は朝炊いていました。炊きたてはお客さん用にまわすため、朝学校に行く時には、だいたい昨日のご飯に卵をかけてもらうか、おじやでした。また学校には弁当を持参しませんでした。お昼になると毎日、親子どんぶりが配達され、先生の分と一緒に家のものが持って来てくれました。玉子は当時高かったようですが、一日一個は必ずおかずに入っていました。おやつにはおこげをにぎって醤油をかけたおにぎりを食べました。これは私の大好物でした。当時はヒエ、アワなどというものは知りませんでした。

私には子守、弟には小僧がついていました。大人たちは稲刈りが終わると新潟県や長野県から季節労働者としてやってきました。年季奉公などの雇い人は桂庵《けいあん》が連れてきます。桂庵は上野の駅前に多くありました。子守は三年なり五年なりの契約で七つか一〇ぐらいから働きにきます。報酬は前払いでした。弟についていた小僧さんは、スケと呼ばれていました。弟をおぶって一日中メンコやベーゴマ、他に戦争ごっこやチャンバラごっこもしていました。弟をおぶっているのにもかかわらず、思いっきり手を振るので、背中の子の首がよたよたとぶつかります。女中さんなどに見つかると「スケが遊んでるー。」と言いつけられ、家の者に叱られていました。自分はスケが怒られるとかわいそうなので、遊んでいるのを見つけても見て見ぬふりをしていました。小僧は寝小便をする者が多かったようで、これには大変困ったようです。祖母や母がよく面倒をみてあげていました。

子守の女の子は後ろ髪を上へまとめて、手ぬぐいを後ろから前へしばっていました。昔は髪を洗わないからすぐボサッとなるので、年中手ぬぐいをかぶりました。子どもの目や口に髪の毛が入らないようにする髪型でした。子守はうちで学校へ行かせて、着るものを着せてお嫁に出してあげます。女の奉公人は年季があけると実家に帰るか、暖簾《のれん》分けして店を持った職人と結婚して、東京に残るのが常でした。中には悪い人につかまってカフェの女給になる人もいました。実家に帰れないとか、食っていけないような人は自殺したりしました。

(2) 習い事と子どもの遊び

私は六歳の六月から日本舞踊を習い始めました。一六～一八歳頃は特に習い事が多くて、そのほかに和裁・洋裁・お茶・お花・長唄を習っていました。日本舞踊のお稽古は週二回あり、他にも習い事があったので、遊ぶ時間が少なくて、他の子どもたちが遊ぶ様子をじっと見ていることも少なくありませんでした。

祖母や母が歌っていた歌の歌詞を今でも覚えています。

　おんしょうしょうしょうお正月
　松立てて　竹立てて　喜ぶものは　お子ども衆
　旦那の嫌いな大晦日　一夜明ければ元旦で
　年始のご祝儀申しましょう

また、三味線は杵屋の師匠について六・七歳頃に習い、一七・八歳にもう一回習い、昭和四十年代にも習い直しました。一八歳くらいには戦時色が濃くなっていましたから、和服をモンペに直し、帯などは取っ手が木の手提げ袋などに仕上げました。また、下駄の鼻緒を縫ったり足袋を作ったりもしました。

昭和十年頃の小学校に入る前の男の子の遊びは、木材置き場でするチャンバラゴッコや代々木錬兵場へ演習を見に行くことでした。また、西郷山でカクレンボや、お尻にゴザを敷いてすべるスロープすべり、紙製で表に絵が書いてあるメンコを打つことでした。女の子は鞠つき・ママゴトをしていました。

渋谷駅前は都会ですから樹木はあまりありませんでしたが、タンポポ・レンゲなど道端に草が生えていました。クリーニング屋の店主・雇い人や近所の一部の青年たちは、草野球をしていました。

（3）道玄坂の夜店《よみせ》

道玄坂の夜店は二・二六事件の頃にはもう出ていましたから、だいぶ以前からあったようです。物心がついた頃にはもうありました。道玄坂には毎日、坂の上まで露天が出ていました。その頃は露天のことを夜店と言い、夕方になるとショバワリされたところに人々が店を出します。時間が来ると係の人がショバ代を集めに来ます。

道玄坂の上の方には植木屋、下の方には雑貨や食品を売る店が出ていました。始めのうちは坂の上まで道をはさんだ両側に店が出ていました。しかし、いつの頃からか道をはさんだ片側ずつ交互に店が出るようになりました。

夜店は毎日出ていましたから、暇な人が行きます。行ったら一応上まで見ます。買わないで見るだけのヒヤカシの人もいました。当時の人々は一日の仕事が済み、夕飯が終わったあと、散歩がてらに売っているものを眺めて歩きます。それも一つの楽しみでした。たまにはガセネタを買わされることもあったらしいのですが……。

夜店で売っているものは、生活雑貨・文房具・書籍・何かの景品などです。バナナの叩き売りのようなタンカバイもありました。なかなか口上のうまい人がいると、すぐに人だかりができます。口上のうまい人はテンポが良くて、見ているだけで楽しいものでした。

そのほか、必ずいるのが手相見《てそうみ》でした。当時は「タダで見てやる」とか「お嬢さんに悪い気がある」などと呼び止める店も多くありました。他には十二支の占いがありました。子どものときに良くその光景を見ていましたから、説明の言葉を言えるくらいになりました。タンカバイの一種で、たたんで持ち運びできるような板に十二支の書いてある布をかけて始めます。板の大きさは雨戸一枚分くらいで「子年《ねどし》の人はよく働き、細かく貯める」などそれぞれの干支の運勢を順におもしろおかしく説明していきます。そのうち、売っている人は長い棒で地面に線を引き、この線まで寄って来いと言います。人が立ち止まって熱心に説明を聞いたところで、持っていた占いの本を売ります。説明は本を買ってもらうためのもので、子どもだった私は生まれ年を聞かれることはありませんでした。当時は一人で出歩くことはできなくて、いつも家の誰かが付いてきていました。もっとも夜なので、普通ですと子どもが一人でいることはほとんどありません。また子どもは商売の邪魔になるので、邪魔もの扱いされていたようです。

針のめど通し（針に簡単に糸を通せるもの）を祖母のために買ったことがありました。でも自分は使えませんでした。

（4）尾崎養鶏場の思い出

渋谷駅南口を出て五分ほどのところにある桜丘町には、大和田小学校がありました。私がかつて通っていた小学校です。現在では廃校になってしまい、桜丘コミュニティセンターになっています。平成十五年にはブリティッシュスクール・イン・東京が入居して大勢の生徒がおり、国際交流に一役買っています。私が通っていた頃には、荒田文房具店は大和田小学校の前にあり、ノート・教科書などを一括で扱っていました。大和田小学校の校庭は石段を上がって上にありました。そして、コンクリート製の図書館は地下にあったので、大空襲でも焼け残りました。終戦後は青空教室第一号をやった学校です。富山へ疎開した子どもたちがそこで学んで卒業しました。私は昭和十二年卒業で、その当時六年三組は五三人いました。

他に、渋谷駅前には渋谷第一小学校がありました。東口から一五〇メートルくらいの所です。渋谷駅北にある宇田川町には大向小学校がありました。猿楽尋常高等小学校は現在の猿楽小学校です。

尾崎養鶏場は現在の東急セルリアンタワーと東名高速道路の辺りにありました。私が小学校へ通うには、現在の東急プラザの辺りにあった大和田商店街の家から、養鶏場の細い横道を通らなくてはなりませんでした。その道は学校までの近道で、養鶏場を突っ切るようになっていています。ここでは七面鳥を飼っていました。時々柵の隙間から七面鳥が出てきて、おかしな声で鳴きながら追いかけてくるのです。頭に赤いこぶを持つ、グロテスクな面持ちとグェーグェーと鳴く奇妙な鳴き声は、子どもにはとても恐かったものです。学校帰りに一人で通るときは特に恐い思いをしました。大和田小学校に通っていた頃のちょっとした思い出です。

数年前に東急でセルリアンタワーを建てる工事中に、土の中から石の門柱に尾崎何某と書かれた表札が昔のままに出ていたそうです。しかし工事が始まるとなくなってしまいました。

（5）鳶職のことと隣家の火災

通称「鳶久《とびひさ》」と呼ばれた鳶職のかしらはイナセな赤筋の半纏を着ていました。その兄弟に「きずしげ」と言う人もいました。この「きずしげ」さんの衣装にはスポンサーがついていたそうです。私が疎開した時にクラスメートから「鳶久さんの弟さんの家に持ち込まれた着物は、あなたのおじいさんが買ったものよ」と言われたことがありました。

鳶職人は首ヌキといって肩のところに紋のある粋な赤筋半纏を着ていました。膨らんだズボンは屈伸ができやすいようになっています。かしらの下には若い衆頭《しゅがしら》がいて、その下には鳶職人がいました。家やビルを建てるとなると全国から鳶職人が集まってきます。そのときに人足をまとめている人がかしらです。建物を建て終わると解散してしまいます。

商店街での鳶職の仕事は街灯電球の取り替え・ドブサライ・防火・防犯などあらゆることです。ドブサライはドブ板を取り、深さ三〇センチメートルぐらいの溝からスコップなどで砂利・ゴミをあげます。ゴミがたまった頃を見計らってやりますし、鳶職が「ドブサライをさして下さい」と言って家に来ます。仕事が終わると、お金を払っていたようでした。鳶職の仕事は雑用みたいなこともありますが、火事のときなどはとても助かります。彼らは年の暮れには門松や松飾りを作成しています。年末になりますと、商店街や駅近くでお飾りを売っている光景を見ることができました。

また、一九三〇年頃、私が六歳くらいのとき、夜中に隣の家から火の出たことがありました。商店街にあった家です。火事というのは、みんなが起きている朝方にはありません。仕事が終わって家族が寝静まった頃、火の不始末など残り火に気が付くのが遅くなって火事になるのです。

火事が起きると、私は季節ごとの金目《かねめ》の綿入れや袷《あわせ》などの着物をたくさん着せられました。そして女中さんが付いて避難しました。東京では家が密集しているので、隣の家が燃えるとすぐこちらも燃えてしまうものです。子どもでしたので「火が出たら、燃える、死ぬ」と思い、大変恐かったものです。どこへ避難したかはわかりませんが、どっかのお屋敷に行って泊まってきたのだけは覚えています。その後、長いこと「何で自分だけ金目のものを着せられて逃げさせられたのか」と疑問でした。重くて大変だったからです。しかし、NHKの鈴木健二アナウンサーの解説で、この話は江戸の風習の名残だということがわかりました。

私の家には日ごろから付き合いのある鳶職の人々や雇い人が一〇人くらいおりましたから、消火の手助けができました。手押しポンプで水をくみ出し、燃えている家にかけました。手押しポンプは箱の中に水を入れて取手をギッタンバッコと左右に押すと水が出る仕組みになっています。そのポンプは鳶久さんの家から出ました。家中全員かかって消火にあたったので、幸い隣の家は全焼しませんでした。本来、雇い人さんというのは一番先に自分が雇われている家の物を焼けないように他へ持ち出すのですが、祖父が「この家の物は持ち出すな。隣の物を持ち出せ。」と言いつけましたので、隣の家の家具はほとんど燃えずにすみました。このことは後々まで感謝され、親子二代にわたってよいお付き合いがあり、私もお世話になりました。

(6) 無尽など

大和田横丁商店街には寄合がありました。そば屋の二階が集会所でした。また毎月、小さな「無尽《むじん》」がありました。

月掛の無尽は、決めた人数で毎月一定のお金を出し合い、くじ引きをして、当選者が当月集金の何割かの金額を支払った上で、全額を優先して手に入れることができるものです。ただし、保証人がいないと入れません。無尽のときには集まってお茶菓子を出して楽しみます。これは、先にお金をいただいた人が「お先に」ということで出します。まとまったお金があると、嫁入りや葬式を出すときなどに助かります。

　しかし、お金を払わないで取り逃げされることもありました。そうすると保証人になった人が立て替えるのですが、その人もお金を払わずに逃げてしまうことがあって、泣かされたという話が今に残っています。お金を集めて保管する箱は、世話人の家に置いておきます。木製で取手《とって》、鍵付きです。各家用の口があって、名前が書いてあります。箱がおいてある家では、払うお金がない人や借金をする人に貸したり、保障をしたりします。すると世話人のリスクが高くなってトラブルがおき、だんだんつぶれていくことがありました。祖父は世話人を多く引き受けていたので、苦労しました。

“渋谷東急プラザ正面玄関”に展示された大神輿

　日掛は毎日箱をまわして決められた分の現金を積み立て、貯金をしていきます。これは商店街のなかでやる共同の無尽です。生活保護の制度もない時代ですので、町の世話人がお世話をした時代でした。親が常日頃から言っていた「日掛《ひがけ》・月掛《つきがけ》・心がけ」という言葉を今でも覚えています。

（7）神社のことなど

鉢山町の産土《うぶすな》は金王八幡神社です。昔から旧鎌倉街道の西一円が氏子で、特に渋谷駅周辺や道玄坂円山の氏子が華々しいお祭行事をやっていました。二日間の祭礼には、一部の町会でやぐらを組み、神楽殿で舞や音曲などの催しを出していました。

氷川神社では奉納相撲がありましたし、地元中学生の相撲大会も行われました。また、渋谷ＮＨＫ方面の区役所前には北谷神社（稲荷）があり、昭和初期から鳶久が協力して祭りを行っていました。今は場所と経費の問題で桜丘町会の人々も神輿が出せなくなってしまいました。現在、大神輿は期間を決めて東急プラザ店頭に展示されています。大祭の日はウラの年とオモテの年があります。ウラは小さく祭を行ないます。オモテの年は鳳輦《ほうれん》・天狗などの行列が出て各町内をまわります。二百年祭もありました。

戦前、南口ホームの階段下に人力車の待ち合わせ場所がありました。今、バス・トランセの発着場がある辺りです。祖母と一緒に渋谷区内にある実家の支店へ行くときは、人力車夫に赤げっとう（赤いひざ掛け毛布）を掛けてもらって行きました。正月三が日は明治神宮の初詣の帰り客が渋谷駅の飲食街にいっぱいでした。

三　戦後の生活

（1）闇市《やみいち》

昭和二十年八月十五日の終戦の日からしばらくすると、渋谷駅前にもたくさんの闇市が出ました。闇市は戦争が終わった、と思ったらすぐ始まりました。人々は生きるために必死でした。

渋谷駅の改札口を出ると目の前にはずらりと露天商が並び、いろいろな人がいろいろな物を売っていました。闇市に来る男性は多く復員兵のようないでたちでした。復員兵は戦闘帽をかぶっていました。この頃はなかなか新しい帽子を売っていなかったので、復員兵から帽子を買ってかぶっていました。そのため、誰が本当の復員兵かわからない状況でした。シベリヤ帰りと思われる人々は毛のついた耳当てがついている帽子を耳の上に上げてかぶっていました。季節は夏なのにです。人々はたいてい鞄を両肩にかけていました。

闇市に出ている店は、現在お祭りの時に見られるようなきちんとしたかけ小屋（屋台）ではなく、折り畳み式のもっと小さいものでした。お釜一つあればごった煮やお汁粉ができるので、何でも売っていました。

闇市で売っているものは高額でした。お汁粉一杯の値段がその日の働き賃を全部使ってしまうほどでした。お汁粉といっても本当の小豆がはいっているかどうかは知れたものでなく、着色料で染めていたものもあったそうです。当時、平均月給が七〇円くらいのとき、米は一升七五円くらいしました。全体的に物価がとても高かったのです。闇市で売っているものは地方の農家から仕入れてくる物や、配給品の横流しや、ＧＨＱの物資で、兵隊たちに支給されたものもありました。例えばみかんを三個持って、闇市へ行けばすぐ売れましたし、餅を三切れ残して持っていけばその場ですぐに売れました。何も言わずに、立って手のひらに品物を置いているだけで何でもすぐ売れてしまうのです。闇市にいる人の中には水揚げ直後の魚を地方で仕入れ、汽車で東京へ持ってきて闇市で売り、もうけたお金でまた別な品物を仕入れる、といったように売ったり買ったりを繰り返している人もいました。渋谷の闇市はたくさんでていましたから、お祭りではありませんでしたが、ものすごい人出でした。この当時は渋谷だけでなく、東京のあちらこちらで同じような光景が見受けられました。

戦争が終わってからの方が食べ物がなくてみんな困っていました。援助団体ユニセフが胃腸をこわして死にそうになった子どもたちにララ物資を送ってくれました。ララ物資は脱脂粉乳などの食べ物が主で、アメリカ軍がジープでどこへでも撒いてくれます。終戦後の時期に「アメリカ軍は敵兵だから殺す」とか言うのは、ちょっと気が違った人たちだけです。食べ物を貰っていれば殺したい気持ちもなくなってしまいました。

また、駅の周りにはシューシャインボーイという靴磨きの人がいました。美空ひばりの映画にもあった人たちです。アメリカ兵の靴磨きをしていました。そんな風にまだ仕事のある人は良いですが、働かないで駅の周りにいて餓死する子どももいました。戦後は働くところもないし、食べるものもないから仕方がありません。

（2）ショイヤさん

昭和二十一年一月頃に東京都に転入禁止令が出ました。疎開先から帰ってくる人たちが押しかけると、物資の配給がなくなってしまうからです。水も野菜もありませんから、日本政府は米軍にお願いをして物資を貰い、国民に配給していました。私たちは昭和二十一年の一月四日に東京へ帰ってきました。一時は山形へ疎開していたのですが、埼玉を経て、やっと生まれ故郷に帰ってきました。疎開中に農家の手伝いをしたことがありますが、いくら働いてもお金をくれることはありませんでした。米一升くれるとか物をくれるとかするだけでした。現金が欲しい人たちは東京へ出てきて闇市を開いていました。

昭和二十一年に一番上の子どもが生まれました。戦後は食べ物がなかったので、田舎から野菜を売りに来る人たちと物々交換しました。田舎の人に着物を売るととても喜びました。その人たちをショイヤさんといい、モンペの出来損ないのようなものをはいて、田舎から朝一番の電車でやってきて山手線の各駅に散らばります。千葉方面から来る人は干物・佃煮などを売っていました。千葉以外から来る人は、米・サツマイモ・季節の野菜・赤飯・餅・漬物（タクアン）・芋類などを持って来ました。ショイヤさんは昭和二十五年くらいから頻繁に来るようになり、今でも時々見かけます。今では車で来て駅前で売っている人もいます。ショイヤさんは安く売るということはありません。普通の八百屋と違うところは、新鮮ということでしょうか。渋谷では新鮮な野菜が手に入りにくいので、ショイヤさんと馴染みになっておいて、必要なものを用意してもらったこともありました。必ず顔見知りの人から買うようにしていました。

また田舎などに買出しにいくこともありました。渋谷で物を売りに行く田舎といったら東村山・高尾方面や、埼玉方面あるいは千葉方面、茨城方面など、列車の行く方向によって行き先が分かれました。闇米の買出し列車といって、よく田舎の方へ服を持っていき、食べ物と交換してきました。関東ローム層のあたりは、あまり米が取れないので芋類・オカボ・麦なら交換できました。千葉方面は干した魚と取り替えることもできました。そのような人たちをたくさん乗せた列車を闇列車といいました。時々「摘発」といって警察官に買ってきたものを取られてしまうことがあり、大変困りました。買出しに行くのは、食べ物がないからなのですが、せっかく手に入れた食べ物を取られてしまっては大変なことになります。みんなかなり現金を持っていましたが、戦後はとにかく物資がありませんでした。

昭和三十年頃までは配給がありましたが、砂糖・大根・つぶした麦（押し麦）だけでした。米がないので押し麦だけで食べました。ところが押し麦は皮ばっかりで、煮ても味になりませんので、仕方なく長く煮ておいてお粥のようにして食べました。私の家は、いろいろなものを売ってお米を買っていましたが、昭和二十五年くらいからはとうとう売るものがなくなってしまいました。配給だけでは食べていけないので、食べ物はほとんど闇で買っていました。知り合いの八百屋さんが配給所になっていましたから、余った野菜などに土をかけて軒下へ隠しておいてくれ、後からこっそり持ってきてくれました。

戦争中は何がないって、ガス・薪・塩がありませんでした。食べ物に混ぜるものが何もありません。人間が生きてゆくのに塩が必要だとそのときにしみじみわかりました。江戸時代には「土いっしょう、金いっしょう」といわれ、江戸で土地を買うのは容易なことではないといわれましたが、戦後は本当に食べるものがなかったので「米いっしょう、金いっしょう」だと思いました。百姓上がりの人は空き地に畑を作っていましたが、私たちは都会育ちなのでできませんでした。そこで田舎からお嫁に来た人に鎌の使い方などを教えてもらいました。

戦争は体験しないとわかりません。渋谷は戦場ではありませんでしたから、比較的楽でしたでしょう。戦場だったところはもっと大変だったろうと思います。満州に残っていた人はすごく苦労をしていたでしょう。一部の軍人だけが帰って、日本の人たちを帰せませんでしたから。我々と同世代の苦労した人たちのことを思うと胸が痛みます。

（3）代々木ワシントンハイツ

東京オリンピックゲストハウスができたところには、戦後、駐留軍が西部劇に出てくるようなすごいアメリカ式の家に住んでいました。代々木ワシントンハイツです。アメリカの陸軍記念日には、近隣の人を招いて中へ入れてくれましたので、私も見に行きました。私たちはその頃、渋谷駅前が焼けてしまっていたので、青山高校のすぐ隣に仮住まいしていたときでした。

ハイツの一角には一流の兵隊さんがいました。マッカーサーが何人もいる感じで、勲章をつけた将校さんばかりでした。あと、女の兵隊さんもいました。上の服の線とズボンの線がぴったりしていて「気を付け」をするとそれが一直線にまっすぐになります。すごく見事な縫製をしてありました。その頃の日本人は復員兵ばかりで、みんなみすぼらしい格好をしていましたから、余計まぶしく目に映りました。また、恵比寿には黒人ばかりの兵隊所もありました。かつて恵比寿ガーデンプレイスの裏は坂道になっていて、その下に元海軍砲兵工廠《ほうへいこうしょう》（火薬庫）がありました。入り口は渋谷区だけれど、本来は目黒区でしょう。

代々木ワシントンハウスの敷地内に入ると突然、アメリカ人にクラッカーをパンパンやられました。今までそんなものは見たことがなかったので、銃殺されるのかと思い、ビックリしました。飲み物は大きいカップにコカ・コーラを注いでもらいました。飲み干せるかと思うくらいたくさんありました。コカ・コーラの色が茶色いので、今まで見たことのない飲みものに「せんじ薬か」と思いました。それ以来、コーラはあまり好きではありません。

私が一番ビックリしたのは、自動ドーナッツ製造機でした。機械に粉と水を入れると、ポコンポコンとドーナッツの形が自動的に作られて、油の中に落ちるというものです。しばらくすると、ドーナッツが出来上がります。

残念なことに昭和二十七年に皇居前広場であった血のメーデー事件以降は、日本人に家を見せなくなってしまいました。

(4) 鉢山町へ移り住んだ頃

昭和二十四年頃の家族構成は、主人と子どもと弟と雇い人がいました。子どもは一人目か二人目のときで、三人目はまだいなかったと思います。

南平台・桜丘・鉢山町の一部は戦後政府の強制住宅家屋の借上げがあり、お向かいは進駐軍人家族や銀行関係の方々の住宅となりました。主人が、新宿の海城中学（海軍系）卒なのでブロークンの英語がわかりました。そのため、初めて本物の外国人と話ができ、珍しい話も聞くことができました。当時は山階様（山階鳥類研究所を設立した芳麿氏）も平民としてこの付近を毎日散歩なさっておられました。「なるべく各家庭で実のなる木を植えてくださることを願っています」などの会話を交わしたこともいい思い出です。野鳥を増やすために発せられたお言葉でしょう。

渋谷区鶯谷の床屋さん「バーバーサカヰ」の前店主は「この鉢山町には昔、大和田小町といわれた人が住んでいる」とよく言っていました（それは私のことだそうです）。

渋谷はオリンピックの前から道路を大きく拡張し、区画整理しました。オリンピック道路と言われたくらいです。聖火リレーは朝倉邸から青山通りのほうを走りました。環状八号線のほうです。私の家には、天皇陛下と美智子妃殿下のご成婚のときにはまだテレビがありませんでした。しかし、オリンピックの聖火リレーの頃は白黒テレビがありました。その頃はもう日本の中も落ち着いて、流通が整ってきていました。

鉢山町のあたりは、関東大震災や東京大空襲でも焼けなかった家があった地区なので、昔からの平屋の家が多くありました。以前住んでいた家も大正五年に建てたままの平屋でした。その家を私の代になってから、昭和三十八年に建て替えました。その時、目黒雅叙園の壁《がん》塗りに参加したガン職人が、たまたまうちの新居の壁を塗るのに来ました。ガンとは建物の壁のことです。左官屋さんのようなお店がある人々でなく、仕事があると出掛けていく職人さんです。二人組で来たと思います。「この辺りで土壁の家を建てるのは最後だろうから、壁の色はまかせてくれ」と言われました。そして塗り終わって足場をはずすときには、前日までの雪がうそのように晴天となり、カラッとしていました。かかっていたシートをはがしてみると何と……、金ピカの家でした。丁度、西日がさし始めた時間でしたので、余計光ってしまって「何でこんな家になったのだろう……」と恥ずかしいやらで、びっくりしてしまいました。職人さんたちは「目黒雅叙園と同じふうにやりましたから、慣れれば良い色になってくるので、しばらく辛抱して下さい」と言いました。

その後、壁の色は金から緑、黒、黄色と年を追うごとに変わっていきました。壁をぬった素材には緑色が入っているため、何ともいえない風合が出てくるのでした。この辺りでは一番初めに建て替えたことと、当時珍しい二階家であったこともあって、周りの家と差がついてしまいとても目立ちました。そこで私は「こうなったらここを商店街にしよう」と思いました。

また、岸信介内閣の頃、安保問題に反対の人々が頭にヘルメットをかぶり、鉄パイプを持ち、顔を蔽うための手ぬぐいをかぶって渋谷駅の方からやってきました。その頃は労働組合が盛んな時期で、運動もたくさんおこなわれていました。私は当時、鉢山町の商店街でお店をやっていました。ところがその日は辺りがものものしいので店のガラス戸を閉めていました。すると、始めは勢いの良かった人たちも環状六号線まで来ると、待ち構えていた警察予備隊に追い返されて逃げてきました。ヘルメットや鉄パイプを持っているとつかまってしまうので「助けてください」と言いながら、店の中へ入ってきました。そして先ほどまでかぶっていたヘルメットや持っていた道具を店の中に捨てていくのです。中には血だらけの人もいて、しばらくは騒然としていました。おそらく家族の居ない人や感動しやすい学生などを巻き込んだのだと思いますが、すぐに解散してしまったらしいです。長く鉢山町に住んでいますが、こんな騒ぎがあったのは初めてのことでした。

註

（1）東京都総務局統計部人口統計課編・発行　二〇〇二年

（2）地図1は、国土地理院発行1：10000地形図『渋谷』を元に編纂された『明治前期・昭和前期東京都市地図3東京南部』（貝塚爽平監修　清水靖夫編　柏書房　一九九六年）より引用した。

（3）地図2は、国土地理院発行1：10000地形図『渋谷』一九九五年より引用した。

第二節　花街のお風呂屋

佐藤　豊
厚　香苗

話者：佐藤豊氏（渋谷区円山町在住　昭和二十六年生まれ）

本報告のもとは國學院大學伝承文学第一研究室にて行った佐藤豊氏への聞き取りを録音したテープである。佐藤氏は、円山町に古くからある「お風呂屋」の家族の一員として生まれ、昭和三十年代の円山町で幼少期を過ごした。子どもの目から見た円山町、そして現在の円山町までを語っていただいた。後日テープを起こし、整理した原稿に対して氏が確認を行い、現在の状況まで含む、より詳細な報告にすることができた。はじめに繁雑な作業を快諾してくださった氏へ御礼申し上げたい。一項から五項は子どもの頃の記憶をたどっての語りを中心に、佐藤氏による原稿修正を加味して厚が整理した。六項は現在の円山町をめぐる部分で、今の渋谷の雰囲気と佐藤氏の気持ちを伝えるため、極力語りと氏の修正を生かした。

では、テープ起こし原稿の一部分から始めたい。

地元の中学を卒業して、他の地域の高校に通うようになった頃から、地元である円山の花街ということを意識するようになりました。子どもの頃は学校の帰り道、三業地を抜けて帰ってくると近いということで……。三味線の伴奏で、下手なおじさんが小唄を習っているのを聞き、下手くそだな～と、思ったり、また、妙にしぐさや話が大人びている色っぽい女の子もいて「〇〇ちゃん、きれいだね」と言われているのを見ても、男の子の私には話がわかりませんでした。

円山町の花街のことは三業地と呼んでいましたね。検番が数年前まであり営業していました。つい最近まで三業という看板がのこっていました。一七年ほど前に喫茶店をはじめ、また地域との交流が始まりました。

一　円山町の「お風呂屋」弘法湯

弘法湯の歴史

弘法湯は江戸時代の文献にも出ている古いお湯屋である。江戸時代は上豊沢村一七ヶ所の共同浴場だったが、この湯の経営権を明治十八年に佐藤豊蔵という人が譲り受けた。それを機に弘法湯が本格的な「お風呂屋」として機能しはじめた。その「お風呂屋」の家族の一員として生まれ、「お風呂屋」を見て育った。佐藤家は円山で最初に料亭を建てた家でもある。曽祖父の時代に弘法湯の中に休憩所をつくり、ちょっとした飲食ができる場所を設けた。そこが円山花街の出発であった。のちに弘法湯の近接地に神泉館という料理旅館を開業した。料亭ができることによって芸妓屋が出来、その後、下駄屋や髪結い、小さな料理屋などが出来てきた。それから円山の花街が広く世間に知られるようになった。神泉館は空襲で消失し戦後に廃業。銭湯として弘法湯は「お風呂屋」のみの営業となった。

「お風呂屋」で使う水はヒメガイの井戸と呼ばれる井戸からくみ上げていたことから、弘法湯はヒメガイの湯とも言われていた。シメガイとも言われたその井戸はさまざまな物語に出てくる泉で、弘法湯の一角にあって、水をいくらポンプで汲んでも水位が変わらない不思議な井戸であった。あふれ出る水源を持ち繁盛したようである。この井戸の他にいくつか、別の井戸を掘ったこともあったが、ヒメガイの井戸以外はすぐに水がなくなってしまったと聞いている。ヒメガイの井戸の水は、地域の名水だったようで、子どもの頃、お年寄りがヤカンや一升瓶を持って来て「お水を分けてください」と、「番頭さん」に頼み、水を分けてもらっているのを見た記憶がある。当時は水が商売になることなどなかったので、すべて無料で分けてあげていた。水道もあったが、井戸の水を使うことが日常的だった。ヒメガイの井戸の水は木製のタンクに汲み置いて使用していた。

昭和三十年代には、各家庭に風呂がなかったので、「お風呂屋」は非常に繁盛した。売り上げ金が小銭のため重く、毎日銀行の人が取りに来てくれていた。混雑時には番台を素通りする不埒な客もいたほどで、子どもの目にも繁盛していることがわかった。風呂屋は人件費以外にも、ボイラーの修繕費、タイルの目地止めなど多くの維持費がかかる。時代が変わり、各家庭に風呂が普及したため経営が厳しくなり、薪置場、石炭置き場を駐車場に直して営業を続けていたが、一九七九年に廃業した。

多角経営―料亭と芸者

休憩所を広げて料理旅館を始めると、そこに芸者を派遣する芸妓屋が近所に何軒か出来た。芸妓屋が出来る以前は、遠くから芸者が出張してきていたのだが、地元円山の町内で「芸者さん」もまかなうことが出来るようになったようだ。そして渋谷円山の名前が広く知れ渡るにつれ、しだいに料亭等も増え、明治四十年ごろにはかなりの数になっていった。店の数が増えるにつれ、地域の治安が乱れ出したので、明治四十年、料理組合と芸妓組合が協力し、二業組合を結成、曽祖父たちが発起人になり、検番制度が作られ、風紀の自主規制を行うようになった。連隊ができる以前の明治二十年代にも遠いところから渋谷に客が来ていたようだ。当初、料亭に遊びに来ていたお客さんたちが、自分のひいき芸者をわざわざ出張で呼んでいたようである。渋谷には「西郷さんの弟さん」など、昔から有名人の別宅があり、裕福な顧客も多くいたようだ。今でも少ないながら、現役の「芸者さん」がいる。その中には、「芸者さん」という職業に憧れ、職人の家に生まれたが、好きで「芸者さん」になった人がいる。「芸者さん」という職業にプライドを持っている人である。「芸者さん」には、料亭住み込みと外から来る場合の二通りあったそうだ。住み込みの中には「芸者兼仲居さん」のような人もいたという。

二　弘法湯の人々

経営者一家

母の実家は道玄坂で久留米屋という呉服屋を営んでいた。呉服屋はかなりあった。神泉館の女将をしていた祖母の実家は、新潟の白根の町長をする造り酒屋だった。渋谷食堂も祖母の親戚で兄弟だった。昔はみな兄弟親戚を頼って東京に出てきたようである。新潟の人たちは郷土意識が強いようで、今も県人会がある。

弘法湯は父の実家で、身内が周囲に住んでいた。父は戦前生まれで、家業と接してはいけないという厳しい教育を受けて育った。祖母が「風紀を心配して」商売の場に出入りすることを禁止したという。父は金銭的にも豊かな中で育ち、軍隊に入隊した際は大分苦労をしたと聞かされている。

戦後は民主主義の社会で、「地域の人たちと仲良く生活を」ということになって、私は地元の小学校に入学し、銭湯を遊び場として常に走りまわり、大人たちに混じって育った。今思えば広く地域の人と接することが出来て本当に良かったと思う。

「番頭さん」と「三助さん」

「番頭さん」は男性、「女中さん」は女性の使用人の呼称で、「番頭さん」には冬になると新潟などから出てくる出稼ぎの人もいた。常時いるのは三、四人くらいのことが多く、少ないときでも二人はいて、住み込みだった。季節で来る人は増員の従業員だった。「三助さん」と「番頭さん」は大体兼任していて、「番頭さん」が短パンみたいなものを穿くと、「三助さん」ということになった。客が「三助さん」に背中を流してもらうサービスである「流し」を頼むときには、番台で「流し札」という札を買う。髪が長い女性は髪を洗うのに湯をいっぱい使うので、「髪洗い」という札もあった。札は木で出来た表札のようなもので、それを事前に番台で買うと、「三助さん」が背中を流して揉んでくれる。子どもだったので値段はわからなかったが、入浴料より安かったと思う。「三助さん」は「流し」が入るとお金になるらしく、幼い頃に「三助さん」の買い物についていくと、帰りにお菓子屋さんで「好きな物を買ってあげる」と言われ、お菓子を買ってもらったことが記憶にある。今考えると結構実入りがよかったのだろう。「三助さん」の収入は、「流し」に関しては歩合のようになっていたのだと思う。たくさんお客さんをとればその分お金が入り、また、お客によっては「三助さん」のご指名もあったようだ。正月などには心付けをくれる人もいた。開店時間の午後三時までには木材の処理等を片付け、短パンに履き替えて「番頭さん」は「三助さん」になる。「番頭さん」の仕事は燃料確保、風呂沸かし、掃除、そして副業の「三助さん」といったところだった。「番頭さん」の見習いは一五歳くらいで故郷から出てくる。最初はなにも分からないが、先輩の「番頭さん」が一人前に育ててくれる。風呂沸かしは、冬はたくさん、夏はすこしの薪でする。湯の焚き加減が難しい。使う薪の量は「番頭さん」の経験で決める。混むときは火力を上げるなど、時々の調整も必要だった。後にはボイラーで調節できるようになったが、薪の頃はよく「ぬるいぞ」と怒鳴られていた。

薪で風呂を沸かしていた頃、「お風呂屋」は廃材等を処分してくれるところでもあった。廃材が出ると連絡がきて、「番頭さん」たちが引き取りに行った。古い家を壊し新築することが多かった昭和三十年代には、オート三輪で廃材を引き取ってきていた。町の多くがまだバラックのような家で、廃材はたくさん出た。そのほか道玄坂にあった「ミシン屋さん」のミシンの木箱なども、溜まると引き取りに行っていた。

また、「パチンコ屋さん」にも行った。子どもだったので詳しいことはわからないが、玉を磨くのに豚革などの切れはしと玉をまぜ、機械に入れて一緒にまわすらしかった。散々みがきに使って真っ黒になったその革を燃料用にもらってきていた。バッグや靴などの型に取った残りだったのではないかと思う。燃やす前に、革の間に挟まって残っているパチンコ球を拾い集め遊んだ。豚革は油が染みているのでよく燃えたようだ。当時も煙にうるさい人がいたが、今ほどではなかったように思う。

廃材の大きいものは「番頭さん」が斧で手頃な大きさに割る。「番頭さん」の裁量で大きさが決まっていた。灰は廃材置き場を掘り返して埋めていた。街の焼却場の役目をもち、頼まれると亡くなったペットまで燃やしてあげるほど、さまざまなものを燃やしていた。温水器というものもあった。使用済みの湯が流れてたまる、小さな浅いプールのようなもので銅管がその中に通っている。その銅管の中にまだ沸かしていない水を通してあたためる仕組みで、その後、釜に戻し沸かしていた。使用済みの湯をためて使うので、湯垢や髪の毛がたまりやすく、竹を編んだブラシのようなもので「番頭さん」が一日何回か洗っていた。湯垢や髪の毛も燃やした。

「女中さん」

「女中さん」もたくさんいた。挨拶の仕方などの礼儀作法を祖母が教えていた。父の母である祖母は大奥様と呼ばれていて、「女中さん」の躾には厳しかったようだ。会社などと同じように命令系統があり、家族の者に〇〇「女中さん」を指導せよとの指示が入ることもあったようだ。買い物などに一緒に連れて行き、慣れたら一人で行かせるなど、少しずつ教育していたように思う。

地方から出て来たばかりの「女中さん」は、挨拶などが苦手なようで、言葉がすくなかった。子供の頃、人によっては、なまりがひどくて何を言っているかわからないと思ったことがあった。祖母からは、中学を卒業して「女中さん」として東京に出てきた人の中には、兄弟が多い田舎の農家などから、一番上の「お姉さん」が奉公という形で、東京に就職に出されて来る人もいたと聞いた。支度金が前金として渡されていたらしい。風呂敷包み一つを持ち、田舎から出て来た「女中さん」などに対し、祖母に「仲良くしてあげなさい」と言われた。「女中さん」はほとんど祖母の出身地である新潟方面から紹介で来ていた。「女中さん」の中には、「田舎のお父さん」が金銭的に厳しくなると前借りにきたりして、「お手当て」が少なくなってしまう人もいた。「お手当て」とは別に「お小遣い」をあげていたことを知っている。また「お風呂屋」の脱衣場には、渋谷にある映画館のポスターが数多く貼ってあった。映画館のポスターを貼ると、その映画のチケットがもらえるので、チケットの数は大層な数になったと思う。「女中さん」たちはそのチケットをもらい、月に一度の休日には映画をよく観に行っていたようである。皆で映画の話をしていた。

三　「お風呂屋」の息子の生活と周囲の人々

家の手伝い

学校が休みの時に、風呂場の掃除を手伝うことがあった。お盆や正月は子どもが遅くまで起きていても怒られず、そのような機会だけではあったが、小遣いを貰った。洗い方のコツは上から順番に洗っていけばいいと言われていた。鏡などを先に洗うと、「番頭さん」が後から水を流していってくれた。タイルは洗剤をつかわずに白い磨き砂を使っていた。数ヶ月で目地が減り、よく目地止めの工事が入っていた。洗い場はデッキブラシで、浴槽の中はタワシの大きいものでこすっていた。たわしにも色々と種類があった。

友人・知人の反応

実家が「お風呂屋」をやっていることを知った友達の反応は、年齢により変化した。私が小学生の頃は本人次第ではあったが、三年生くらいで男湯・女湯に分かれて入るようになっていたと思う。私の場合、母親と女湯に入っていたら同級生の女の子が来て「エッチ」と言われた事がきっかけで女湯には入らなくなった。女の子の方がそういうことには敏感なようで、学校でも「佐藤君は女湯に入っていた」と言いふらされたことがあり、それから「入っちゃまずいのかな」と思うようになった。

家族は「お風呂場」に入るときは裏から入ることになっていた。高校生の頃、「お風呂」に裏から入れるため、それを目当てに私の家に泊まりに来たがる友達も少なからずいた。裏の戸口に洗い場の様子を見ることができる窓があり、「番頭さん」たちに見つからないように友達がそこから覗こうと狙っていたら、ある日突然、覗き窓に紙を張られていたこともあった。番台に苦情がはいったようである。覗いたところで湯気がひどく、よく見えないのだが、若い男の子たちにとっては、胸躍るものがあったように思う。大学の頃、父や叔父たちと飲みに出かけ、飲み屋のお客さんたちに家業が風呂屋ということがわかると、父や叔父たちは一度でいいから番台に座らせて欲しいとよく頼まれていた。私にとって、「お風呂屋」は子どもの頃からの身近な場所だったため、周りの男の人たちほど深く憧れる気持ちなど湧いたことはなかったが、世の男性たちは、「お風呂屋」の番台に対して特別な気持ちが生じるのかな、おもしろいなと思った。

子どもの頃の遊び場

小学校の頃、今のセンター街があるあたりで三角ベースの野球をした記憶がある。現在、東急本店が建っている所にあった大向小学校に通っていたが、同級生にはペンキ屋、お好み焼き屋、うなぎ屋、水道屋など、さまざまな家の子供がいた。

幼い頃は、東急東横店の屋上が遊び場だった。観覧車、金魚すくい、子馬に乗るような遊具があった。毎日、父や「女中さん」と一緒に行っていた。ロープウェイに乗った記憶もある。家族の者か「女中さん」がいつもお金を持ってついてくるので、小さい頃にお金を持った記憶がない。今と違って人手がたくさんあったからだろう。仲良しの「女中さん」が二人ついていてくれることが多かった。

子どもの目から見た「お風呂屋」で働く人々

「番頭さん」はかっこよかった。肉体労働をしているので体格もいいし、特注の短パンみたいなものを穿き、腰についた紐をキリッと縛るように締めていたからだ。その短パンのようなものはオーダーで作るのだが、裾の角度など細かく注文を出していた。子どもの頃、回収してきた廃材を薪にする際、廃材に打ち込まれた釘を抜く作業があった。その作業にもあこがれて、子どもの自分も小さな釘抜きを買ってもらい、釘抜き作業の仲間に入れてもらっていた。今考えれば、ずいぶんと邪魔だったのではないかと思われるが、「番頭さん」たちは親切だった。電動のこぎりなどもあったが、釘をちゃんと抜いておかないと、のこぎりの刃がだめになった。それなので釘抜きは重要な作業の一つだったと思う。

使用人と家族の食事は別々にしていた。内容も台所も別で、「番頭さん」「女中さん」用の食事は、「女中さん」たちが作っていた。彼らが食事をする部屋も別にあった。「番頭さん」も「女中さん」も、若い人が多く、みんな育ち盛りなので食欲は旺盛だった。「番頭さん」と「女中さん」の食事内容は同じで、丸い大きなちゃぶ台の上に、焼き魚やたくわんなどが大量に盛られた皿が置かれていた。三人くらいが交代で食べることになっていたが、子どもの頃はそこで一緒にご飯を食べたくて、どうしても食べると言って茶碗を持って行き、少しだけもらって食べたことがある。通常の昼食などは、妹と自分と「女中さん」くらいの少人数なので、子どもとしては彼らの食事風景が楽しそうに見えた。子ども用にはないたくあんをばりばり食べる姿にあこがれた。大人だなあと思った。家では同じ焼き魚でも切り身になったものが子ども用として作られていた。向こうは鰺の干物などがたくさん焼いてある。彼らがよく作って食べていたサツマイモを入れたおじやが、甘い香りがしておいしかった。時々それがほしくてもらいにいった覚えがある。

ある時代を境に煙突から出る煙に苦情がくるようになった。そこで煙突に金網をかけたのだが、そのために煙突が灰で詰まりやすくなり、時折「煙突掃除のおじさん」が来るようになった。煙突の中に上から入り掃除しながら下りてきて、真っ黒になって出てくる。それがまたかっこよくてあこがれた。

お客さんとのやりとり

自分の自慢話や若い人たちに小言を言うおじいさんがいた。脱衣場の一部の庭に面した縁側に、扇風機が回っている場所があって、その前の椅子に腰を掛け、自分の指定席にしていた。つかまると、いつまでもしつこく「今どきの若い連中はしょうがない」と小言を言っていた。きっと淋しかったのだろう。また、よく年上の人たちから「毛が生えたか」「見せろ」「一丁前になってきたか」とか言われ、からかわれた。小さな頃からお風呂は皆で入るものだと思っていたので、裸に対しての抵抗はなかった。小学校六年くらいから「生えたか」というのが、まるで挨拶であるかのようによく大人に言われた。これには参った。一人前になるステップだったのかもしれない。

四　弘法湯のつくり

小学校一、二年生（昭和三十二年頃）まで休みは月に一回で、二十日が定休日だった。その後は、六日と二十日、月に二日の休みになった。「お風呂屋」は公衆衛生を担っているので地域ごとに順番に休まなければならないようだった。地域の浴場組合で話し合い、決めていたようだ。当時は、町に「お風呂屋」がかなりあった。近所だけでも五軒くらい開業していて、その中で弘法湯が一番大きくて古い「お風呂屋」だった。私の記憶している弘法湯は図の通りである。子どもを連れてくる人が多いので女湯の方が広かった。入って左が女湯。昔は湯壷に薬草を入れたお風呂があり有名だったらしい。季節ごとにかわった催しがあった。菖蒲湯とゆず湯をよく覚えている。薬湯もたまにはつくっていたが、薬湯の成分などはわからない。湯の色が濁っていて不思議な匂いがしたので、薬草のような漢方薬だったのではないかと思う。男女両浴場にあった。私の記憶ではあまり使用されていなかったように思う。弘法湯の最後の時期にはこの湯はなくなっていた。

男と女で混む時間が違うので、男湯と女湯の湯壷はパイプでつながっている。これは湯を抜かないと知ることは出来ない。湯壷のお湯を上手く調節するための仕組みである。男湯にはシャワーがあったが、女湯にはなかった。そのかわりに、女湯には髪洗いのためのスペースがあった。ここの呼び名は特になかった。番台には家族が座り、「番頭さん」や「女中さん」が座ることはなかった。「番頭さん」はシタフロとよばれていた裏方にいて、その外側は釜場があり、釜場の上の二階と半三階に「番頭さん」たちの部屋があった。釜の上なので夏は暑く、冬は暖かかった。家族は別のところで、「女中さん」たちにも別の棟があった。薪などは裏に薪置き場があった。安定した営業をするため大量に燃料のストックをもたねばならず広い土地が必要だった。

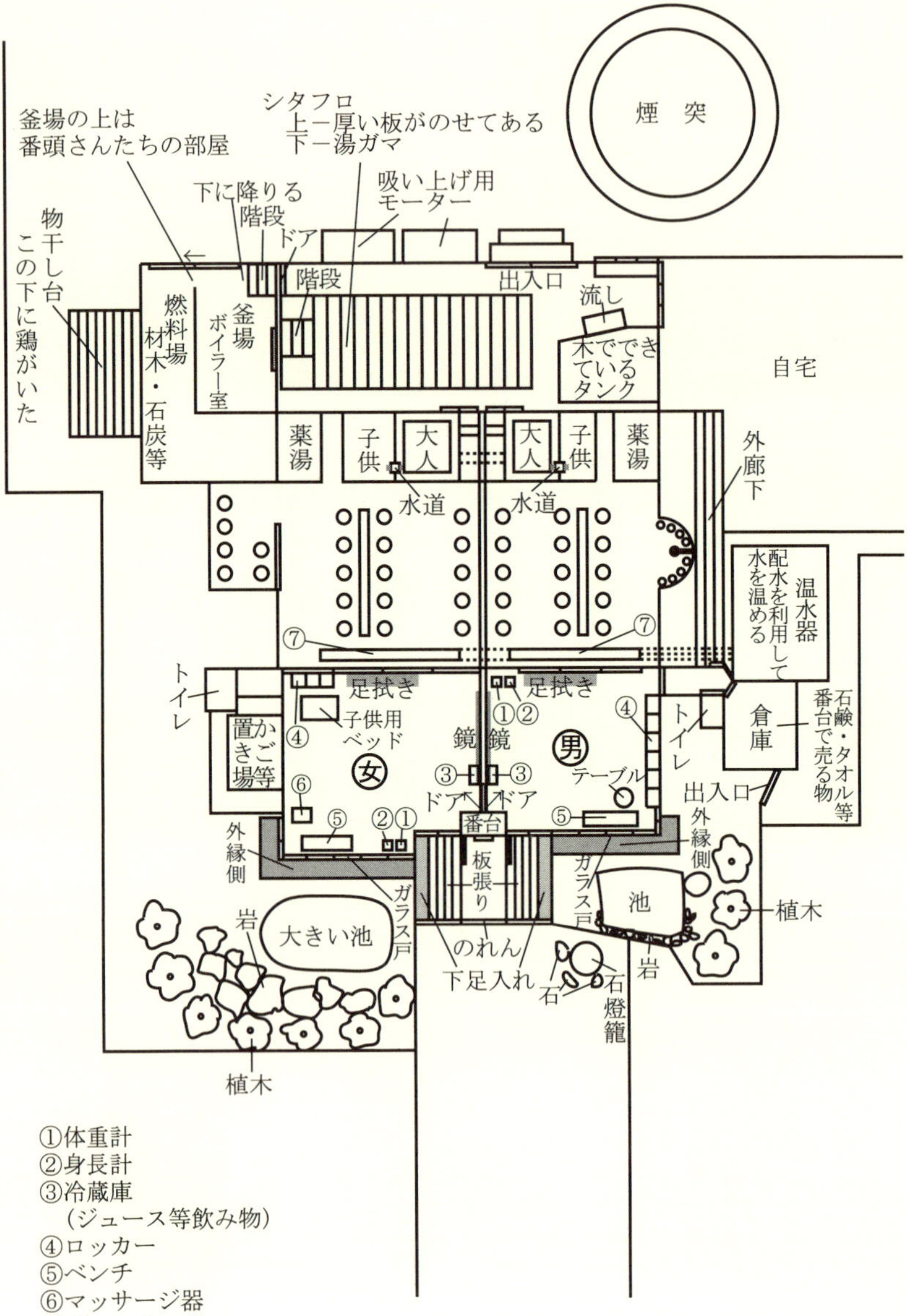

①体重計
②身長計
③冷蔵庫
（ジュース等飲み物）
④ロッカー
⑤ベンチ
⑥マッサージ器
⑦グレーチング

図　弘法湯

五　「お風呂屋」の一日―時間帯別に集まる人々

水商売の人たちが多く住んでいた土地柄なので、時間によって客層が異なったが、うまくバランスがとれていて、三業地の中で効率よく営業していた。

貸しスペースとしての脱衣場（午後三時以前）

開店時間の午後三時以前は、鏡が貼ってある板の間の脱衣所が空いている。脱衣籠や子ども用の小さいベッドを隅によけると随分広いスペースが出来た。そこが今で言うカルチャースクールのように使われ、民謡教室や、クラブなどのショーの練習場に使われていた。夏休みの時などいつもその様子を見ていた。民謡教室のときに、蓄音機を回す手伝いをするとお小遣いをもらえたので手伝いもした。父は民謡の師匠で、お弟子さんである地域のお年寄りや婦人会の人たちも習いに来ていた。自宅の小さい舞台でも練習をしていたが、脱衣場の方が広いので、お祭りの時期になると脱衣場の方で、皆で円形になって「佐渡おけさ」などを練習していた。

開店時の客―水商売の人たち（午後三時以降）

「芸者さん」から、だんだんとクラブ・キャバレーなどに勤める女性たちに客層が変化してきたが、「お風呂屋」に最初に来るのは水商売の女性たちだった。玄関脇の石灯籠に座って、お風呂屋の開くのを待っている。女性たちは出勤するためのお化粧をしなければならないのだが、今とちがって自宅に浴室がないため、三時になるとお風呂屋の玄関にそのような女性たちが並んだのだ。神泉地区は交通の便がよいため多くのアパートが出来て、銀座、赤坂などに通うオネエサンたちが増えた。入浴前と出勤のときの顔があまりにも違うので、子どもながらに驚いた。まるで違う人のように変身する。これは生で見なくてはわからないと思う。「芸者さん」は桶を持ち、オネエサンたちはスカーフの薄いようなのを髪に巻いていることが多かった。そのようなわけでいつも女湯が先に混む。キャバレーの人が増え出したのは昭和三十年代中ごろだったように思う。いずれにしても客として来てくれるのだから、「お風呂屋」としてはうれしいことだった。

夜の早い時間の客—子供連れの母親（午後五時以降）

女湯は子ども連れの母親たちが中心で、男湯には「職人さん」などが多かった。ウェットスーツを着ているような彫り物をしている鳶の人たちもいた。風呂のお湯をうめようとすると、熱いお湯が好きなおじさんにいつも怒られた。怒るおじさんはいつものぼせて、顔がゆでタコみたいになっていた。江戸っ子の粋を気取っているのか分からないが、我慢強い人だった。男の人の中には、仕事帰りの早い時間に入りに来て、それから飲みに行く人たちもいた。周りには小さい「飲み屋さん」などもたくさんあった。

夜の客—父親たち（午後七時以降）

仕事を終えた父親たちが多い。女性と入れ違いに風呂にくる。

深夜の客—地元で働く人々（午前〇時前後）

男湯を先に閉じて掃除を始めて、そのつぎに女湯を掃除することになっていた。閉店間際には女湯を混浴にしていたのだ。この時間は「地元で水商売」の年配の女性たちが多く入りに来る。混浴になっても女性の方が気にしない。顔見知りがほとんどなので、どうということはない。たまに女湯に入っていいと言われてもなかなか入れない若い男性もいた。初めの頃は「○○ちゃーん、遠慮なんてしなくていいのよ」と女性たちから呼ばれたりしていておもしろかった。

閉店（午前三時）

閉店は午前三時、掃除が済んで一日が終わるのは午前四時ごろが多かった。それからシタフロと呼ぶ釜場で、「番頭さん」同士が一杯やっていた。子どもだったので正月くらいしか見ることが出来なかったが、楽しそうだった。正月になると閉店した後、盛大に宴会を開いていた。踊りや歌もやっていた。

六　「お風呂屋」から喫茶店へ—円山町の現在

お風呂屋が廃業になり、昭和六十年新たに喫茶店を開業すると、また街の情報が集まってきた。

円山町ホテル街

円山町は今、連れ込みホテル街になっている。円山は堅い商売はあまり発展しないが、料亭から転業した連れ込みホテルなどは成功している。学校を出て写真の仕事を始めたばかりの昭和四十九年~五十年頃、アルバイトで連れ込みホテルの部屋案内用写真を撮影したことがある。連れ込みホテルの中でも超豪華なホテルだった。メゾネットの部屋で、部屋の中にエレベーターがあり、当時、回転ベッドがはやっていて、そのベッドのまわり全面に鏡が貼ってある部屋を撮影することになった。撮影しようとすると、必ずどこかに自分が映る。考えた末、お風呂場のドアを開けて、湯気を部屋に通し、鏡が曇った状態で撮影をした。「お風呂屋」の鏡を思い出した。

円山町の今後

最近聞いた話だが、かつて学校写真などの仕事をしていた人たちが、少子化の影響で子どもが減り、学校アルバムなどの仕事が少なくなってきたため、風俗関係の写真を撮影しているそうである。機会があったので撮影されたポジを見たことがあるが、顔を隠しての写真だった。一見すると簡単そうな撮影に思えるが、なかなか難しい写真だなと思う。

マスコミなどから伝わる円山町という地名のイメージと、現場の円山町ではずいぶん違う。マスメディアの伝える限られた情報というものは、世間にひどく誤解を与えるものである。どこの町でも同じだと思うが、その町に暮らしてみない限り見えてこないものがあると思う。

喫茶店を開業し、色々な業種のお客さんと会う機会ができた。サラリーマン、保険屋さん、カルチャースクールに通うおばあさん、主婦、美容師さん、工事現場の人、ヤクザさん、闇金の人（ふつうの金融業者より貸し出す際の金利が高い人たちを呼んでいる）、役者さん、お笑いの人、歌手、アイドル、モデル、映画監督、大会社の会長さん、社長さん、飲み屋さんのママ、ＯＬ、学校の先生、風俗関係の人、マスコミ（テレビ取材や記者さん）、刑事さん、女子高生、「芸者さん」、書き出したらきりが無い。

現在は円山町に暮らすという意味がかつてと少し違ってきていると感じる。昔は地域に住んで仕事をしていたが、今は一階に以前からの店を経営していても、二階以上は貸しビルとしてテナントに貸し、電車で通勤して来るお店が多い。道玄坂などは、本当に住民票が少ないと聞く。バブルを境に生活形態が変わっていった。町の様子をよく見ることが出来る点、喫茶店と「お風呂屋」は似ていると思う。

お客さんの中に以前、風俗の現場で電話の担当をしていた人がいる。電話の仕事だって誠意を持って対応しなくてはだめだと言われた。言葉の使い方一つ一つが大事だそうだ。皆世間は色眼鏡で見るが、現場で働いている人たちはたいへんだなといつも思う。そういう商売に入る人は、わたしの見るところ、多くはやさしくて、人に喜んでもらえるのがうれしく感じられる人たちだ。以前の職業を聞くと、やはり人に元気を与える職業が多い。

美化運動などで、渋谷の電話ボックスなどを掃除に行くと、風俗のチラシのところと、高利貸しのチラシのところがあり、たまに私の店にも両者の関係のお客さんが来る。高利貸しの方は新聞で賑わしているようなほどではないが、結構高い金利のようだ。バブルの頃は、一晩で数百万使ったなどという話も聞かれたが今はない。

ホステスさんなどで、お客さんの支払いを立て替えたのに、そのお客さんに逃げられてしまい、苦労している人などの話も聞く。水商売で仕事をしていくのも大変だとつくづく思う。風俗業界でもよいオーナーだと、立て替え分を肩代わりしてくれることもあるという。中には親切な人もいるということだが、それは世間の人からは見えない部分だと思う。運もあるかもしれないが、円山という土地は、人を癒してくれる力を持っているように思う。

昔は、「お風呂屋」、そして花街、料亭、ラブホテル、ライブハウス、そして今はクラブである。皆決して生産性のあるような事業ではないが、全部に共通しているものは、人に元気を与える力をもつ点である。昔の「芸者さん」も今の風俗で働く人たちも、全部とは言わないが、世間で思うような暗さは決してない。クラブやライブハウスなどに行っても同じである。来ている人たちを昔の不良と同じだという目で見るべきではない。これからどんな風に町が変化していくのかわからない。だが、どこかに人を癒す力をもつ町でありつづけるのではないかと思われる。

第三節　松濤の奥様

伊藤　康博

一　松濤に住むまで　―日本橋にて―

出自と母親のこと

平成十五年三月十二日現在、渋谷松濤に住まわれているTさんは、昭和三年、東京都中央区日本橋茅場町に生まれる。母は料亭と玉突き場を経営していた。母は明治生まれだが、当時としては珍しく新婚旅行はハワイに行った。ダンスも好きで、銀座の人の内でもハイカラであった。母は未亡人だったが、この家の女性は代々商売をしていた。「働かざるもの食うべからず」という主義だったという。

商家の子供たち

商家の子供だったのでそろばんを玩具にするとひどく叱られたものだった。日本橋には商家が多く、家人が子供の勉強をみる暇がないので、ほぼ毎日のように補習塾へ通っていた。そのため、当時茅場町にはたくさんの塾があった。

学校が終わると塾に行く。塾へ行って宿題や友達とおしゃべりなどをした。塾には週五日、土日以外は毎日行っていた。

補習塾とは別に、六歳の六月から三味線・踊り・長唄を習い始めた。塾が終わると踊りの服を着て踊りを習いに行く。塾が終わって踊りへ行く途中でお腹が減るので、おでん屋へ行き、「つけ」で食べた。

小遣いをもらうときは赤坂日枝神社、茅場町の薬師、水天宮などで行われるまつりのときである。ただしそれは周りの家の子供の話で、随分大きくなるまで小遣いというものはもらったことがなかったという。

「下町と山手では人情が違う。下町はあったかいが、人と人との距離は保つ。山手はにこにこしてるけど冷たい。しかし親しくなると限度がない。だから困る。」のだという。

引越しのきっかけ

終戦直後に疎開先の稲城の方から松濤に越して来た。母が、身寄りが無く一人で困っているという老人から、松濤美術館の前の土地三五〇坪を買った。詳しくは覚えていないが、元政治家の老人だったようで、「鰤大臣」というあだ名で呼ばれていた。

茅場町の家にはそのまま母が入って、自分は結婚してだいぶ経ってから入った。そのうち建て直そうというのでマンションを建てた。今は茅場町の家は引き払ってしまっている。

二　松濤の住人たち

松濤の芸能人

三五年程前に山本富士子が越してきたが、これが松濤で最初の芸能人だった。その後に谷村新司、水前寺清子、少し経って森進一が越してきた。それまで自家用車かハイヤーだけで、タクシーは松濤ではあまり見かけなかった。名前までは知らないが、芸能人が随分多く住んでいた。

松濤の子供

昔から松濤では子供の声がしないという。これは、朝から車で学校に送っていき、うちに帰ってきて遊んでいても、庭が大きくて声が外に出ないせいである。父親や母親の通った私立学校に入学させる家が多いようだ。最近は平気で塀を乗り越えて庭に入って来て、木になっているものを珍しいといって持って行ってしまう。子供がいるマンションが増え、子供の躾も変わってしまったのである。

松濤の外国人

外国人は昔から多かったのではない。多くなったのはドイツの放送局や大使館が増えた昭和四十年代からだったと思う。それまでは静かなお屋敷町だった。外国人をお手伝いに雇う家が増えた。古くからいる日本のお手伝いさんたちとごみの分別でもめたりする。三ヶ月でビザが切れると国に帰ってしまうので、交代が多くコミュニケーションが上手く取れないようだ。買い物や犬の散歩などによく歩いているので、ちょっと裏を歩くと日本じゃないのかしらと思ったりする。

引越しの際には

転入の際に、両隣と前のお宅三軒と町会長の家に挨拶に行く。越して行くときは、町会長と、懇意にしている隣近所に挨拶する。物を貰っても困るので、商品券が望ましい。昔の作法については、母が持って行っていたので覚えていない。マンションの人は越してきても、挨拶もしない。黙って引越してしまう人もいる。近頃は一戸建てに住んでいる人でも、そういった挨拶なしで越して行ってしまう人もいて、時代が変わったのだろうが、何となくさびしい感じがする。

三　松濤の今昔

お屋敷町と色町の頃

渋谷でも正月になると、芸者衆は出の衣装を着て、綺麗にして歩いていたものだった。三業地に指定されたのは明治のことで、皇后様が亡くなる少し前のこと。今でも芸者はいるが、ああいった出の衣装は着ていない。

芸者衆が歩いていればそれだけで華やかだった。道玄坂ではなく、神泉の方を歩いていた。神泉は料理屋、置屋が多く、芸者の歩く姿が見え、唄や三味線の音が聞こえた。色町には料理屋が軒を並べていたが、今その辺りはみんなマンションになってしまった。昼間は稽古の三味線の音などが聞こえて情緒があった。下町情緒があって、茅場町界隈と同じ雰囲気でいいと思っていた。お屋敷町の隣に色町がある。お屋敷町の人たちが色町に通っていたかどうかはわからないが、行き来はあまりなかったように思う。お屋敷の奥様方はさも汚らしいと色町を見ていたようだ。

松濤の奥様

松濤で昼間歩いているのは、犬とお手伝いさんと御用聞きだけだった。バブルの頃から、犬の散歩や世話などを人に頼む家が増え、散歩しているのをよく見るようになった。奥様方は日中家にいない方が多いようだ。若い奥様方はカルチャースクールに通い、帰りにお茶する。

買い物に奥様が歩くことはない。いまだに御用聞きがまわっている。また個別に生協に頼んでいる家が多い。

ふぐ屋「良支《よしき》」

神泉にあった「良支」というふぐ屋が引っ越してしまってから、さびしくなった。有名なふぐ屋でとても美味しかった。関東はふぐを一丁引きにして料理するが、本場の関西では二丁引きで厚みがある。「良支」のふぐは二丁引きだった。

四　明治・大正女の知恵

本妻と妾

盆暮れには、きちんと二号さんたちは奥さんに挨拶に来る。妾は公認であった。向こうがきちんと挨拶してきたら、こちらも「よろしくお願いしますね」ということになる。例えばご主人が遊びに行ったら、奥さんは行く先のママとか料亭の女将とかに、葉書を書いてコンタクトを取り仲良くなってしまう。「お勘定はすぐ送って下さい。お支払いします」と言っておくと、そこの経営者たちはこのお客様には変な女は付けられないと思う。変な女に付かれる方がよっぽど怖い。当然のことだが、妾はものの分かる女性がふさわしい。

本妻とは、仕事、妾等を掌握可能な切れ者でなければ務まらない。しかし妾の方にも当然知恵はいる。顔だけで気を惹くような妾は、年を取るとおしまい。

愛人を囲うときの知恵

男の人は二号さん（愛人）に金を積むのは落とすまでで、落としたら二号さんに店を持たせる。二号さんは店を持つのが夢だから一生懸命働く。働くので精一杯だから男を作るヒマがない。小遣いを一切やらなくても、男が一月に一回しか来なくても文句は言わない。「黒字が出たらお前のもの。赤字が出たらちゃんと補填してやる」。これで妾は納得して商売を一生懸命やる。この方が囲うには安上がり。

夫婦の知恵

結局は男の人が上。知っていて知らん顔している。うちでは口喧嘩一つ無かったが、その秘訣は、どちらかが下がっていれば喧嘩にはならないということである。結婚だけでなく人の使い方についても言えること。対等だから喧嘩になる。自分が下がればいい。

商売のこと

商売は現役でやっている。終戦直後から衆議院の議員会館の食堂を家一軒だけでやっていたが、いまではゴルフ場の食堂を経営している。四〇年くらい前に吉田茂から「料亭政治はなくなる。これからはゴルフだ。」と言われ、議員食堂の権利を売って、ゴルフ場の食堂を経営するようになった。

昔の商人のうちでは、問屋でもそうだが、そろばんを握る奥さんは結構多かった。自分は帳場には座らないが、店に出ることは多かった。

自分は仕事以外にはほとんど出歩かなかった。働かなければならなかった。母の仕事（料亭）と、主人は自分が四一歳のときに亡くなったので、その仕事（高圧ボンベの輸出）も手がけていた。それらと並行して自分の仕事（議員食堂）をしていた。商売は楽しい。楽しいと自分で思わないとだめ。

経営者の心得

自分が子供のときから母親に言われたのは、「小言をいうならサシ（一対一）で言い、褒めるときにはみんなの前で褒める。」ということである。人の使い方はどんな場でも同じだと思っている。

昔の料理人は一度客に出したものは全部捨てる。使いまわしは絶対にしない。主人といえども、料理場のチーフや板長の許可なしに冷蔵庫は勝手に開けられない。そのくらいの見識がないと良い店にはならない。お互いを認め合うことが大事である。仕入れに目が利かないと、どんな悪い食材を入れられるか分からない。そういうことがあるので女の人がよく気を配らないといけない。だから子供のときから修行させられる。雇う側の娘だからといってボケッとしていられない。使う側に立つのだから、全ての仕事を把握していないと馬鹿にされてしまうし、何より店が立ち行かない。そうして育てられたから、どこに目をつけるかなどは自然に身について行くものだった。だから余所へ食事に行ってカウンターの見える所に座ると、つい目をやってしまう。「ご商売ですか」などと言われてしまったりする。

しかしどうしても向き不向きはある。何事も楽しいと思えるか、それから始まると思っている。

小遣いと気遣い

商人が一番気をつけるべきことは、「小銭を遣わずに、気を遣え」ということである。小銭でもってチップをやるより、心を込めて「ありがとう、おいしかった」と言葉を掛けるほうがいい。身内であっても礼儀は尽くす。主人や息子の連れ合いははじめすごく他人行儀に思えたという。しかし、家族であってもありがとうは「タダ」であって、それがお互いに気持ちよく過ごせるのだから礼を惜しんではいけない。まずは「はい」と返事をする。

健康の秘訣

いろいろな病気をしたが、医者に普通では考えられないほど治りがいいと言われた。血の循環が良いせいだろうと思っている。自分は未熟児で何年も生きないと言われ、直接母乳を飲む力もなくてスポイトで飲まされていた。昔の人は短絡思考で赤ワインと血を繋げていたようで、祖父は身体の弱かった自分に赤玉ポートワインを舐めさせていた。祖父が晩酌しているそばにくっついて、よく舐めさせてもらっていた。それから好きになった。そのおかげか、全く悪酔いをせず、二日酔いになったことがない。

第四節　渋谷の子ども

高久　舞

渋谷という一つの地域で生きる人々の生活を捉えていくため、本節では渋谷で生活する子どもに焦点をあてる。平成二十年六月三十日に二人の小学生から話を聞いた。対象者は渋谷区在住のS（女）とF（女）で共に私立のA校に通う小学四年生である。また、Sちゃんの母も同席した。

一　それぞれの生活

Sちゃんは渋谷区松濤在住で両親と兄の四人家族である。兄は留学中であり、現在は両親と三人で暮らしている。彼女の生活の概要を時系列でまとめたものが表1である。

Fちゃんは渋谷区神宮前在住で両親、祖父母、弟の六人家族である。彼女の生活の概要は表2にまとめた。共に休日、長期休みではなく学校に通う平日の生活である。

いずれも朝六時から七時の間に起床し、朝食を食べ、登校。授業後は習い事に行くかそのまま帰宅している。帰宅

表1　Sちゃんの生活

時間	内容	備考
6:55	起床	
7:00	朝食	茹でたトウモロコシだけ、ソーセージだけといった、手軽なもの。パンとご飯は半々。ご飯の場合も、オニギリ等、手軽に作ったり食べたり出来るもの。
	支度	朝食後に洗顔等を行う。お母さんが髪の毛を二つに分けて結んでくれる。
7:30	出発	徒歩23分。7時50分集合の時は7時半くらいに、8時10分集合の時は7時45分くらいに登校。
7:50	登校	
	礼拝	プロテスタント系の学校であるため、毎日礼拝が行われている。
	授業	
15:30～16:30	授業終了	
	稽古	ピアノ、公文式、アートスタジオ（工作）と、日毎に違う。稽古がない日は直接帰宅。
	帰宅	
	勉強	
	お手伝い	お風呂掃除、洗濯、お皿洗い、カーテンの開け閉め
19:30	夕食	母の仕度が間に合わない時は外食（焼肉、中華、ピザ、イタリア料理、寿司、蕎麦等）
	入浴	
	遊戯	読書が主。テレビは父がいる時以外は、あまり見ない
21:00～22:00	就寝	遅いときは2時まで起きていることもある。個室あり（ベッドに一人で寝る）

後は二人とも家の手伝いをしているが、これは学校側が「お手伝い表」を各家庭に配り表を埋めていくことが義務づけられているため、その影響もあるかと思われる。帰宅後は勉強、夕飯、入浴、勉強及び遊戯、就寝といったように二人の生活リズムに大きな差はない。これは同じ学校に通っていることも一つの要因かと思われる。登下校に関しては、Sちゃんは自宅が松濤であるため、渋谷駅前のスクランブル交差点付近を通って学校に行く。一方、Fちゃんは電車か徒歩であり、街中は通らないで通学する。これが二人の生活リズムの中で唯一の差異となる。

嫌いな場所が渋谷と答えた二人であるが、好きな場所も共通している。それが東急本店である。ハチ公口から109を左手に見てまっすぐ進んだ突き当たりにある東急本店は、スクランブル交差点やセンター街などから少し離れた距離にある。松濤に一五年ほど前から住んでいるSちゃんの母によると、ドンキホーテやスターバックスコーヒーができるまで、東急本店あたりは人通りが少なかったという。Sちゃんはさらに「駒場東大前」のような、緑が多くて静かな場所が好きだと言い、Fちゃんは東急本店の今はなくなった本屋が

表２　Ｆちゃんの生活

時間	内容	備考
6:00	起床	
	洗顔	
6:30	朝食	納豆ご飯等、ご飯が多い
6:55	出発	外苑前から銀座線で電車通学する場合（所要時間30分）と徒歩で登校する場合がある（40分）
7:45	登校	礼拝の時間まで一輪車で遊ぶ
	礼拝	
	授業	
15:30 ～ 16:30	授業終了	短縮授業の場合は14:00
(17:00 ～ 18:00)	稽古	週一回だけピアノの稽古がある
	帰宅	
	勉強	
	お手伝い	お風呂掃除、洗濯、お料理の具材切り、布団畳み
19:00 ～ 20:00	夕食	
20:00 ～ 20:30	入浴	
20:30 ～ 21:30	遊戯・勉強	主に読書。テレビよりも読書のほうが好き
21:00 ～ 22:00	就寝	勉強の途中に机で寝てしまうと、0時に就寝することもある。個室なし（家族で布団を敷いて寝る）

好きであったと言う。

表1を見ると、Sちゃんは時々外食をしている。好きな外食を聞くとセルリアンタワーにある「陳」という中華料理店、マークシティーの店にあるバナナチョコレートピザ、東急本店のイタリア料理店のチーズライス、という。スーパーはなくても、外食するのに困ることはないようである。

もう一度二人の生活をみてみると、遊戯が「主に読書」であることがわかる。好きなことは何か、とたずねると二人とも「読書」と答えた。Sちゃんはハリーポッターや占いの本を主に読んでいるという。Fちゃんは将来の夢は作家か漫画家であるといい、講談社の青い鳥文庫、クイズ本、探偵もの、占い本、魔法の出て来る本、と愛読書の種類も豊富である。これらを買うことはほとんどなく、学内の図書室、学習センターで借りてくるのだという。彼女等は読書を遊戯と捉えているのである。読書以外の遊戯としてSちゃんはお菓子作りだという。将来の夢がパティシエである彼女は、製菓玩具でアイスクリームやパンを作るのだそうだ。また、二人ともゲーム機を何点か持っている。Sちゃんはニンテンドー DS（二〇〇四年に任天堂から発売された携帯型ゲーム機）や

Ｗｉｉ（二〇〇六年に任天堂から発売された家庭用ゲーム機）があり、「ＷｉｉＦｉｔ」や「マリオカート」（何れもＷｉｉのゲームソフト）で遊ぶ。たまごっち（携帯型ゲーム機）も持っており、同級生は皆、ニンテンドーＤＳを持っているという。Ｆちゃんはたまごっちは持っているものの家ではゲームも禁止されているのだといい、二人の話からは家でゲームをたくさんやっているような印象は受けなかった。

二　学校生活

学校生活は主に、授業、クラブ活動、遊びの三つに分けることができる。

授業は、カリキュラムに沿って行われるので、大差はない。ただ、体育の時間に先生から習った遊びを休み時間にしたりすることがあり、足の遅い男の子は異性にもてなかったりする。

（1）クラブ活動

二人の通う学校ではクラブ活動の時間があり、必ず何かのクラブに所属して、活動をしなければならない。クラブ活動は全部で一一ある。電子工作模型の制作やアマチュア無線の学習を行うクラブ、月に一度ツーリングを行うサイクリングクラブ、山の中などを探検したり校庭でキャンプをするというクラブなど、多種多様であり非常に楽しいという。

（2）遊び

学校で友達と行う遊びを書き出すと以下のようになる。

a　**コオリオニ**　オニに捕まらないように逃げる遊び。オニにタッチされると氷った様に動けなくなるルールで、これが捕まった状態となる。味方が氷ったら、手で味方にタッチする。そうすると、味方は、手の体温の熱さで氷っているのが溶けた、ということになり、動けるようになる。そしてまた、オニから逃げる。三度オニにタッチされたら、オニを交代しなければならない。

b　**イロオニ**　オニに捕まらないように逃げる遊びで、予め「赤」「緑」などと色を決めておいて、その色を触っている時はオニに捕まらないというルール。

c　**タカオニ**　オニに捕まらないように逃げる遊びで、塀の上やアスレチックの上など、地面より「高い」場所にいる時はオニに一〇秒間捕まらないというルールがあり、その隙に逃げる。

d　**ビリビリオニ**　オニに捕まらないように逃げる遊び。オニにタッチされるとビリビリと痺れた様に動けなくなるルールで、これが捕まった状態となる。味方がビリビリになったら、味方の足の間を潜り抜ける。そうすると、味方は動けるようになる。そしてまた、オニから逃げる。足の間を潜り抜けている間、オニは二秒待ってくれる。三度オニにタッチされたら、オニを交代しなければならない。

e　**ドーン・ジャンケン・ポン**　陣地と主を決めて二つに分かれ、敵を捕まえて味方の陣地に連れていく遊びである。二人でも大勢でも出来る。お互いの陣地に向って走り、出会ったら「ドーン」と言ってぶつかり、ジャンケンをする。ジャンケンで勝った方が負けた方を捕まえる。負けた方は、捕まらないように陣地へ逃げる。勝った方は、負けた方を追いかけるのを二秒だけ待ってくれる。負けた方は、自分の陣地へ逃げ切ったら捕まらないが、逃げ切る前に捕まったら、敵の陣地へ連れて行かれる。沢山敵を捕まえた方が勝ち。

f　**グリコリレー**　階段でジャンケンをする遊び。ジャンケンをし、グーで勝った場合、「グリコ」と言いながら三歩（もしくは、「グリコのオマケ」と言いながら七歩）、パーで買った場合は「パイナップル」と言いながら六歩、チョキで買った場合は「チヨコレイト」と言いながら六歩上り、階段を上りきったら上がり。これを、チーム分けしてリレー形式で行い、先に全員終ったチームの勝ちとする。

g　**アルティメットドッヂボール**　外野がいないドッヂボールで、先生が審判をする。ボールをぶつけられたら、先生の隣に並ぶ。

h　**オジゾウサンゲーム**　グーパーをして、大体同数くらいに、肉食の子、草食の子にチーム分けをする（奇数の場合は、肉食の子のチームの人数を少なくする）。肉食の子が草食の子を追いかけて、待ち伏せし、食べる（捕まえる）遊び。草食の子は、追いかけられないように、「お地蔵ビーム」を出すポーズをする。すると、肉食の子の動きを一〇秒間止めることができ、この隙に草食の子は逃げる。肉食の子の動きを止める為に、「大ビーム」「ラストピーヤ」といったポーズもあり、段階ごとに、肉食の子の動きを長く止められるようになる。例えば、「ラストピーヤ」の場合は二分間肉食の子の動きを止めることが出来る。しかし、「ラストピーヤ」は、お笑い芸人の小島よしおの「ピーヤ」というポーズを真似なければならず、このように、長く肉食の子の動きを止められるポーズほど複雑で、ポーズをする前に肉食の子に捕まるリスクが上がるようになっている。

i　**ハチガトブ**　童謡の「ぶんぶんぶん　蜂が飛ぶ　お池の周りに　野ばらが咲いたよ　ぶんぶんぶん　蜂が飛ぶ」（村野四郎作詞／ボヘミア民謡）の歌詞を「ぶルんぶルんぶルん　はルちルがルとルぶル……」といったように歌詞に「ル」を混ぜ込んで歌う遊び。

j　**アヤトリ**　毛糸で、亀や舟、三日月などを作る。

k　**アルプス一万尺**　「アルプス一万尺　小鎗の上で　アルペン踊りを　さあ踊りましょう　ランラランラン　ラン

ランランラン　ランランランラン　ランランランラン　ランランランラン　ランランランランラン　ランランランランランラン」（作詞者不明／アメリカ民謡）という歌詞をメロディーに乗りながら一対一で対面して行う手遊び歌。「アルプス一万尺」は同じリズムで言葉を変えた替え歌が何種類も存在する。

ｋ１「隣のじっちゃん　ばっちゃん　トイレに行ったら　ティッシュがなくて　手で拭いた」

ｋ２「隣のじっちゃん　ばっちゃん　けんかをしたら　パンツに穴あけ　天国行った」

ａからｇに関しては、幼稚園の時からやっているもの、友達に教えてもらったもの、体育の時間に先生に教わったものがあるという。どれをどういう経緯で知ったのかは、詳細に聞くことが出来なかった。ｈは自分たちで作ったという遊びだという。学校内や下校途中で遊ぶそうである。ｊは母から教わった遊びであり、ｋの元の歌と手遊びは、Ｆちゃんは祖母から習ったという。ｋの替え歌は、Ｓちゃんは兄から教えてもらったようである。最も歌うのがｋ１とｋ２であり、他は思い出せなかったのだが、他にもいくつかのバージョンはあるという。

学校では性別に関係なく、遊んでいるようである。学校側は学年を超えた上下のつながりを部活動に求めているとも考えられるが、普段の休み時間や放課後などは学年を超えた遊びというものはないと思われる。しかし一輪車を教えてくれたのは上級生だともいい、どの程度学年を超えた交流があり、それがどのような場であるのかは明確ではない。

三　特別な日

年中行事と写真を撮る機会などの特別な日については次のとおりである。

二人が挙げてくれた年中行事は、雛祭り、子どもの日、クリスマス、七夕、誕生日である。Ｆちゃんは雛祭りには同居している祖母が手作り料理を作ってくれるという。子どもの日には鯉幟を飾る。七夕では、七夕セットを購入し、星の飾り等を作って飾り、短冊に願い事を書いて吊るす。七夕セットを購入するのは共通しているが、Sちゃんは笹を片付ける時、短冊を外して短冊はしまっておくという。Sちゃんの誕生日にはディズニーランドに行くのが恒例になっているという。一方Fちゃんは誕生日などのパーティーには親戚が集まり外食をしにいく。

写真を撮る機会に関しては両者とも旅行に行ったときが多い。ディズニーランドや旅行先の絶景スポットなどで撮り、写真館などに行く機会は少ないという。

詳細には不明な点もあるが、真っ先に彼女らが思い浮かべる特別な日とは、自分達が主体となっている行事ばかりである。正月や盆などではないことは一つ注目しておくべきであろう。

四　おわりに

以上が彼女たちの生活の概要である。これをもとに幾つかの点について考えてみる。

まず、彼女達が認識する「渋谷」についてである。

それは前述したそれぞれの嫌いな場所から見えてくる。Sちゃんは自宅のすぐ近くにある「ドンキホーテ」が「うるさいから」という理由とともに挙げ、Fちゃんは「渋谷はギャルがいるから嫌い」と答えている。Sちゃんは具体的な場所を述べているのに対し、Fちゃんは「渋谷が嫌い」と抽象的に「渋谷」を出している。ここで挙げた「渋谷」とは彼女の住む場所ではなく、所謂渋谷駅を中心とした「渋谷」だと思われる。

二人の生活リズムの差異は登下校の順路によるが、それは彼女等にとって生活圏の違いである。共に渋谷区に住居があるものの、Fちゃんの中で「渋谷」はある一定の場所を示し、渋谷界隈に隣接した場所に住むSちゃんの「渋谷」という空間認識とは違うように思われる。「渋谷」とはどこを指すのか、具体的には分からないが、渋谷で暮らす子どもにとっての「渋谷」とはどこなのか、考えていく必要があると思われる。

次に注目すべき点は、彼女等の好きな場所が「東急本店」である点である。東急本店は、客の年齢層も高く高級感のあるデパートという印象がある。子どもが遊べる屋上などのスペースもない。にもかかわらず、なぜ二人はこの場所が好きなのだろうか。

私的な話になるが、筆者も渋谷区松濤から徒歩一〇分という距離に住んでおり、子どもの頃好きだった場所のひとつが東急本店の本屋であった。親に連れられてよく行っていたのが東急本店や東急プラザであり、親が買い物をしている時に本屋で時間をつぶすことができた。それが好きであった要因であると思われる。よく行くのがデパートであったと言うと非常にリッチな気がするのだが、親は洋服などのショッピングを楽しむのが目的ではなく日用品や食材を買うために出向くのである。これは、Sちゃんの母も同様だという。全てに当てはまるわけではないが、渋谷もしくは渋谷近辺に住んでいる人にとってデパートとスーパーが同様であるという感覚があるのではないだろうか。

最後に注目したいのが、彼女等にとっての遊びについてである。

毎日の生活に見られる遊びとは、読書、お菓子作り、ゲームなどであったが、これは帰宅してから家の中で一人で行う遊びが中心であり、帰宅してから友達と外で遊ぶことはないと言い換えることができる。外で友達と遊ぶのは長期休みの際に訪れる別荘のみで、キックボードに乗ったりバトミントンをしたりして遊ぶのだという。外での遊び場が少ないことに加え私立学校であるために、近所に友達がいる環境ではないことがその要因として考えられる。しかし、常に一人で遊んでいるという意識があるわけではない。彼らの生活の中で最も長い時間を過ごしているのが学校であり、毎日の生活の中で友達と遊ぶ場でもある。

学校という場所が屋内であるか、屋外であるか明確に分けることは難しい。学校の校庭や屋上など青空が見える場所で遊んでいた場合、学校という塀の中ではあるけれども、それは屋外といえるのではないだろうか。少なくとも、Sちゃん・Fちゃんにとっては、自宅が室内遊びであり、学校は校庭、屋上、体育館、教室とどの場所においても外で遊んでいるという意識があるようだ。

友達と遊ぶ際、遊具を用いるのはアルティメットドッヂボールだけである。これは体育の時間に先生から教わったものであり、審判も先生が行う。つまり、子どものみで遊ぶ時には遊具が使われていないのである。ゲーム機などを学校に持ち込んではならなかったり、サッカーなどの球技を行う場所が限られているためかもしれないが、注目すべき点だと思われる。これらは筆者が子ども時代にも遊んでいた遊びと内容もほぼ変わっていない一方で、自分達で作った遊びにはテレビタレントのギャグを組み入れるなど、彼らなりに最新の情報を遊びに取り入れている。また、読書が遊びという認識は一人で室内遊びをする事が多いせいなのか、家庭環境や学校環境の影響なのかは明確ではないが、子どもたちが何をもって「遊び」と認識しているのか、子ども側からみる「遊び」を捉えなおす必要があるだろう。

遊びだけでなく、生活でも年中行事でも子ども側の視線にたち、彼らの生活をありのまま捉えることが必要なのではないだろうか。

ここで対象とした二人は、渋谷区に住んでいる子どもの中でも私立学校に通う富裕層であることは否めない。しかし多様化する都市の中でこれが「渋谷の子ども」であるという定義づけをすることは不可能だと思われる。彼らも渋谷を形成する一人なのである。

第五節　人生儀礼を撮る

折橋　豊子

一　写真館から家庭用カメラへ

現在、結婚式場では、新郎新婦二人の記念写真と、親族の集合写真を撮ることが、当然のことのように式のスケジュールに組み込まれている。一生に一度のハレの姿を記念に撮っておきたいというのは誰でもが思うことである。最近は写真館の新聞チラシをよく見かける。これらを注意して見ていると、八月にはもう七五三の広告が入っており、十一月に向け、八月、九月の早期特別割引の案内が行なわれている。七五三が過ぎると間もなく、成人式写真の先撮りパックの予約が始まる。成人式の当日以外の、平日に予約すると衣装、着付け、ヘアメイクが無料となる特典がついている。写真館にとって、儀礼当日に、一度に殺到されるより、行事の少ない月にも客を分散しておきたいという商業戦略であることがわかる。

誰もが家庭用カメラを持ち、その性能も格段によくなっている現代においてもなお、写真館の写真が、別の扱いとして求められている。儀礼を行う日を写真館の予約日の都合に合わせてでも、写真館の写真を取得しておきたい人達もいるということである。

いったい現代の写真館では写真撮影を通し、どのように儀礼を行う人達の心を捉えているのだろうか。

(1) 写真は家族の歴史を写す

昭和初期には、写真館で撮影したり、あるいは裕福な家では写真屋を家に招いて撮っていたという。一軒の家族の歴史がこのような写真で記録され、アルバムに残されている。

渋谷区広尾に在住のN氏が所有するアルバムを見せていただいた。N氏は大正九年生まれで、祖父が小笠原島の裁判所に勤務。父親は、その小笠原を出て東京市電気局でサラリーマンをしていた。母親も小笠原島出身である。

アルバムは、N氏の母親が小笠原の実家から東京に嫁いできた時に撮った写真から始まっている。遠くに嫁いで行く娘の別れの記念にと、家族が集まって撮られた写真である。次に当時の写真館で写したと思われるお二人の婚礼写真がある。この翌年には長男のN氏が生まれ、日本髪に結って正装した母親に抱かれるN氏の初めての写真があった。その後、N氏が一歳の時に一枚、次に三歳へと成長する間に弟が生まれて、写真は一枚一枚、両親を中心に、新しい家族の様子を追っている。やがてN家は男子の兄弟四人になり、写真の構図は、すっかり風格がついた父親を真ん中に、四人の子供達が直立して並び、端で家族を見守る母親がいるというものであった。家族全員に正装させて写真館に出かけて行った父親にとって、写真を撮る日は何らかの記念の意味がある日であったろう。

大正から昭和の初め頃に撮られた写真は、家族の別れの日、家族の祝い日、家族の記念日など、どれも家族のできごとがきっかけになり、その時の家族の記録が写されている。N氏の両親を中心としたこれらの写真は、同郷のお二人が、遠く故郷の小笠原を離れて、家庭を築いていった、当時の核家族の記録であるといえよう。

やがてN氏の家族写真は小学校入学の集合写真と入れ代わるように、アルバムには貼られなくなっている。義務教育という公的な集団に所属するようになり、集団の中の一人としての写真が毎年増えていくようになる。

（2）写真館とカメラの役割分担

N氏は昭和十三〜十四年ごろ神田のカメラ屋で、ロシア製の中古品のカメラを購入している。給料が三〇円〜五〇円ぐらいのころ二五円で買ったといい、当時としてはかなり高価な買い物であった。それからは、家族の記念日や、友人達との交友場面、仲間の集合写真、風景写真なども自分のカメラで撮ることができるようになった。

大学を卒業したN氏はそのまま軍隊に入った。軍隊では、当然自分のカメラで写真を撮ることはなく、定期的に訪れる写真屋による集合写真に移行していった。そこでは任務でいつ命を失うかもしれない覚悟の写真として、個人写真があり、何かの折につけて集団写真が撮られていた。

終戦後、N氏は無事帰還し、現在の夫人と結婚した。この結婚式の写真はスナップ写真ではなく、台紙に貼られた写真館の写真であった。N氏が結婚した戦後の昭和二十三年頃には、式場となった自宅近くの神社に、写真屋が出張して撮影に来ていたという。カメラを所有していたにも関わらず、結婚式の写真は写真屋に依頼したのである。

人生の特別の日だけは、写真館の写真で撮って残しておきたい。この頃から家庭用カメラで撮る写真と写真館の写真の二つの流れの分岐点は始まっている。

二　戦後の写真館の復活

（1）電話帳広告に見る写真館

ここまで、個人のアルバムによって、昭和初期頃から、どのような時に写真が撮られてきたかを中心にみてきた。戦後は、N氏がカメラを購入したように、個人がカメラを持つことが多くなり、写真館はその仕事が奪われていく気配が見えている。

表　渋谷区の写真館の年代別広告内容

年代	写真館軒数	広告件数	写真館の写真			提供サービス	広告フレーズ
			スタジオ撮影	スタジオ外撮影	その他		
昭和7年（1932）（四谷）	0	0	肖像写真	集合写真			
14年（1939）	0	0					
26年（1951）	写真業15	2	御婚礼、御見合	出張撮影			・遠近を問ハズ申出ヲ
30年（1955）職業別開始	写真業32	1	御婚礼、御見合	出張撮影			
35年（1960）	写真業48	3	御婚礼、御見合	出張撮影		・天然色写真　婚礼衣装完備　美容着付け奉仕 ・結婚衣装完備	・お写真はA写真館へ
40年（1965）	写真業96	3	御婚礼、御見合	出張撮影		・美容、着付、結婚衣装完備	
45年（1970）	写真業132	5	御婚礼・御見合・肖像写真・ポートレート	出張撮影・集合写真	商業撮影	・結婚衣装完備	
50年（1975）	写真業124	4	御婚礼・御見合・パスポート・叙勲・高級ポートレート	出張撮影		・美容、着付、結婚衣装完備	
57年（1982）業種別開始	写真業224 写真館25	5	御婚礼・御見合・パスポート・受験スピード仕上げ・証明写真・叙勲・高級ポートレート	出張撮影		・結婚衣装完備	・二人だけの結婚写真

60年（1985）	写真館26	6	御婚礼・御見合・パスポート・受験スピード仕上げ・証明写真・高級ポートレート	出張撮影		・結婚衣装完備 ・美容、衣装室完備	・二人だけの結婚写真 ・過ぎ去りし時のあの一枚、大切です ・いいポーズ、いい表情 ・ごく自然なお形でご撮影
平成2年（1990）写真館総数ピーク	写真館40	7	御婚礼・御見合・パスポート・受験スピード仕上げ・証明写真・オーディション写真 高級・ポートレート・プロマイド写真	出張撮影	販促・ＰＲ・印刷用	・カラープリント ・撮影専門 ・結婚写真洋装38000円　和装48000円より ・最高級の技術と最新の設備でご撮影	・お二人だけの結婚写真 ・写真だけの結婚式 ・写真だけはとっておきたい"二人の結婚式"
7年（1995）	写真館33	10	御婚礼・御見合・パスポート・証明写真・オーディション写真・成人式・七五三・お宮参り・家族の記念写真	出張撮影		・創業45年　専用美容師がお待ちしています ・結婚写真洋装38000円　和装48000円より ・メーク室、着替え室完備 ・緑一杯の中庭をそのままスタジオに、前撮りの方、またお写真撮りだけの方へ特別料金を設定、詳しくはお問い合わせ。和装（かつら・お化粧・着付け写真３ポーズ）\240000より、洋装（ヘアメーク・衣装・着付け・写真３ポーズ）\180000より ・カラー証明ネガ付き特急仕上げ	・お二人だけの結婚写真 ・美しい写真はスタジオで ・幸せの写真　二人の結婚写真 ・ORIGINAL WEDDING 美しい思い出を残すために最高のお写真を！ ・いいポーズ、いい表情
12年（2000）	写真館34	10	御婚礼・証明写真・オーディション写真・成人式・七五三・お宮参り・家族の記念写真・変身写真・卒業式・入学	スナップ撮影・発表会・ブライダル出張	商品撮影・宣伝写真・PR用・古くなった写真の修復	・御婚礼前撮り写真のお勧め。高品質の写真と衣装。 ・■ブライダル；38000円～　■振袖；35000円（ヘアメイク。着付け。写真付き）■振袖衣装付；40000円～　■卒業袴；16000～（衣装レンタルあり）■お宮参り・七五三・入学；14000～■宣伝・お見合；18000円（写真入り） ・広告現場のカメラマンが撮影　プロのヘアーメイク付証明写真 ・衣装付きパック撮影８写真入り ・広告写真家＆ヘアメークアーチストがプロジュース　本格的な撮影により完成度の高いポートレートに仕上げます。	・幸せの写真　二人の結婚写真 ・すばらしい思い出の写真を！ ・美しい写真はスタジオで ・きれいな瞬間を写真に！
17年（2005）	写真館34	8	御婚礼・証明写真・オーディション写真・成人式・七五三・お宮参り・家族の記念写真・変身写真・卒業式・入学	ロケフォト・ペットのロケ写真・発表会	商業撮影・宣伝写真・古くなった写真の修復	■ブライダル；38000円～　■振袖；35000円（ヘアメイク。着付け。写真付き）■振袖衣装付；40000円～　■卒業袴；16000～（衣装レンタルあり）■お宮参り・七五三・入学；14000～■明治神宮に近く・テラス撮影も可 ・フィルム撮影・デジタル撮影双方完備　衣装、着付け、ヘアーメイク承り ・衣装付きパック撮影８写真入り ・お写真に関することなら何でも。衣装についてはお問い合わせ	・大切な"今"を写真に！ ・美しい写真を写す店 ・テレビに出た評判のよい店

東京の両国で写真館を開いていた工藤美代子は昭和四十六年頃を回顧して述べている。「日本人が悲壮な決意で時間を凍結する必要がなくなったとき、写真は緩やかに流れる幸福を、ただ確認するだけの淡いスケッチ画になった」「日本がすっかり豊かになった時、もう写真師はいらなくなった。[1]」

こうして、この時期に持ちこたえられなくなった多くの写真館は店を閉じていったという。

戦後、家庭用カメラが一般の人にも普及し、写真を撮る場面も枚数も増えていった。写真館と写真の一大変化の時期であった。この時から、写真館の写真はどのような変化をみせ、今日のように発展していくのだろうか。

表は渋谷の写真館の写真の年代的変化をみるために、電話帳から写真館の店舗数と掲載された広告の内容を書き出したものである。

写真館の広告の場合、毎年広告を出す店は一軒～二軒の店の入れ替えがある程度で、ほぼ毎年固定している。また広告の文面は、店によって何年も同じものが出されることもあるため、表では、昭和三十年からおよそ五年間隔で広告の内容を抽出してある。

（2）軒数のピークは平成二年

電話帳の広告掲載が開始されるようになったのは、昭和六年からである。昭和七年度のものには、「○○写真館、四谷　肖像写真　集合写真」というような、一行広告の形式で、神田、九段、小石川、四谷の四軒の写真館から広告が出されている。その後昭和十八年から昭和二十三年までは、戦争で電話帳がしばらく中断されている。

終戦後、昭和二十六年に電話帳が復活し、初の職業別のものが発行されている。そこには創業明治三十二年といわれる渋谷の老舗のA写真館の「ご結婚・お見合い・集合出張」と、もう一軒、代々木のT写真館の「写真一般　遠近ヲ問ハズ申出ヲ」の広告文が掲載されている。

昭和五十七年までの電話帳には写真部門は「写真業」として一本にまとめられていたために、表に示した写真館の軒数は、写真業全体からしか見ることができない[2]。昭和二十六年には渋谷だけで一五軒になり、三十年に三二軒、四十年には九六軒と倍以上の速度で増え続け、五十年には一二三軒の写真業が数えられた。

平成十九年度の職業別電話帳、『デイリータウンページ』の目次にはまず「写真業」として他の業種と区別され、それらをさらに「写真〔商業写真〕」、「写真家」、「写真学校」、「写真館」、「写真現像・焼付け」の五職種に分けられている。

このように「写真業」が分類されたのは戦後の急速な経済成長が経過してしばらく経った後、昭和五十八年からである。その時の渋谷の写真業二二四軒のうち、写真館はなんとわずか二五軒になっていた。明治の開業以来、成長めざましかった写真業界の、本流であったはずの写真館は、確実に数を減らしていることは、この数字からも明らかである。

しかしその後、バブル景気の終焉に近い平成二年になって、写真館の店舗数は四〇軒と増加している。日本の経済発展の影響の波は、写真館にはかなり遅れ気味に届いていたと思われる。

（3）「御結婚、御見合、出張撮影」からの広がり

昭和七年、初めて見られた四谷の写真館の広告から、写真館の仕事が、スタジオで撮る「肖像写真」とスタジオ外で撮る「集合写真」であったことがわかる。そこで表では、写真館の撮影写真を「スタジオ撮影」と「スタジオ外撮影」「その他」に分類した。

戦後になっても、「スタジオ撮影」の婚礼写真と見合い写真、「スタジオ外撮影」の出張撮影が写真館の主力写真であったことは変わっていない。そのまま昭和四十年までずっと変化を見せず広告文は継続されている。

七五三の記念写真

写真館に、変化の兆しが現れたのは、昭和五十年ごろからである。スタジオ撮影の欄に「叙勲」「パスポート」がみられている。「叙勲」など特殊な客を対象としたものは、やはり定着せずに昭和六十年には消えている。

「パスポート」写真や、五十七年からみられる「受験スピード仕上げ」などは、海外旅行ブームや受験ブームの到来が、写真館の仕事にまで影響してきたものであろう。

平成二年のスタジオ撮影の欄に現れた「オーディション写真」は、モデルやタレントなどの応募用の写真で、これは容姿が重要視される就職用の「証明写真」である。この頃からこのような特別な写真を求める人達が渋谷に集まってきている。

こうした街の変化に影響された写真館の新しい利用者の伸びは、その後、着実に成長し定着している。パスポートや受験、就職用など証明目的の写真は、平成七年には「証明写真」としてまとめられ、写真館の一つの分野を確立することになった。

スタジオ撮影の欄に「成人式」と「七五三」の広告が現れるようになったのは意外に遅く、平成七年頃である。[3] この頃から、お宮参り、家族写真も広告に出始めるようになった。平成十二年には、卒業袴が加わっている。平成十七年ごろになって入学、変身写真なども一斉に出現し、今日に至っている。

長い間写真館の主要写真の一つであった「見合い写真」は、平成十二年に「成人式」と「七五三」と入れ代わるように、広告から消えている。台紙付きの見合い用の写真として人の手に渡っていた写真であったが、その目的は変化して、成人式の記念の振袖姿の写真となり、記念写真として所持されるようになったと思われる。

スタジオ撮影の写真はその種類を増やし、七五三の子供から、入学、卒業袴の学生まで、幅広い客層を写真館に呼び込むようになった。

以上の「スタジオ撮影」の写真に対して「スタジオ外撮影」がある。古くから出張撮影として学校や職場の行事、神社結婚式の写真も写真館の主要な仕事であった。

一般向け撮影写真としては平成十二年の発表会、十七年のロケフォトが見られる。このプランを出しているS写真館のパンフレットによれば、神社の七五三や結婚式場の場面で、密着撮影として一連の行動からベストショットを選んで撮るというものである。またビデオカメラで動きを撮るプロモーションフォトも平成十九年に出ている。ビデオカメラによる撮影も、一般のビデオカメラの普及にやや遅れて「スタジオ外撮影」の新しい仕事領域として入ってきた。「その他」の欄にはPR写真、商品撮影など一般客を対象としないものを一括した。これは写真館の仕事領域が、商業写真や写真家の分野へ進出したものとみられる。

（4）美容・着付　結婚衣装完備

表には各店舗の「提供サービス」と、「広告フレーズ」によってその内容を記入してある。

これを見ると、昭和三十五年には婚礼写真を主力とする写真館が、「美容・着付　結婚衣装完備」のサービスを始めている。客にとっても、スタジオ撮影をするために、美容院や貸衣装屋を経由せず、写真館で着替えたほうが都合のよいことに目を付けたのであろう。

やがて昭和五十七年には最初に衣装完備のサービスの広告を出した写真館が、「二人だけの結婚写真」というフレーズの広告を出している。八年後の平成二年には、他の写真館からも「写真だけの結婚式」「写真だけは撮っておきたい〝二人の結婚式〟」と、同じような広告を出す写真館が増えてきている。

写真館の貸衣装でも花嫁、花婿の衣装を着れば、形だけは立派な結婚写真が出来上がる。あたかも結婚式や披露宴は省略しても、記念の写真だけは撮ることを勧めているような響きがある。これはもちろん、当時の渋谷の写真館の広告だけの現象ではない。新宿やその他の地域の広告ページも多くは「写真だけの結婚式」の広告で埋められている。

平成七年には、スタジオ内に中庭を設置したという写真館の広告があらたに現れている。広告文に書かれている「前撮り」とは、結婚式当日に撮る写真だけでは満足できない人のために、式の前に、ゆっくりと一日かけて撮影をするというものである。特選和装プランは、白無垢から色内掛けに衣装を替え、三ポーズで六枚の写真が撮られる。二四万円という高額な料金の「写真だけの結婚式」の豪華なアルバムに仕立てられる。

このようなことから「写真だけの結婚式」には、儀礼に極力お金をかけないタイプと、どこまでも豪華にしようとするタイプの両極端にある客がターゲットにされている様子がわかる。

成人式、七五三写真が広告に現れて間もなく、平成十二年には、広告内容に「きれいな瞬間を写真に」と婚礼写真だけでなく成人式、お宮参り、七五三、卒業式の写真にも衣装付きのパックとして出されている。これは「写真だけの結婚式」のシステムをそのまま、成人式、七五三などに流用したもので、写真館で着替えて撮影するだけでなく、そのまま儀礼にも参加して、衣装を返しにくるコースもある。これだけの多種類の衣装揃えは写真館の営業上では到底無理なことと思われるが、調べてみると、これを可能にしたのは、衣装専門のレンタル業界の写真館への参入であった(4)。

このような経過を辿って冒頭で紹介したような季節はずれの早撮りがいつでも可能になったのである。

（5）スーツ一着分の低価格

最後にもう一つ付け加えておきたい写真館の魅力に価格の問題もある。特選和装の二四万円のプランは別として、表の平成二年からの提供サービスの欄に書かれた「洋装三万八千円　和装四万八千円」は当時としてはスーツ一着分ほどの価格である。高度経済成長により生活が向上した人々には手軽な価格であったことも受け入れられていった重要な要因であろう。

以上電話帳の広告の分析から、写真館は昭和五十年頃からようやく長い停滞の時期を抜け出し、徐々に今日の発展につなげてきていることがわかった。

ここまでみてきた写真館の変遷によってわかることは、広告文の内容とその年代から、日本の高度経済成長による様々な影響が写真館に波及するのはかなり遅れていることである。また、戦後に「御結婚、御見合、出張撮影」の写真から再出発した写真館であったが、その主力写真である婚礼写真に「美容・着付　結婚衣装完備」のサービスを付すようになったことが注目される。そこから「写真だけの結婚式」のシステムが生み出されて、さらに子供から大人まで多種の「写真だけの人生儀礼」が展開してきているからである。一方では、パスポートやオーディション写真などの新しい需要が広がりをみせ、「証明写真」が一つの分野として確立していることも大きな変化である。

三　人生儀礼を撮る写真館

（1）「ハレの日」は別格に

七五三や成人式が今日の形になったのは、日本が高度成長をとげた昭和四十年代からといわれている。それにもかかわらず、写真館の撮影写真として広告に登場したのは、二五年ほどたってからのことである。およそ三〇年もの長い間、七五三や成人式の写真の多くは家庭用カメラで撮られ、写真館を利用しようとする人はほとんどなかったのである。そのように長期間写真館を離れていた利用客が、ある時期からスナップ写真に物足りなさを感じ、再び写真館を訪れるようになったのである。個人でカメラを持ちながらも、わざわざ写真館に足を運ばせる要因となったのは、経済的な豊かさ以外に、やはり人々が写真に持っていた潜在的な意識であろう。

かつて家庭用カメラがなかった時代には、一枚一枚写真館に出かけて写真を撮り、写真も高価なものであった。N氏の子供時代は、写真館に行く行為そのものが、ハレの日であり、記念すべき時間が写されていたのであった。写真の希少性は一枚の写真に個人の「記念の時」を記録する重みがあった。

現在、家庭用カメラで写真を撮ることに慣れてしまった我々は、写真を写すときの緊張感や、写真を手にした時の感動さえも希薄になってきているように思う。そこで「一生に一度の記念の時」を写す写真は、高いお金を払ってでも写真館で写したいと、写真館に行く日はかつてのように非日常のハレの日となっていった。台紙に貼った写真はその希少性の重みを持たせて、アルバムとは別にしてしまっておかれることになる。

儀礼写真についてみてみると、渋谷駅前にあるA写真館の店頭には広告用の見本写真を並べたパネルがある。袴を着た卒業写真、振袖の成人式、子供の振袖姿はおそらく七五三の写真であろう。婚礼写真は、このA写真館の「フォトウエディングパック」のスタジオ写真である。この写真の一枚一枚が何の写真かは、日本人なら一目で言い当てることができるだろう。それは写真に最も効果を与えている衣装であり、日本人の儀礼の強いイメージがあるからである。

日本では、衣服は人生における年齢や所属を表してきた。かつて人々は人生の節目に相応の衣装を身にまとうことによって、集団内における位置や役割を明確にし、また人々に認知させていた。このような歴史的意味が付された衣装を、写真館は写真とセットにしたことが多くの人々に受け入れられた。「写真だけは撮っておきたい」「写真だけの結婚式」のフレーズには、儀礼を行う人達に、伝統的な儀礼に伴う一連の式や披露宴などは省略しても、記念の衣装を着た写真だけは撮っておくことを勧める意味が含まれている。

現代の人々にとって、儀礼の衣装を着ることと、その写真を台紙付きで所持することが、人生の節目を通過したことを証明する条件の一つ、とされるようになっているのではないだろうか。

（2）証明写真も人生の一区切り

もう一つ証明写真の需要の伸びに注目してみたい。宇田川町スペイン坂にあるL写真館の店先にも広告パネルが掛けられている。動きのあるポーズの女性や、水着姿の写真など明らかに他人に見せる自己アピールが目的であることがわかる。店は美容院と見間違うようなたたずまいで、そのパンフレットには「メイクアップサロンとフォトスタジオが融合した新感覚のコンセプトショップを目指す」とある。同じような傾向は、渋谷区渋谷にあるM写真館にも見られ、メニューにこだわったというカフェが併設されている。店頭は一見カフェのようにもみえるが、その奥に着替え室や美容室、撮影スタジオが設置された写真館である。価格表には証明用や、オーディション用の写真の料金とメイクやヘアセットの料金も並んでいる。M写真館は、渋谷店の他に、新宿、池袋などに四つの支店を展開している。両写真館とも店頭から既に従来の写真館の雰囲気とはかけ離れているだけでなく、レンタル衣装は置かず、証明用、オーディション用写真を専門とすることを強調し、従来の写真館のイメージからの離脱を意図しているかのように見える。

小さな一枚の「証明写真」を撮るために、写真写りのよいメイクアップ（男性にも）をしたり、デジタル撮影で撮った何枚もの写真の中から一枚だけ選ぶという提供サービスをしたりしている。証明写真は以前のように本人であることを証明するだけの目的を超え、受験や就職という人生の重要な転換期に、新たなチャンスを掴む写真としての役割を期待されている。こうして、写真の一枚一枚のオーダーに、多様な個人の要求に応じようとする写真館のサービスもクローズアップされ、写真館は新たな形で復活した。

N氏の時代から、人生の特別の婚礼の写真だけは家庭用カメラを用いずに、写真館の写真で撮って残しておきたいとされ、写真館の写真と家庭用のカメラでとる写真との二つの流れは始まっていた。その後の写真館は、時代の流れと、人々の人生儀礼に対する心意を巧みに掴みながら、形を変えて現代も人生儀礼の写真を撮り続けている。

以上により電話帳広告から、写真館の撮影写真の動きがおおよそ掴めたと思う。もちろん広告を出している写真館の広告内容だけですべてを説明しているわけではない。このほかにも写真館のパンフレットや、インターネットのホームページから検索すると、エンジョイフォトという新しい趣向で、ラブラブフォト、ペットの写真、変身写真など個人の記念日として撮る写真や、CDジャケット、ポスターなど娯楽を目的とする傾向が現れている。写真館の写真の利用として新しい方向を予感させるものであるが、娯楽用写真、その他については今後の課題としておきたい。

註

（1）工藤美代子『工藤写真館の昭和』朝日新聞社　一九九〇年　三二九頁

（2）昭和五十八年までの電話帳には写真部門は「写真業」として一本にまとめられていた。そのせいか各々の仕事領域をみると、その区分の基準が現在もあいまいなままになっている。例えば「商業写真」の中にも結婚式専門に請け負う業者があり、「写真家」に所属しているものでも個人名ではなくスタジオ名で登録され、一般の肖像写真の撮影も受け付けると書かれたものもある。

（3）「七五三が今日のようなかたちに広く定着したのは日本が高度成長をとげた昭和四十年代からのこととしてよかろう」（神崎宣武「人生の区切り」　柏木博他編『日本人のくらし―二十世紀博物館』講談社　二〇〇〇年　一七七頁）とか、「未婚女性の象徴としての振袖が成人式に向けて支度されるようになったのは一部を除いて一九六〇年代の高度成長期以降のことである」（中井精一「成人式」

倉石あつ子他編『人生儀礼事典』小学館　二〇〇〇年　一一七頁）などという指摘を参考にすると、七五三や成人式が今日の形になったのは昭和四十年代頃からであり、その後二五年ほどたってから、写真館の広告に現れている。

（4）写真業、レンタル業の株式会社「フォトステージ・J」は、チェーン店三店を持つ。「レンタル業界の先駆けとなった七五三レンタルフルパックをはじめ、振袖・卒業袴・ウエディング・フォーマルウェアのレンタルはもちろんヘア・メイク、着付からプロカメラマンによるスタジオ・ロケ撮影まで、トータルにご利用いただけるシステムをご提供いたします」とホームページに見られる（http://www.hakama.jp/comp.htm）。

他にもレンタル業界から参入した店は恵比寿に「ARK」がある。写真スタジオ完備のレンタルショップとして、フォーマル衣装を始めとして、子供や賀寿の祝い着のほか、高級ブランド品まで品揃えが豊富である（http://www.ark-rent.co.jp/）。その他桜ヶ丘町のS館は、主にオーディション写真を扱うが、姉妹店にレンタル衣装店を持ち、成人式・卒業式・ブライダル・七五三・変身写真などの商品を出して、記念写真にも応じている。

円山町の着物レンタル専門店「AK」では、成人式や卒業袴の衣装をレンタルした人にスタジオ写真のサービスがある。このように、レンタル用の衣装が充実した写真館が、チェーン店で営業範囲を広げ、主流になりつつある現状が見られる。

参考文献

阿南　透「写真のフォークロア」『日本民俗学』一七五号　日本民俗学会　一九八八年

石井研士『日本人の一年と一生』春秋社　二〇〇五年

NTT東日本『二十三区　職業別電話帳　生活編　上』一九八六年〜一九九一年

NTT東日本『デイリータウンページ　二十三区版　下』一九九二年〜二〇〇七年

柏木博『肖像のなかの権力―近代日本のグラフィズムを読む―』講談社　二〇〇〇年

小林忠雄「家族のアルバム」板橋区史編纂調査会編『板橋区史　資料編5　民俗』板橋区　一九九七年
田中雅夫『写真一三〇年史』ダビット社　一九七〇年
坪井洋文「故郷の精神誌」『現代と民俗』（日本民俗文化大系　一二）小学館　一九八八年
鶴見良行「家庭アルバムの原型」『思想の科学』三四　一九六五年
電信電話公社『東京都　職業別電話帳』一九三一年～一九八五年
波平恵美子「儀礼と家族」宮家　準編『民族宗教の地平』春秋社　一九九九年
松本徳秋「文明開化の中の写真」『日本写真全集　五　人物と肖像』小学館　一九八五年

終　章　渋谷の民俗概観

日本民俗学における都市研究と東京「渋谷」

倉石　忠彦

一　はじめに　―日本民俗学における二つの関心―

民俗学研究は、各研究者が、「いま」「ここ」という、時間軸の先端と空間軸の一点とが交わる地点において、自己内省に基づいて、自ら享受する生活文化を把握する中から立ち上がってくる問題をテーマとしている。そして、そのテーマについては、時間軸に沿って遡行しつつ生活文化の変化に関心を向ける場合と、空間軸に沿う地域ごとの差異に関心を向けつつ、日本の文化のあり方に深い関心を寄せる場合とがある。前者が歴史的関心に基づく文化の動態、つまり変化を明らかにしつつ、文化の古形を復元しようとするものであるとしたら、後者は時空を超越したより静的な、「民族性」とか「基層文化」とかの存在に関心を寄せるものということができる。

この二つの系統は日本民俗学の草創期から存在していたが、かつては歴史的関心が主流を形成していた。そのため、時代の先端にあって次々と新しい文化が作り出され、消費されてゆく都市の生活は、研究対象とはなりにくかった。だが、日本全国に及ぶ都市化の進展が生み出すさまざまな現象や社会問題の頻出を背景としつつ、累積されて現在に至る日本人の生活文化の形成に関する関心は、現在的関心としても認識されてきている。したがって現在の日本人の生活に大きな影響を持つ都市の生活を研究対象とすることは、むしろ時代の要請であるともいえよう。もちろん「いま」「ここ」から問題を立ち上げる民俗学研究のありかたからすれば、現在を把握する作業を抜きにして民俗学は成立しないはずである。しかし、現代都市を民俗学研究の対象とするようになったのが近年のことであることもまた、事実である。

いうまでもなく、民俗学の研究対象は私達の生活それ自体である。したがって民俗学研究は私達の生活のありかたを、自らが認識するところから出発する。生活を認識するとは、生活を構成する個々の文化事象を取り出し、自覚することである。私達はこれを、自己内省と認識している。その自覚した文化事象が、時間的・空間的に連続性を持っていると認められたときに、それは民間伝承であるとしている。したがって、民間伝承は発見するものである。その文化事象の連続性を確認するために、時と場とを共有して、多くの人々の話を聞いたり、社会現象を観察したりするのである。

いずれにしても、現在を度外視する民俗学は存在し得ない。それゆえ、古老のおぼろげな記憶だけが民俗学の研究資料ではない。眼前に展開する社会・文化現象は当然資料としなければならない。様々な記録資料や、同時代人が生活実感を背景にして作り出した諸作品も民俗学の研究資料である。それは村落生活を研究対象としていた時代においては、ほとんど研究資料として注目されず、排除の対象ともされたものであった。だが、それが時空に及ぶ連続性を持つものであったり、それにかかわるものであったりしたとき、あえて排除する理由はない。そして、都市にはそうしたものが充満している。あるいはそれ故に、都市は民俗学の研究対象とはされ難かった。

二　日本民俗学における「都市」研究

こうして長い間「都市」を等閑視してきた日本民俗学において、「都市」の概念などについて十分な検討がなされてこなかったのは、当然であった。それだけではなく「都市」が必ずしも空間概念に限定されていないこともまた、検討されにくい理由の一つであった。城壁などによって居住地域を区画することのなかった日本においては、具体的な空間を示す民俗語彙として「城市」とか「都市」とかという語は存在していなかったし、地図上にも「都市」の範域を、明確な境界をもって画されてはいない。例えば日本最大の都市である「東京」とは一体どこであろうか。行政区画としての「東京都」では必ずしもない。「東京都」の山間部や島嶼部なども「都市」であるかと問われれば、答えに窮するからである。そうした点で「都市」は、歴史的に形成されてきた生活空間としての、村・町・町場・盛り場などの存在とは異なる。

そこで我々は、民俗学上の「都市」は地理的概念ではなく、文化概念であり、「都市的生活様式」を意味するものであると考えることにしている。これに対置されるのは「村落的生活様式」であり、農業や漁業・林業などを基幹産業とする地域社会における生活様式である。こうした社会における人々は自然と共存しつつも対峙し、自然の恵みを受けつつ人間に奉仕させようともする。いわばそれは、「自然を文化化」しようとする生活様式である。これに対して「都市的生活様式」は、商工業や情報産業・サービス産業などを基幹産業とするものであり、直接自然と対峙することすら放棄し、自然を無視しつつ、専ら社会内部における人間同士の関係を優先しながら、より豊かな生活を実現しようとしている。それはいわば、「文化を文化化する」生活様式である。

日本の社会は一九六〇年代からの高度経済成長期を経て、いわゆる都市化が一挙に進展した。専業農家の比率は著しく低下し、自然に働きかけることによって生活資材を生産する場面は少なくなった。それは反面、既に存在する諸文化事象の再生産にかかわり、その恩恵を享受する場面が多くなったということである。それは町や農村・山村・漁村などという生活形態を問わない。どのような生活環境においても、享受する情報や生活物資に大きな差異はなくなった。交通手段としての自動車なども、交通網の整備されていない村落部のほうがむしろ、一軒あたりの保有車数が多い場合もある。電気機器や電子機器などの使用にもほとんど地域差は見られない。生活のさまざまな場面において、「都市的生活様式」が見られるのは、程度の差こそあれ、全国的である。従来の日本人の古い生活文化を復元しようとする民俗学研究においては、ほとんど関心を持ち得なかった文化的状況である。

だが、現在の生活文化の把握から出発する民俗学研究においては、こうした新しい生活形態が一般化し、都市的生活様式化が進展していく状況を、無視したままでいることはできない。民俗学が、文化の伝承性にこだわるとしても、現代の生活文化の変化はこれまでの生活文化が変化することであり、文化の伝達・継承における一過程にあることは否定できないからである。

したがって、日本民俗学において「都市」を対象とする第一の理由が、研究対象の拡大であることは否定できないにしても、それだけではない。村落生活に古い姿を発見することによって、日本の民俗文化の変遷を明らかにしようとしてきた日本民俗学が、専ら村落文化に関心を寄せつつ再構成した日本の「民族文化」とされるものが、果たして妥当なものであるかどうかを検証し、それを補完する必要があるはずである。それが「都市」を研究対象にしようとする第二の理由である。わが国にも、平城京・平安京など千数百年に及ぶ都の存在は認められ、また近世の生活文化において、京・大阪・江戸という三都の役割は大きかった。したがって、村落の文化とともに都市の文化をも調査研究対象とすることによって、より妥当な日本の民族文化の姿が明らかになるはずである。

そして第三の理由は、従来明らかにしようとしてきた「村落民俗」とは異なる、新たな「都市民俗」と呼べる民俗体系の存在を明らかにしようとすることである。「都市民俗学」という学的体系は、こうした新しい民俗体系が明確になったときにこそ、初めて主張できると我々は考えている。そしてこれは、日本文化の多様性の実態に迫る一つの視角でもある。

三　民俗学の再生―フィールドからの展望―

しかしながら、日本社会の急激な変貌により都市的社会は普遍化し、「都市」という文化的状況は、村落と対置できるような存在ではなくなった。都市化に伴う生活様式の画一化が進展したのである。こうした状況を背景として、都市の民俗研究の特異性は薄弱化し、都市民俗学は現代民俗学に包含されるべきであるという主張もなされ、「都市」という生活文化は「現代」という時間の中に解消されてしまったかの感がある。そして、現在の日本民俗学研究において、「都市」を調査・研究対象とすることが、なんら特異なことではなくなった。それとともに、都市の民俗を排除しない代わりに、考慮もしていないという事態が出来した。確かに近年、都市祭礼などを取り上げた都市の民俗研究の成果も公にされている。しかしその反面、全体的な傾向とすれば都市の民俗を体系的に研究対象にしようという意欲が、旺盛であるとはいえないのである(1)。

それは、都市の民俗をめぐる方法論や概念規定などの、さまざまな条件整備がいまだ十分でないことも一つの要因であろう。「都市」が差異化しにくくなると共に、かつての「都市」の存在が、「村落」のあり方と大きく異なり、百年余に及ぶ日本民俗学の研究成果と十分整合化させることが困難であったからでもある。考えてみると、いわゆる都市社会は、村落社会のように限定された在地の地域集団によって構成された、閉じられた社会ではない。広い地域に情報を発信するとともに、各地から人や物資をできるだけ多く集め、流通させようとする開かれた社会である。そうすることによって、「都市」の賑わいと活性化とを図ろうとするのである。そうでなくても、「都市」においては地域内だけで生活物資を調達できるわけではなく、多くを外部からの補給に頼っている。そして、地域の政治・経済・文化などの中核的機能を持つ「都市」には、その住民だけではなく、行政機関や企業、そして町の賑わいを作り出す外来者や多様な情報もまた集中する。

このように複雑な「都市」の生活文化を把握し、そこに民間伝承という連続した文化事象を見出すことは、極めて困難である。しかし、それは「都市」の生活文化を構成する文化事象を発見する作業であり、そうすることによって文化の連続性にかかわる民間伝承を発見することができる。そもそも我々の生活は、文化の連続と累積の上に築かれている。したがって必ず「都市」にも、民間伝承は存在しているはずである。それは個別文化事象としてだけではなく、関係性であったり、感覚であったり、価値観であったりもするであろう。それを具体的な文化事象と結び付けて把握することができれば、きっと民間伝承としても把握することができると思われる。

このような「都市」の民間伝承の存在にこだわるのは、独立科学としての民俗学が、その独自性を主張することができる点の一つは、「民間伝承」を研究対象、研究資料とするという点にあるからである。だが、「民間伝承」という文化事象は発見すべきものであり、所与の存在ではない。つまり「民間伝承」とは、我々の日常生活を形成している文化のうち、世代を超えて伝達・継承されてきた文化事象であり、それを把握・発見することによって、自らが享受している生活文化を省みようとするからである。

そして、現在の生活が体系的なものであるとすれば―体系的であるはずであるが―、その生活を構成する文化事象も体系的なものであり、したがって民間伝承にも体系は存在するはずである。ただなかなかそうした視点から、「都市の民間伝承」を発見しようとすることが少なかったことは事実である。村と都市の生活が異なるということは、それぞれの生活体系が異なるということである。したがって、都市の生活を明らかにすることにより、都市の民間伝承の体系も明らかにすることができるはずである。

とはいえ都市の生活文化は、次々に産みだされ、消費される文化の存在によって特徴付けられている。都市の生活文化としてまず目に付くのは、そうした表層文化である。しかし都市の文化も、日本文化であることを保証する基層文化の上に成立した、地域文化によって支えられているはずである。そうではあるが、めまぐるしく変化する都市の生活文化の中に、果たしてどれほどの超世代的に連続する文化事象を発見することができるか、という疑問もないわけではない。

かつて、民俗調査において、村の古老の話を重視したのは、文化事象の連続性の確認と、歴史的な関心から、より古い形態の文化事象を知りたいという欲求からであった。そして、古老に話を聞くときにも、現在の時点を踏まえて知りたいと思うことを質問したはずである。つまり、研究・調査の成果として、現在の生活のあり方は当たり前のこととして、示されないことがあったけれども、確かに、研究者の現在から研究・調査は出発していた。そして、より古い生活―文化事象が残されていると考えられた僻村などを、調査対象としたのである。しかし、都市との関係などを考慮するとそれは誤解であり、僻村にも都市文化の流入は想像以上に激しかったことなどは、現在ではほぼ常識化している。そうした都市への関心と、現在的な意識の高まりの中で、民俗学とは「世代をこえて伝えられる人々の集合的事象によって生活文化の歴史的展開を明らかにし、それを通して現代の生活文化を理解する学問(2)」などと考えられるようになっている。

現代におけるわれわれの日常生活の、ごく一般的な生活様式である都市的生活様式に基づく人々の生活文化を把握しようとして、大都市を対象とすると、都市の表層に存在する流行やファッションだけではなく、表層から基層に及ぶ都市の民俗を発見しなければならない。そのために、「都市」に常住する住民だけではなく、都市の生活文化に関わる関係者や情報なども調査対象とする必要がある。その困難さが都市の民俗研究の基礎となる「都市民俗誌」の作成を難しくし、都市の民俗研究の進展を阻害している原因の一つでもあったと思われる。東京の代表的な繁華街である渋谷や新宿・池袋などの体系的な民俗誌もいまだ作られていない。したがって都市民俗研究の進展のためには、具体的な都市民俗誌の作成と成果の蓄積が必要であり、それによってはじめて新たな都市民俗の体系が明らかになり、新しい日本の民俗文化の体系が再構築されるはずである。

つまり、民俗学における都市研究は、民俗文化における都市文化の重要性と、その重層的あり方とを明らかにすることになった。さらに民俗文化は、伝承母体などと呼ばれた地域社会のあり方を超えて、政治・経済などの国家的な社会状況が大きな役割を果たしていることも明らかになった。これによって民俗学の調査・研究法にまで及んで再検討を余儀なくされることになった。

ただ、こうした研究成果の蓄積があったにもかかわらず、いまだ都市民俗学が成立したとは断言することはできない。それは「都市の民俗」の体系の発見とかかわるからである。独自の「都市民俗学」という「学」の成立のためには、独自の研究対象・方法・目的が必要であり、それに基づく研究成果の蓄積が社会的に認められる必要があるからである。そして、「都市の民間伝承」の存在は、もっとも重要な意味を持つことになる。それを研究対象・資料とすることによって、現実に我々の営む生活をより正確に理解しようとすることになるからである。そうした研究対象の一層の明確化のために「都市」を構成する在住者・外来者・行政・企業・情報などを調査対象としながら、「都市生活」の実体と変化の相を見出そうとしている(3)。

したがって、「都市民俗学」は、日本民俗学の一部を構成するものでありながら、近接する都市人類学・都市社会学・都市地理学・歴史学・文化心理学・生活学・風俗学・考現学などというさまざまな学問領域と深くかかわっている。それらの学とのもっとも大きな差異は、研究対象としての民間伝承の存在である。それゆえ、「都市の民俗」の体系の発見にこだわらざるをえないのである。それが見出せたときにまさに「都市民俗学」が成立するはずである。

もっとも筆者自身は、「都市民俗学」という学的枠組みの成立にはあまり関心はない。「学」になろうがなるまいが、日本の民俗文化の研究がより深化・展開すればそれで十分だからである。そのために従来とは異なる資料や研究方法が検討されなければならず、そのための都市民俗研究であった。その結果として、独自の学的枠組みができ、それにより従来発見できなかった日本の民俗文化の新しい姿が見出すことができ、その学的枠組みの効果が認められたとき、それを例えば、「都市民俗学」と名乗ればいいだけのことである。学問は作るものではなく、生まれるものだからである。

従って、都市の民間伝承の発見こそが問題になるのである。都市の民俗誌がなかなかできない理由は、肝心の都市の民間伝承の発見が難しいからである。しかし都市の生活の様相がいかに激しく変化しても、どこかに連続するところはあるはずである。継続している社会、あるいはその構成員である国民・民族は存在しているのだから、文化事象に連続が見られないはずはないのである。民俗学の草創期に、前近代の生活様式を念頭において、民間伝承の調査項目や、分類が大きな話題になった。そこで作られた民間伝承のイメージが強く、現代都市の生活から容易に民間伝承を発見することができにくいのかもしれない。あるいは都市を、空間的に限定された地域として捉えることに、こだわりすぎているのかもしれない。もちろん「都市」は空間概念と無縁ではないが、民俗文化を研究対象とする民俗学は、独自の都市概念のもとに、調査研究する必要があるともいえる。そこに「都市」を「都市的生活様式」と規定した理由がある。「都市的生活様式」を営む人々の生活の中から、民間伝承を発見しようとしたのである。

したがって「都市」は固定された空間ではなく、またそこに生活する人々も単一の地域集団に属しているだけではない。かつて画期的なメイクファッションで世間を驚かせた「ヤマンバ」達も、一時間近くも電車に乗ってやってきた女子高生達であった。高校に通い、家庭ではごく普通の内気な少女が、「渋谷」では全く別人格になる。「渋谷」はそうしたファッションが受け入れられるところであった。こうした異様なファッションは、近世の歌舞伎者、中世の婆娑羅などの系譜を引くものであり、ヤマンバという呼称も中世以来の山姥伝承がかかわっている。都市にも、こうした時代をこえた文化事象が出現することがある。

四　都市「渋谷」の民俗

東京の代表的な繁華街の一つである「渋谷」の、「いま」を把握し、民間伝承を発見してみよう。民俗学において調査・研究対象とする「渋谷」は、必ずしも行政的な「渋谷区」を意味しているだけではない。渋谷区内においても地域差があり、例えば「恵比寿」「原宿」「竹下通り」などという地域は独自の町空間として存在し、盛り場としての「渋谷」とは一線を画している。つまり多分に観念的な存在なのである。多くの人々が訪れる盛り場としての「渋谷」には、そこを職場とする人も、寝食の場とする人も含んでいる。こうした「渋谷」にかかわるときの人は、個人のほんの一部分だけである。そうしたさまざまな存在の集合体が「渋谷」である。渋谷の地から遠く離れたところに生活している人々は、さまざまな情報によって「渋谷」に対するイメージを膨らませている。

かつて「渋谷」が「若者の町」の最盛期であった二〇〇三年に、全国の高校生、大学生など千人ほどに「渋谷」についてのアンケートを試みたことがある。その内の、「「渋谷」から連想するもの」という問いに対する回答には意外なものが見られた。若者に人気のあるテレビ番組によく登場するファッションビルの「アルタ」や、国会議事堂・東京タワーなどが上げられていたのである。これらはいずれも渋谷区にすらない。また、「渋谷」のイメージとしては、人々が多く、雑踏を極める若者の町であり、流行の先端を行くギャルと呼ばれる少女のいるところであるというのである。そして華やかではあるが汚れた危険な町であり、憧れるとともに近寄りがたい所としてもイメージしていたのである。

こうしたイメージは、実際には高級住宅街を控え、ビジネス街や大学なども多いという町の実体を離れて形成されている。華やかさと危うさとが同居し、東京・日本の、あるいは都会の中心として、闇を内包した繁栄の様相のみが際立ったものである。たしかにこのようなイメージは、都会とか繁華街・盛り場の魅力をよく示している。しかし、それは「渋谷」を直接自分の目で見て確認したものではなく、さまざまな情報、とりわけテレビの影響が大きい。つまり作られた「渋谷」であり、この世に存在する「渋谷」ではありながら、実際には存在しない空間でもある。

そもそも都市社会は、生活空間外にあるさまざまな物資や情報や人などの存在を抜きにして存立できない社会であり、それらを誘引するためにも多くの情報を発信している。そうした情報によって形成されるイメージは、都市社会の繁栄と深くかかわっている。しかし、情報を発信する側と、受け取る側との認識の違いによって、実体とは異なるイメージが一人歩きしてしまうことも多い。そういう意味では、「都市」はまさに幻想の生み出した社会であり、境界的存在であるともいうことができる。

若者に人気の「渋谷センター街」は、かつては何の変哲もない二百メートルほどの裏道の一角であった。ところが一九九〇年代になると、代々木などに集まっていた若者や、道玄坂などの表通りからはじき出された若者たち、ギャルと呼ばれた少女や、ヤマンバなどと呼ばれた異様なメイクやファションに身を包んだ少女たちが集まりだし、流行の先端の町としてのイメージが作り出された。そうした情報に惹かれて多くの若者たちが訪れると、それを対象とする商店などが集中し、新たな盛り場を形成することになった。さらにその町の賑わいにあやかろうと、「渋谷センター街」は周辺にまで拡大した。この時期、若者たちが「渋谷」に行くとは、「センター街」に行くことでもあった。どこにでもあるファーストフード店も、「渋センマック」（渋谷センター街のマクドナルド）などと呼ばれて、地方から訪れる少女たちが群がった。

さらに「渋谷」は、「渋谷センター街」のイメージを引きながら周辺にも拡大した。「渋谷１０９」をはじめとする、少女を対象とするファッション関係の商店が集中し、カリスマスタイリスト・カリスマ販売員・カリスマ店長などと呼ばれる、若者たちの圧倒的な支持を集める人気の店員も出現した。それは渋谷系カリスマなどといわれ、渋谷の街自体がカリスマ性を持っているなどともいわれた。具体的にはどのようなものをさしているのか、第三者的には分かりにくいところがあるが、ともかく「渋谷」は一つのブランドとして認識されていたのであり、象徴的な空間でもあった。

したがってこうした「渋谷」は、当然「渋谷区」ではない。そして「渋谷」は、若者たちが憧れる最新の流行が満ち溢れたところであり、まさに「若者の町」であった。だからといって「渋谷」が、生活する町・働く町・学ぶ町などという性格を失ってしまったわけではない。それらは作られたイメージに覆い隠されていただけである。しかしたとえ「若者の町」が作られたイメージによるだけであったとしても、町の賑わいを維持するために、作られたイメージに惹かれて訪れる人々の期待を裏切らないための町づくりが、商店や企業によって推進され、そのイメージはさらに肥大化していった。

盛り場の賑わいは、非日常的な状況を作り出す。健全な日常から脱出して、刺激を求めて訪れる人も多い。そこに「危険な町」のイメージも生まれるが、これもまた、町の賑わいを作り出す要素の一つである。しかし、住民にとってそれは好ましいイメージとは言えない。そこで「健全な町」というイメージを発信するために、住民たちは警察や行政と連携してパトロール隊を結成した。そうした努力もあって、近年センター街は極めて安全な町になった。だがそれは、どこにでもある繁華街の一つになることでもあった。事実センター街には、かつて程の活気はなくなった。ともかくも町を生業の場とする人々は、町の賑わいを作り出し、更なる賑わいを実現するために、明るく健全なイメージを求め、悪いイメージを矯正しようとしているのである。

こうしてみると「渋谷」とは、行政的な、具体的な空間に緩やかに規制された地理的空間であるとともに、観念的空間であり、文化的・象徴的空間でもある。村落の民間伝承を支える伝承母体の存在と対応するのが、都市のこうした多様な空間観念であるとも言えよう。このような空間を対象として民間伝承を発見しようとする試みは、従来ほとんどなかった。都市の民俗調査と村落の民俗調査との大きな相違である。

だが、「渋谷」の民俗的生活文化の全体像を、体系的に把握し、記述するためには、「渋谷」内外の人々の空間認識の分析は避けて通ることはできない。それとともに、そこで行われている生活実態も対象としなくてはならない。「若者の町渋谷」とはいいながら、そこには子供もいるし老人もいる。学生・生徒もいるし日本経済を支えるために企業活動をしている人もいる。何よりも外から来る若者たちを迎える人がいる。それらの職種は多様である。幾世代にもわたって住み続けている家もあるし、最近住まいを求めた人もいる。そうした様々な人々が「渋谷」という空間にかかわっているのである。まさに「都市」にかかわる人々とその生活文化は、多元的・複合的な存在なのである。

こうした「渋谷」の民間伝承の実体の一部分でも発見できれば、「都市」の民間伝承の発見の糸口になるであろう。それによって日本民俗学における都市研究の、新たな展開がひらかれるはずである。

註

（1）近年、十年余の活動のまとめとして刊行された、現代伝承論研究会編『現代都市伝承論―民俗の再発見―』（岩田書院　二〇〇五年）や、有末賢他編『都市民俗研究の方法』（有末賢他編『都市民俗基本論文集』第一巻　岩田書院　二〇〇九年）などの学史的資料の集成が行なわれ、森栗茂一・田野登・中野紀和などの長年の研究成果が公にされているが、これらの活動は民俗学研究の動向からすれば一部の研究者に止まっている。

（2）福田アジオ「民俗学」『日本民俗大辞典』吉川弘文館　二〇〇〇年

（3）倉石忠彦「都市の伝承と文化」『都市民俗研究』一一号　二〇〇五年

あとがき

倉石　忠彦

「渋谷」は、新しいファッションが発信される若者の街であるとされている。そして渋谷駅前のスクランブル交差点を渡る群衆の姿は、現代東京を代表する情景のひとつである。そういう意味では「渋谷」は、紛れもなく日本の「都市」を代表する場の一つである。その「渋谷」を民俗学研究の対象にしようと試みたのは、まだ「都市民俗学」という研究分野の可能性が盛んに論議されていた一九九二年四月に、國學院大學大学院民間伝承論講座を担当することになってからである。「都市」の民俗への関心は一九八〇年代から持ち続けており、その研究のためには本格的な「都市」の民俗誌が必要であることを知りながら、なかなかその作業に入れない状況下においてであった。そこで若い大学院生たちの意欲と情熱と、清新な感覚を頼りにしようとしたのである。そしてゼミ生を中心として都市民俗学研究会を作り、「都市」の民俗研究の問題点や方法について議論することにした。また渋谷の民俗誌を作るために、ワーキンググループとして渋谷研究会を作った。そうした研究活動の成果を世に問うために、機関誌『都市民俗研究』を発行することにした。それからすでに一七年。『都市民俗研究』は一五号を刊行し、現在第一六号の発行の準備を進めている。

だが、当初目論んだ渋谷の『民俗誌』はまだできそうにない。調査・研究の成果はそれなりに蓄積されながら、『民俗誌』の体系がなかなか明確にならないのである。研究会を構成するゼミ生のメンバーが、年度ごとに代わることもあって、研究成果が羅列的になってしまうのである。そして最大の原因は、その成果を纏め上げるだけの力を蓄えることができない編者の非力であった。また、民俗学研究者の関心が急速に「都市」から「現代」に移っていったことも、遠因の一つであった。それもまた、「都市」の民俗研究を進展させえなかった編者等に、責任の一端はあった。それは民俗学における「都市」概念についての論議が、必ずしも成果をあげえなかったからでもある。そのため、「都市」という空間や生活様式のあり方にかかわる問題は、未だなんら解決されてはいないのである。そういう意味では「都市民俗誌」の必要性は失われていないだけではなく、むしろ高まってすらいると認識している。

私達の生活は常に変化している。それは私達を取り巻く諸条件・諸環境の中で、よりよい生活を希求すれば当然のことである。それは村であっても町や都会であっても変わりはない。村の生活環境が変化すると共に変る生活の様相についての調査・研究は、民俗学が長年にわたって成果を蓄積してきた。だが、町や都会における人々の生活を対象とした調査資料や研究成果の蓄積は多いとはいえない。しかし、近年の生活の変化を「都市化」という認識によって理解しようとするならば、民俗学における「都市」の概念規定は欠くことができないはずである。そしてそのためにも「都市民俗誌」を蓄積しなければならない。

そんな思いで計画した『渋谷民俗誌』であったが、なかなか思うように進展しないままに歳月ばかりが経過してしまった。そうした中で國學院大學内において、学部を横断する「渋谷学研究会」が創設され、「都市民俗学研究会」(「渋谷研究会」)もその末席に連なることになった。もちろん二つの研究会における「渋谷」の位置づけは同じではない。都市民俗誌の対象たる「渋谷」は、行政上の「渋谷村」とか「渋谷区」とかという地域認識に基づくものではないからである。私達は、民俗学における「都市」を、有形無形の商品を創造し、流通させ、周辺地域や全国に多様な文化を発信する営みを基幹産業としているような人々の生活様式、と理解しようとしている。大地と深く結びついた第一次産業を基幹産業とする村の生活様式とは異なる生活様式を、「都市」と考えようとしているのである。

國學院大學では、この「渋谷学研究会」の活動に大きな関心をよせ、「渋谷学」を商標登録すると共に、國學院大學特別推進研究助成(研究課題「副都心〈渋谷〉に関する学際的共同研究—「渋谷学」の拠点形成に向けて—」(研究代表者・上山和雄教授))の対象と認定した。その事業の一環として『渋谷学叢書』を刊行することとし、平成二十一年度内に第一巻を刊行することになった。そして従来からの研究成果の蓄積があり、早期に編纂が可能であるとして、それを民俗学分野が担当することになった。

そこで、本格的な『渋谷民俗誌』の完成には、まだ時間がかかるとするならば、今までの調査・研究の成果をとりあえず整理して、今後の作業の基礎を作っておくことも無駄ではないと思い、『都市民俗研究』誌に掲載された、渋谷を対象とした多くの資料や研究論文を集めて一巻を編むことにした。それが本書である。もとより本書は完成された民俗誌ではない。大学院生の習作としての論文集でもあり、体系的にも問題がないわけではない。しかしいずれも長期間にわたる討議を経ており、明確な問題意識を踏まえて論じられたものである。様々な問題点があり、不備も多々目に付くとしても、ともかくわが国において初めて大都会・渋谷を対象として編纂された民俗誌である。『渋谷民俗誌』と称するのにはいささか不備ではあるが、『渋谷民俗誌稿』としての価値は、十分にあると信じている。そしてこれは、わが国における最初の『都市民俗誌』の試みの成果であり、私たちが見出した民俗的世界としての「渋谷」である。更なる調査・研究と検討をこれからも継続するつもりであるが、どうか忌憚のないご意見をお聞かせいただきたい。

本書は國學院大學のご理解と、渋谷学研究を中心となって推進してきた上山和雄教授、幹事役を務めてくださっている國學院大學研究開発推進機構の藤田大誠准教授・森悟朗助教をはじめとする「渋谷学研究会」の皆様方の支えがあって、初めて日の目を見たものである。心からの謝意を表する。また、「都市民俗学研究会」・「渋谷研究会」に参加し、共に議論を交わした方々の熱い思いとご協力にも感謝する。何よりも貴重なお話をお聞かせいただいた「渋谷」の方々のご好意とご協力には、心からの感謝の意をささげる。そして、ゼミに最初から参加し、今に至るまで研究会の有力なメンバーとして編者を十二分に補佐していただいた長野隆之准教授、そして國學院大學大学院博士課程後期在籍の高久舞さん、お二人のご協力がなければ本書はこれほど短期間ではまとまらなかったであろう。篤く御礼を申し上げる。最後になったが、厳しい状況の中、出版をお引き受けいただいた雄山閣にも御礼を申し上げる。

初出一覧

第一章　渋谷はどこだ

第一節　若者の渋谷観（車塚　洋）
原題「「渋谷」のイメージ把握　その2―アンケート調査をもとに―」（『都市民俗研究』第一一号　二〇〇五年三月）

第二節　子どもの遊び場（長野隆之）
原題「大正期の渋谷における子どもの空間認識」（『都市民俗研究』第九号　二〇〇三年三月）

第三節　渋谷の空間構成（車塚　洋）
原題「情報媒体に見る渋谷像―「大日本職業別明細図之内　信用案内」『週刊東京ウォーカー』を対象として―」（『都市民俗研究』第七号　二〇〇一年三月）

第二章　カリスマの町―シブヤブランド―

第一節　渋谷のヤマンバ―その誕生と展開―（吉江真美）
原題と同じ（『都市民俗研究』第九号　二〇〇三年三月）

第二節　夕陽のスター（川向富貴子）
原題「「場」と「落書き」」（『都市民俗研究』第七号　二〇〇一年三月）

第三節　渋谷のキティ（久保奈績）

原題「渋谷キティーキャラクター化された商品としての「渋谷」―」（『都市民俗研究』第一五号　二〇〇九年三月）
第四節　渋谷の地名認識（長野隆之）
原題「「渋谷」における地名認識の重層性―「店」名に依拠して―」（『都市民俗研究』第八号　二〇〇二年三月）

第三章　渋谷の光と影

第一節　渋谷の色（倉石美都）―都市の色と四季の色―
原題「渋谷の色―ファッションとショーウインドーで決まる四季の色報告―」（『都市民俗研究』第一三号　二〇〇七年三月）
第二節　渋谷・鹿児島おはら祭り―マツリに行われる「芸能」の類型―（長野隆之）
原題「マツリにおこなわれる「芸能」の類型―「渋谷・鹿児島おはら祭」を中心として―」（『都市民俗研究』第一一号　二〇〇五年三月）
第三節　小説『凶器の桜』が描き出す「渋谷」（細沼辰郎）
原題と同じ（『都市民俗研究』第一〇号　二〇〇四年三月）

第四章　渋谷の日々

第一節　鉢山町聞き書き（沼﨑麻矢）
原題「渋谷区鉢山町聞き書き」（『都市民俗研究』第九号　二〇〇三年三月）
第二節　花街のお風呂屋（厚　香苗）
花街の「お風呂屋」（『都市民俗研究』第九号　二〇〇三年三月）

第三節　松濤の奥様（伊藤康博）
原題「松濤の奥様—明治大正女の知恵—」（『都市民俗研究』第九号　二〇〇三年三月）
第四節　渋谷の子ども（高久　舞）
原題「渋谷の子ども—遊びを中心に—」（『都市民俗研究』第一五号　二〇〇九年三月）
第五節　人生儀礼を撮る（折橋豊子）
原題「人生儀礼を撮る—渋谷の写真館に見る世相の変遷—」（『都市民俗研究』第一四号　二〇〇八年三月）

終　章　渋谷の民俗概観

日本民俗学における都市研究と東京「渋谷」（倉石忠彦）
新稿

すべての原稿に加筆・訂正をした。

執筆者一覧（掲載順）

倉石　忠彦　國學院大學教授
車塚　洋　厚岸町海事記念館学芸員
長野　隆之　國學院大學准教授
吉江　真美　日本民俗学会会員
川向　富貴子　岩手県立博物館学芸員
久保　奈績　日本民俗学会会員
倉石　美都　韓国国民大学校招聘教授
細沼　辰郎　日本民俗学会会員
沼﨑　麻矢　日本民俗学会会員
佐藤　豊　渋谷区郷土資料デジタル化保存推進準備室室長
厚　香苗　日本学術振興会特別研究員
伊藤　康博　故人
高久　舞　國學院大學大学院博士課程後期
折橋　豊子　日本民俗学会会員

國學院大學『渋谷学叢書』刊行のことば

國學院大學の校歌は、「見はるかすもの　みな清らなる　澁谷の岡に大學たてり」から始まっています。本学は平成14年に創立120周年を迎え、その記念事業の一環として、「渋谷を科学する」というテーマを掲げ、「渋谷学」を創始しました。従来、大学は立地する地域と比較的縁が薄く、地域との連携、あるいは貢献といった言葉は存在しなかったといってもいいでしょう。

しかし大学を、ましてやそこに学ぶ学生たちを育ててきたのは地域といっても過言ではありません。本学の中にもこの渋谷という地に強い関心を有していた人びとはいました。渋谷は、過去から未来にわたって、大学と学生たちを育てる場であるとともに、研究の対象としてきわめて興味深い存在でもあります。東京には全国に知られた地域がいくつもありますが、渋谷はその中でも独特の存在といえます。この渋谷を多面的に明らかにしようというのが、「渋谷を科学する」の中身です。

平成20年から新しい態勢で本研究会は再発足し、國學院大學の助成を受けつつ、さらなる活動を展開しています。そして、本研究の成果、即ち渋谷の興味深さを、学生や区民の方方、さらには広く社会に知っていただくことを目的として、本叢書を刊行することといたしました。皆様方の忌憚のないご批判により、いっそう充実した研究にしてゆきたいと考えております。

平成22年2月

國學院大學渋谷学研究会

編者略歴

倉石　忠彦（くらいし・ただひこ）

1939年生まれ

國學院大學文学部卒業

長野県公立高校教諭・長野県史常任編纂委員を経て、現在、國學院大學文学部教授

主要著書『都市民俗論序説』（雄山閣出版　1990年）

『民俗都市の人びと』（吉川弘文館　1997年）

『道祖神信仰の形成と展開』（大河書房　2005年）

平成22年2月28日　発行　《検印省略》

渋谷学叢書　第1巻

『渋谷《しぶや》をくらす―渋谷民俗誌《しぶやみんぞくし》のこころみ―』

編　者　倉石忠彦／國學院大學渋谷学研究会

発行者　宮田哲男

発　行　株式会社 雄山閣

東京都千代田区富士見2－6－9

TEL 03－3262－3231 / FAX 03－3262－6938

印刷所　亜細亜印刷

製本所　協栄製本

ISBN978-4-639-02135-3